土木工程智慧检测系列教材
"1+X"职业技能等级证书配套教材
路桥工程无损检测（初级、中级）

铁路桥梁与隧道检测

欧阳伟　主　编
张美娜　王连威　副主编
吴佳晔　主　审

人民交通出版社股份有限公司
北京

内 容 提 要

本书为土木工程智慧检测系列教材，"1+X"职业技能等级证书配套教材。全书系统地介绍了铁路桥隧工程检测技术及监测技术的方法理论、操作步骤、数据分析及评判等方面，同时收录了铁路、公路、建筑行业的应用案例。全书共分5篇20章，主要介绍了混凝土性能、结构检测，桥梁上、下部结构专项检测，隧道施工质量检测，现代信息化技术及相关试验演示等内容。

本书配套丰富的教学资源，可扫描对应知识点边上的二维码进行学习。本书可供参加"1+X"职业技能等级证书考试人员学习使用，也可作为道路运输类、铁道运输类等相关专业主干课程教材，也可作为桥隧检测行业技术人员、土木工程工程检测及监测人员参考用书。

本书配有多媒体助教课件，可通过加入职教路桥教学研讨群（QQ群:561416324）获取。

图书在版编目(CIP)数据

铁路桥梁与隧道检测／欧阳伟主编．— 北京：人民交通出版社股份有限公司，2021.7(2024.12重印)
ISBN 978-7-114-17482-7

Ⅰ.①铁… Ⅱ.①欧… Ⅲ.①铁路桥—质量检验②铁路隧道—质量检验 Ⅳ.①U448.13②U459.1

中国版本图书馆CIP数据核字(2021)第136591号

土木工程智慧检测系列教材
"1+X"职业技能等级证书配套教材/路桥工程无损检测（初级、中级）
Tielu Qiaoliang yu Suidao Jiance

书　　名：	铁路桥梁与隧道检测
著 作 者：	欧阳伟
责任编辑：	岑　瑜
责任校对：	赵媛媛
责任印制：	刘高彤
出版发行：	人民交通出版社股份有限公司
地　　址：	(100011)北京市朝阳区安定门外外馆斜街3号
网　　址：	http://www.ccpcl.com.cn
销售电话：	(010)85285911
总 经 销：	人民交通出版社股份有限公司发行部
经　　销：	各地新华书店
印　　刷：	北京市密东印刷有限公司
开　　本：	787×1092　1/16
印　　张：	19.5
字　　数：	468千
版　　次：	2021年7月　第1版
印　　次：	2024年12月　第5次印刷
书　　号：	ISBN 978-7-114-17482-7
定　　价：	59.00元

(有印刷、装订质量问题的图书由本公司负责调换)

序
Preface

铁路作为国家的基础设施,是国民经济的大动脉。铁路以安全可靠、舒适便捷、绿色环保及灵活高效的优势备受青睐。近年来,随着以新能源、新材料、新设备为基础的新技术不断涌现,我国经过引进、消化、吸收再创新到自主创新,促成了我国高速铁路快速发展,并建成了我国"四纵四横"的高速铁路网,"八纵八横"的铁路网络加密初步成型,助推了我国经济的高速持续腾飞,也逐渐影响着人们的出行方式。此外,中国高速铁路也成为了响亮的国家名片,技术总体水平处于世界领先行列。

根据统计,我国部分铁路的桥隧比例高达90%,高质量的桥隧工程是安全平稳运行的重要基础,而确保桥隧工程质量的重要环节是以一系列检测监测技术为基础的质量监督。因此认真做好桥梁及隧道试验检测及监测工作,并深入理解掌握信息化管理技术,以及人工智能技术在铁路桥隧工程中的应用,对推动我国桥梁及隧道建设水平,确保施工质量,提高建设投资效益,确保人民生命财产安全,都具有重要的意义。

本教材以现有规范为基础,深入浅出地讲解检测相关参数的检测方法原理,并与实践相结合,同时列举了检测过程中的注意事项及结果评定等。既有理论体系的建构,也有关键技术解析,还有具体应用的展示与总结,内容翔实、丰富。同时,本教材提供了相关实验的指导,对培养学生的动手能力很有裨益。

本教材编者中既有从事理论研究的学者,也有从事工程实践的专家,其在相关行业均造诣匪浅,他们经过研究探讨,精心梳理,并对当前铁路桥隧检测技术的理论与应用进行了系统总结,形成了本教材。相信本教材的出版,对推动现有技术的准确应用升级及新技术的落地,保障铁路桥隧工程质量安全发挥着重要的作用。

吴佳晔于西南石油大学

2021年6月

前 言
Foreword

【编写背景】

近年来,我国铁路建设发展迅速,特别是高速铁路的发展,已经成为我国出行的主要交通工具。随着建设水平的不断提升,高速铁路已成为我国基础建设实力的重要体现。然而,铁路工程在新建及运营过程中,不可避免会出现各种病害,特别是受力结构复杂的铁路桥梁与隧道工程(以下及正文中简称铁路桥隧工程),为了确保铁路桥隧工程,特别是新建及既有桥隧工程的质量及使用安全,有必要对其进行全面质量检测。随着近年来桥隧工程检测及监测技术的快速发展,已经形成了一系列"高、大、上"的检测、监测及数据管理分析新技术。本教材以桥隧工程常规检测技术规程为基础,系统介绍了混凝土工程性能、钢筋、缺陷等检测技术,采用理论与应用相结合的形式介绍了桥隧工程的信息化管理分析技术(如隧道监测的三维可视化管理技术、人工智能分析等技术等),并通过相关结构检测案例对工程结构监测技术进行了全面介绍。

【教材定位】

本教材为土木工程智慧检测系列教材,"1+X"职业技能等级证书配套教材。本教材以适应高校复合型技术技能人才的培养体系,促进学生知识、技能、职业素养的协调发展为背景,由辽宁省交通高等专科学校、吉林交通职业技术学院、成都工贸职业技术学院、新疆交通职业技术学院等高校及四川升拓检测技术股份有限公司共同编写完成。

本教材系统地介绍了铁路桥隧工程检测技术及监测技术的方法理论、操作步骤、数据分析及评判等内容,同时收录了铁路、公路、建筑行业的应用案例。便于读者较为全面和透彻地掌握这一领域的知识。本教材可作为高等学校铁道运输、道路运输、土木工程相关专业的教材,也可为从事土木工程相关工作人员提供参考。

【教材特色】

本教材紧密贴合铁路桥隧工程实际需求,分别介绍了桥隧工程中相关的检测及监测技术的方法原理、操作步骤、数据分析、结构评定等,紧密贴合铁路等领域桥隧工程应用案例,着重对数据处理分析及应用案例进行了阐述,同时为了便于学习,本教材采用二维码的方式,在相应知识点配有操作试验及演示试验。

本教材体系完整,各部分内容详尽且相对独立,各项检测及监测技术的实用性及操作性强,可用于学生全面系统地学习和了解前沿技术,又可满足桥隧检测行业技术人员的知识拓展以及土木工程工程检测及监测的实际需求。全书编写分工如下:

【编写分工】

本教材由辽宁省交通高等专科学校欧阳伟担任主编,辽宁省交通高等专科学校张美娜、吉林交通职业技术学院王连威担任副主编。西南石油大学、四川升拓检测技术股份有限公司吴佳晔担任主审。其他参与编写的还有成都工贸职业技术学院张春艳、新疆交通职业技术学院张静、四川升拓检测技术股份有限公司张远军。全书由四川升拓检测技术股份有限公司陈小玉统稿。

【致谢】

本教材承蒙西南石油大学吴佳晔教授审阅,并提出大量的宝贵意见,在此谨表示诚挚的谢意。本教材在编写过程中,参阅了大量国内外著作和资料,在此感谢被引用文献的作者,以及为本教材提供了各种资料的编委及行业同仁。

编 者

2021 年 6 月

本教材主要术语中英对照表

中文全称	英文全称	简称
快速傅里叶变换	fast fourier transform	FFT
最大熵方法	maximum entropy method	MEM
表面波	surface wave	—
纵向偏振横波(又称SV波)	SV wave	—
瑞利波	rayleigh wave	R波
纵波	longitudinal wave,dilational wave,P wave	P波
横波	transverse wave,shear wave,S wave	S波
酸碱值	pondus hydrogenii	PH
人工智能	artificial intelligence	AI
乙烯-醋酸乙烯酯共聚物	ethylene – vinylacetate copolymer	EVA
聚乙烯	polyethylene	PE
高密度聚乙烯	high density polyethylene	HDPE
低密度聚乙烯	low density polyethylene	LDPE
万维网	World Wide Web	Web
建筑信息模型	building information model	BIM
三维	three dimension	3D
射频识别技术	radio frequency identification	RFID
监控与数据采集系统	supervisorycontrol and data acquisition	SCADA
脱氧核糖核酸	deoxyribonucleic acid	DNA
机器学习	machine learning	—
远程终端	—	RTU
客户-服务器结构	client/server	C/S
浏览器-服务器	browser/server	B/S
超文本传送协议	hypertext transfer protocol	HTTP
全球定位系统	global positioning system	GPS
计算机辅助设计	computer aided design	CAD
物联网	internet of things	IOT
地理信息系统	geographical information system	GIS

注:本表摘自全国科学技术名词审定委员会审定公布名词(术语在线)。

常　用　术　语

- 隧道检查:隧道管理部门为了掌握隧道的结构状态和运营状况,组织或责成有关单位进行的检查、调查及观测工作。
- 无损检测:即非破坏性检测,就是在不破坏待测物质原来的状态、化学性质等前提下,为获取与待测物的品质有关的内容、性质或成分等物理、化学情报所采用的检查方法。如衬砌裂纹、衬砌位移、衬砌厚度不足、衬砌背后有空洞或回填不密实、基底不密实或有吊空等。
- 病害观测:为了掌握病害的发展性,采用机械或电气仪表对病害进行长时间的量测。
- 病害调查:为了整治隧道病害而有针对性地进行的检查、观测、无损检测等。
- 隧道衬砌状态:作为隧道主要承载结构的衬砌(包括仰拱、底板)的状态。
- 内部结构:衬砌内部钢筋及钢架的分布情况等。
- 内部缺陷:衬砌内部的空洞、蜂窝、疏松、不密实等缺陷。
- 隧道病害:由外力、施工、材料中性化、洪水、火灾等造成的影响隧道使用性能的目视可见的损伤及劣化状态。
- 基床:仰拱(含填充)混凝土及底板的统称。
- 基底:基床底部与围岩连接处。
- 基底不密实:基底有虚渣、淤泥或吊空充泥充水。
- 隧底:隧道底部的简称,由道床、基床及基底三部分组成。
- 净空不足:衬砌内部实际拥有的空间不能满足隧道建筑限界的要求,习惯称为限界不足。
- 初期缺陷:指施工造成的衬砌厚度不足、衬砌混凝土强度不足、衬砌背后有空洞或回填不实、基底不密实、衬砌漏水、开裂、蜂窝、麻面等。
- 衬砌损伤:指由外力(如地震)等引起的衬砌开裂和剥离,它是在短时间内发生的,其变异不随时间推移而发展。
- 衬砌劣化:指隧道运营过程中出现的病害,与隧道所在地的地质环境条件(盐害、寒冷、城市、地下水中所含有害物质等)、衬砌材料和设计、施工等因素有关。衬砌劣化随着运营期限的增长而发展,如衬砌裂纹、衬砌漏水、衬砌腐蚀、混凝土中性化、碱集料反应、冻害、基底软化等。
- 隧道变异:隧道初期缺陷、后期损伤和衬砌劣化的统称,也就是隧道在力学上、功能上出现的妨碍列车正常运行的状态。
- 补强:为加强隧道衬砌的承载能力,控制变异的发生、发展而采取的对策。
- 补修:为改善隧道衬砌功能而采取的对策,但不能直接加强隧道衬砌的承载能力。
- 衬砌开裂:一种常见的变异现象,广义上包括衬砌错台、错缝等开裂。
- 衬砌剥离:衬砌局部厚度与衬砌或全部厚度与围岩间产生间隙。
- 衬砌剥落:衬砌局部厚度与衬砌或全部厚度与围岩脱离而掉下。

- 日均浓度:指一个工作日内连续监测6h隧道中有害物的平均浓度。
- 15min时间加权浓度:指列车通过测点后15min有害物的时间加权平均浓度。
- 机械通风停止时浓度:指机械通风停止时隧道内有害物的浓度。
- 最高容许浓度:指隧道内有害物任何时间均不应超过的浓度。
- B/S架构:也称瘦客户端程序,即浏览器(Browse)/服务器(Server)架构。
- C/S架构:是一种典型的两层架构,其全称是Client/Server,即客户端和服务器端架构。
- BIM:一般指建筑模型信息,本书中仅指桥梁及隧道模型信息。
- BQIM:基于BIM的工程质量及健康信息系统。

《铁路桥梁与隧道检测》视频资源列表

为使读者更好地了解相关检测工艺及技术,本书配套了12个检测视频,以二维码方式嵌入在正文对应知识点处。

序号	位置	页码	二维码名称
1	2.2.3 冲击弹性波法检测混凝土强度	28	冲击弹性波法检测混凝土强度
2	3.1 混凝土中钢筋分布及保护层厚度的检测	38	钢筋扫描检测
3	4.3.3 冷缝的检测方法	57	隧道衬砌混凝土冷缝检测
4	8.4.2.1 基本原理	124	反拉法检测锚下预应力
5	8.6.2 手机声频检测钢管脱空原理	131	基于手机的混凝土缺陷检测与识别
6	13.1.2 锚杆长度检测	185	锚杆长度检测
7	14.1.4.5 IAE法	201	隧道衬砌IAE法AI检测
8	14.1.5.1 裂缝识别	202	手机识别裂缝宽度
9	14.1.5.1 裂缝识别	202	基于手机的裂缝深度测试
10	14.3.1.4 典型图例	216	三维雷达成像技术
11	18.2.2 桥梁健康监测的应用	263	桥隧健康监测
12	18.3.1 典型边坡监测系统	265	无线监测系统

目 录
Contents

第1章　绪论 ··· 1
  1.1　铁路桥隧检测的任务和意义 ·· 1
  1.2　铁路桥隧检测的目的、周期、内容及依据 ···································· 2
  1.3　信息化工程开展的必要性 ·· 10

第一篇　混凝土篇

第2章　混凝土性能检测 ·· 15
  2.1　混凝土弹性模量检测 ·· 15
  2.2　混凝土强度检测 ··· 23
  2.3　混凝土耐久性检测（电阻率检测技术） ······································· 31
  2.4　混凝土耐久性检测（氯离子含量检测技术） ································· 33
  习题 ··· 36
  本章参考文献 ·· 37

第3章　混凝土中的钢筋检测 ·· 38
  3.1　混凝土中钢筋分布及保护层厚度的检测 ······································ 38
  3.2　钢筋锈蚀检测 ·· 42

第4章　混凝土结构尺寸及缺陷检测 ··· 47
  4.1　混凝土结构厚度检测 ·· 47
  4.2　混凝土裂缝检测 ··· 51
  4.3　混凝土冷缝检测 ··· 56
  4.4　混凝土结构脱空检测 ·· 57
  4.5　混凝土内部缺陷检测 ·· 63
  习题 ··· 66
  本章参考文献 ·· 67

第5章　混凝土结构检测案例 ·· 68
  5.1　工程案例1 ·· 68

5.2 工程案例2 … 68
5.3 工程案例3 … 69
5.4 工程案例4 … 70
5.5 工程案例5 … 71

第二篇 桥 梁 篇

第6章 概述 … 75
6.1 铁路桥梁检测的意义 … 75
6.2 施工期主要质量问题 … 76
6.3 运营期主要病害 … 78
6.4 铁路桥梁检测方式及内容 … 80
习题 … 82
本章参考文献 … 82

第7章 下部结构专项检测 … 83
7.1 概述 … 83
7.2 基桩质量检测基本规定及结果评定 … 84
7.3 基桩成孔质量检测 … 85
7.4 桩身完整性检测 … 90
7.5 现役基桩(有承台)检测 … 108
习题 … 112
本章参考文献 … 112

第8章 上部结构专项检测 … 113
8.1 概述 … 113
8.2 支座检测 … 114
8.3 孔道灌浆密实度检测 … 117
8.4 锚下有效预应力检测 … 123
8.5 零号块内部缺陷检测 … 127
8.6 钢管混凝土脱空检测 … 130
习题 … 132
本章参考文献 … 132

第9章 桥梁荷载试验检测 … 133
9.1 概述 … 133
9.2 铁路桥梁静载试验 … 134
9.3 桥梁动载试验 … 139

| 习题 | 142 |
| 本章参考文献 | 142 |

第 10 章 铁路桥梁检测案例 143
10.1 下部结构工程案例 143
10.2 上部结构工程案例 145

第三篇 隧 道 篇

第 11 章 概述 155
11.1 检测意义和目的 155
11.2 隧道施工期主要质量问题 156
11.3 铁路隧道运营期主要病害 157
11.4 铁路隧道检测与评定 159
习题 165
本章参考文献 165

第 12 章 隧道开挖质量检测 166
12.1 隧道开挖质量 166
12.2 超前地质预报 167
12.3 断面形状检测 175
12.4 施工监控量测内容 180
12.5 隧道净空收敛量测 180
12.6 隧道净空断面变形检测 182
习题 183
本章参考文献 183

第 13 章 隧道喷锚衬砌施工质量检测 184
13.1 锚杆施工质量检测 184
13.2 钢筋网及钢架检测 189
13.3 喷射混凝土质量检测 192
习题 194
本章参考文献 194

第 14 章 隧道衬砌质量检测 195
14.1 衬砌混凝土质量检测 195
14.2 隧道衬砌防排水及渗漏水检测 203
14.3 深部脱空检测 207
习题 216

| 本章参考文献 | 216 |

第15章　隧道环境检测 218
15.1　隧道内有害气体测定 218
15.2　隧道内光照度测定 223
习题 226
本章参考文献 226

第16章　铁路隧道检测案例 227
16.1　隧道衬砌脱空、厚度检测案例 227
16.2　隧道锚杆检测案例 235
16.3　手机声频敲击法检测案例 237
16.4　冷缝检测案例 239

第四篇　信息化建设篇

第17章　现代信息化技术 243
17.1　数据库技术 243
17.2　物联网技术 245
17.3　可视化数据展示技术 248
17.4　人工智能技术 250
17.5　数据格式标准化技术 253
习题 255
本章参考文献 255

第18章　远程监测 257
18.1　远程监测系统及架构 258
18.2　典型桥梁健康监测系统结构及应用 261
18.3　典型边坡监测系统及其应用 264
18.4　隧道监测系统及其应用 267
习题 269
本章参考文献 269

第五篇　试　验　篇

第19章　演示试验 273
演示试验一：中小跨径桥梁健康监测系统 273
演示试验二：模型孔道压浆密实度检测（人工智能） 274

第20章 操作试验 ······ 276
操作试验一:锚杆长度检测 ······ 276
操作试验二:模型脱空检测(手机) ······ 278
操作试验三:模型钢筋分布及保护层检测 ······ 279
操作试验四:模型裂缝识别及裂缝深度检测(手机) ······ 280

附 录

各章习题答案 ······ 285

第1章 绪 论

1.1 铁路桥隧检测的任务和意义

1.1.1 铁路桥隧检测的任务

近年来,我国成功建造了南昆铁路清水河大桥、织毕铁路架盖河大桥、林织铁路纳界河特大桥、沪昆高铁北盘江特大桥、云桂铁路南盘江特大桥等,以及青藏铁路新关角隧道、成兰铁路平安隧道、兰渝铁路西秦岭隧道、蒙华铁路崤山隧道等一批具有国际先进水平的特大铁路桥梁及特长铁路隧道,新桥型、新材料和新工艺在这些桥隧施工中得到了广泛应用。桥隧检测工程技术人员肩负着工程建设材料试验检测、桥隧状态、性能监测等重任,为桥隧工程建设开展起着重要保障作用,其职责简要概括有以下几项:

(1)实现施工监控;
(2)评定施工质量;
(3)对新桥型、新材料和新工艺研究进行检测鉴定;
(4)评价桥隧工程质量缺陷和鉴定工程事故;
(5)对桥隧生命周期功能状态进行检测与评估。

1.1.2 铁路桥隧检测的意义

随着我国交通事业的发展,铁路线路部分桥梁、隧道经历着建设—使用—养护的过程,一些桥梁存在着服役时间长、健康状况差等问题。为了适应铁路运输载重量不断提高的要求,保证桥隧工程质量,使之能继续安全地为铁路运输服务,必须对桥隧工程的各个环节进行检测,对其质量进行鉴定。此外,随着新材料、新工艺及新结构形式的应用越来越广泛,为了积累这方面的工程经验,我们有必要进行一些检测工作,同时对那些因种种原因而出现病害的桥隧结构进行鉴定,以确保其安全运营。铁路桥隧检测的意义体现在以下几个方面:

(1) 对铁路桥隧进行定期检测,以确保桥隧结构的使用安全。

(2) 检测铁路桥隧的健康状况,及时对发现的病害进行修复。

(3) 为铁路桥隧的维修、养护提供科学依据,采取合理的维修加固方法,延长桥隧结构的使用寿命,提高其承载能力,降低桥隧结构的维护费用。

(4) 考察铁路桥隧是否能满足将来运输量的要求。

(5) 为铁路桥隧设计、施工、规范修订等提供依据。

1.2 铁路桥隧检测的目的、周期、内容及依据

1.2.1 检测目的

铁路桥隧检测是指从工程的施工准备直至竣工验收和工程缺陷责任期的全过程中,根据技术标准、有关规程、规范设计和施工技术要求对各种原材料、构配件、成品、半成品,以及各单项工程、隐蔽工程、各个部位逐项进行的工程质量检查中,由试验检测人员使用一定的仪器设备,对目的物进行测试检测,采集有关质量指标或数据的活动。通过现场检测、荷载试验等内容实现如下目的:

(1) 评价铁路桥隧的总体工作状况和质量状态。

(2) 评估铁路桥隧的实际承载能力及安全运营状况。

(3) 检查铁路桥隧是否存在重大安全隐患,若存在则提出相应的加固方案及建议以排除桥梁的安全隐患。

(4) 对拟检测铁路桥隧的剩余寿命和耐久性进行研究。

(5) 为工程的运营、养护和维修提供必要的参考资料。

铁路桥隧检测内容主要涉及:

(1) 材料检测包括常用的原材料,初期支护、二次衬砌和防排水材料等的检测。

(2) 施工检测主要包括施工质量检测、施工监控量测和超前地质预报。

(3) 环境检测分为施工环境检测和运营环境检测。

(4) 运营隧道的养护、检查、检测与结构技术标准状况评定。

1.2.2 检测周期

《关于客运专线固定设施维修管理有关问题的指导意见》在工务车间班组的设置中规定:原则上桥隧累计长度在100km左右设置桥隧检查工区;桥隧维修工区设置,可根据实际情况确定;工区隶属工务段既有桥隧车间(桥隧累计长度在200km以上可设置桥隧车间)。

桥隧检查工区负责桥梁、隧道、涵渠、路基及相关安检、附属等设备的日常检查、观测工作和设备保养、临时补修工作。桥隧设备的综合维修任务由专业桥隧综合维修队伍实施。

对动静态检查发现的病害处所,应综合分析轨检车、动检车检测资料,辅以现场静态复核,综合确定整治方案。

桥隧检查工区定期检查周期如下:

(1)对全线的特殊结构和重要桥涵设备以及桥面每季度检查一遍。

(2)梁体、支座及墩台的检查,桥涵防护架每半年检查一遍。

(3)隧道、涵洞和周边环境每年检查一遍。

(4)桥隧综合维修周期,钢梁桥(含混和桥钢梁)每3年一遍,混凝土桥每5年一遍,隧道和涵洞视设备状态确定综合维修周期。

高速铁路的施工和维修作业、设备故障处理、设备检查必须在天窗或封锁时间内进行,桥下和箱梁内的检查、保养和维修作业可在天窗点外进行,但绝对不允许上道。

各铁路局工务部门负责高速铁路的防风监测、雨量观测、地震灾害预防、防落物等工作,做好相关系统的设备维护和日常管理,制订相关的管理办法和预案。

1.2.3 桥梁检测内容

1)资料收集

收集拟检测铁路桥隧的相关技术资料,并进行现场核实以及必要的修改与补充。对桥上恒载变化(增设砂、水箱,加厚道床,换混凝土轨枕,增设挡渣板,增设或加宽人行道,增设水、电、通信管理、电气化接触网塔等)进行检测。

2)桥梁外观检查

对桥梁的外观进行全面的检查和检测,以掌握该批桥梁目前的整体工作状况,初步判断桥梁的损伤情况及安全状态。

(1)外观检查构件。

①对桥梁的上部结构进行检查。上部结构包括底板系统(桥面板、铺装层、伸缩缝、排水系统)、支撑构件(大梁、横隔梁)、支座、附属设施(桥栏杆)等。

②对桥梁的下部结构进行检查。下部结构包括桥台(胸墙、翼墙、背墙、桥座、基础)、桥墩(桥墩、帽梁)、基础(直接基础、桩基础等)。

(2)外观检查内容。

①对桥梁主要承重的构件截面尺寸进行检查,并与原设计进行比较。

②对桥梁主要承重的构件外观质量及现状(损伤情况)进行检查。

混凝土构件外观检查内容包括:

①对于混凝土结构应检查在建造或运营期间产生的裂缝,混凝土破损,保护层剥落、蜂窝、冻融、钢筋锈蚀或盐腐蚀、防水层失效、泄水孔附近混凝土腐蚀等病害。

②对于钢筋混凝土梁应重点检查宽度超过0.2mm的竖向裂缝,并注意检查有无斜向裂缝和沿主筋方向的纵向裂缝。

③对于预应力混凝土梁应测量上拱度的变化,要特别注意腹板上有无竖向裂缝,以及沿预应力筋方向的裂缝和道砟槽面板与腹板交界处的纵向裂缝。

④主梁间横隔板有无裂缝。

⑤观察有无因碱集料反应自裂缝口渗出的凝胶状物质(碱硅胶)。
⑥枕底道砟厚度不足或超厚。

钢构件外观检查内容包括：
①观察钢构件表面有无锈蚀。
②观察钢构件有无裂缝、穿孔、硬伤、硬弯、歪扭、爆皮及残料夹层。
③观察钢构件主要连接部位是否存在裂缝。
④观察铆钉头有无锈蚀,铆钉有无松动等。应特别注意杆件连接和接头处、纵梁和横梁连接处、纵梁及上承式板梁上角钢的垂直肢、承受反复应力杆件的连接和交叉处、联结系斜杆的交叉处等。
⑤观察高强螺栓是否完好,有无松动和延迟断裂现象。

3) 桥梁测量工作

(1)测量主梁纵断面及平面,以判断梁拱度有无变化及有无横向变形。
(2)测量动载挠度,以检验桥梁竖向刚度是否符合要求。
(3)测量梁跨横向振幅,以检验桥梁横向刚度是否符合要求。
(4)测量各墩台顶面高程及平面位置,以判断墩台有无倾斜、滑动、下沉或冻起等现象。
(5)测量河床纵横断面及桥址地形(包括调查各种水位),以分析河道变迁及河床有无冲刷、淤积等现象。
(6)检查建筑限界。

4) 材料强度的检测

(1)桥梁主体结构混凝土构件的推定强度及混凝土的碳化情况等。
(2)钢材强度检测以设计、施工的有关资料要求为主要依据。

5) 结构钢筋混凝土构件的钢筋情况检测

(1)对混凝土构件的钢筋配置情况进行抽检(钢筋数量、箍筋间距、有无加密区及保护层厚度等)。
(2)对混凝土构件的钢筋锈蚀情况进行抽检。

6) 桥梁构件内部质量检测

(1)对混凝土构件的内部质量,或存在开裂损伤混凝土的裂缝深度进行超声测试。
(2)对钢构件间连接焊缝进行金属探伤(焊缝质量)检测。

1.2.4 隧道检测内容

1) 材料检测

属土建工程的通用原材料,其检测方法可查阅有关规定;属隧道工程特有的材料需专项检测,主要对锚喷的最终材质强度、防排水材料各项指标进行检测。

2) 施工检测

施工检测包括施工质量检测和施工监控量测。

施工质量检测内容按施工顺序分为：①超前支护及预加固质量检测——支护构件的材质、规格、尺寸及安装尺度要求;注浆效果。②开挖质量检测——开挖面的尺寸、形状、平整圆顺程度。③初期支护质量检测——锚杆的间距、排距、长度、浆液注满度、抗拔力;④喷射混凝土的强度、厚度、平整度;钢支撑的间距、节间连接、榀间连接;支护背后密实度。防排水系统质量检测——防排水材质、规格;加工安设质量。⑤衬砌质量检测——衬砌的几何尺寸、混凝土强度、背后密实程度。

隧道施工监控量测内容与方法可分为:

(1)必测项目。

洞内、外观察:现场观测、地质罗盘等。

净空变化:使用各种类型收敛计、全站仪。

拱顶下沉:使用水准测量的方法,水准仪、钢尺等。

地表下沉:使用水准测量的方法,水准仪、铟钢尺等。

(2)隧道开挖后应及时进行围岩、初期支护的周边位移量测、拱顶下沉量测;安设锚杆后,应进行锚杆抗拔力试验。当围岩差、断面大或地表沉降控制严时宜进行围岩体内位移量测和其他量测。位于Ⅳ~Ⅵ级围岩中且覆盖层厚度小于40m的隧道,应进行地表沉降量测。

3)环境检测

环境检测分施工环境检测和营运环境检测。

1.2.5 铁路桥隧检测的依据

1.2.5.1 国家铁路局/中国国家铁路集团有限公司关于施工质量及固定设施维修管理的有关规定

2018年11月12日国家铁路局发布铁路工程施工质量系列验收标准(以下简称新验收标准),进一步完善了以高铁为代表的各类型铁路工程勘察、设计、施工等验收标准体系,为保障铁路工程建设质量和铁路运输安全提供重要依据。

新验收标准共17项,涵盖了路基、桥梁、隧道、轨道、混凝土、通信、信号、电力、电力牵引供电等铁路主要工程施工质量验收内容,首次明确提出城际铁路和重载铁路的验收要求。国家和国家铁路局/中国国家铁路集团有限公司先后发布了有关工程建设质量的方针、政策、法规和规定,如,《混凝土结构工程施工质量验收规范》(GB 50204—2015)、《高速铁路隧道工程施工质量验收标准》(TB 10753—2018)等。新验收标准已于2019年2月1日正式实施。

新验收标准是在2003年发布实施的时速160km客货共线铁路工程系列验收标准,以及2010年发布实施的高速铁路工程系列验收标准的基础上修订而成。验收标准从验收单元划分、验收程序和组织、验收内容和要求等方面进行了全面修改完善,划出了工程建设的"质量红线",作为强制性标准全面执行。

新验收标准明确了原材料进场验收标准,按工程部位、施工阶段和工艺流程,全面做实关键工序质量把控,并针对看不见的"隐蔽工程",首次规定引入视频监测手段留存影像资料,实现全过程、可追溯的质量控制。

在高铁标准方面,新验收标准为中国高铁舒适性提供了坚实的基础保障。高铁舒适性主要取决于动车组性能、线路平纵断面、下部基础提供的稳定支撑,以及轨道提供的高平顺性等因素。路基、桥涵、隧道等验收标准对下部基础设施完工后的沉降均有明确规定,轨道验收标准中对轨距、轨向、高低、水平、扭曲等轨道几何形位做了严格的要求。

当前,铁路建设发展迅速,尤其是客运专线建设过程中,一些新技术、新结构、新设备、新材料、新方法应运而生。使得在实际验收工作中,现行验标的内容可能存在一些不足,对于采用新结构或新材料、新工艺的桥梁、隧道或特殊地区、特殊要求的桥梁隧道,在缺乏适宜的技术规定时,确保工程质量的前提下,可参照相关标准(国内外铁路行业或其他行业的标准、规范)根据实际情况制订相应的技术标准,并按规定报主管部门批准。

同时为加强高速铁路固定设施的管理,保持设备状态良好,确保运输安全畅通,原铁道部发布铁运[2009]36号文《关于客运专线固定设施维修管理有关问题的指导意见》(以下简称《指导意见》)。该《指导意见》适用于以有砟轨道为主的高速铁路的维修管理。

1.2.5.2 质量控制过程中的检测

检测贯穿于工程施工全过程、各环节,是过程控制。检测根据工程实体形成的时间阶段可划分为事前控制、事中控制、事后控制,根据工程实体形成过程中物质形态的转化划分为对投入品的质量检测、施工过程的质量检测、工程产出品的质量检测及验收。

(1)现场质量管理制度应包括现场施工技术资料的管理制度。

(2)材料(包括成品、半成品、构配件和设备)质量的控制。

材料是工程施工的物质条件,材料质量是工程质量的基础。材料质量不合格,工程质量就不可能合格。所以,加强对材料质量的控制,是工程质量合格的重要保证。施工单位和监理单位要共同做好对材料质量的检测,即做好对材料的进场验收。对材料的进场验收应分两个层次进行。

①外观检查和书面检查。对材料、构配件和设备的外观、规格、型号和质量证明文件等进行验收。检验方法为观察检查并配以必要的尺量,检查合格证、厂家(产地)试验报告;检验数量多为全部。施工单位和监理单位的检验方法和数量多数情况下相同。未经检验或检验不合格的,不得运进施工现场,不得用于工程施工和安装。

②试验检验。凡是涉及结构安全和使用功能的,要进行试验检验。试验检验项目的确定应掌握两个原则:一是对工程的结构安全和使用功能确有重要影响;二是大多数单位具备相应的试验条件。施工单位试验检验批的批量、抽样数量、质量指标是根据相关产品标准、设计要求或工程特点确定的,检验方法是根据相关标准或技术条件规定的。监理单位的检验数量,一般情况下是按施工单位检验数量10%或20%以上的比例进行平行检验或见证取样检测,各项专业验标中具体检验项目的数量都是按此原则确定的。较为特殊的检验项目规定了一定比例的见证检验、检测、试验。检验不合格的不得用于工程施工和安装。

(3)对工序质量的控制包括自检和交接检验。

①自检:施工过程中各工序应按施工技术标准进行操作,该工序完成后,按照谁生产谁负责质量的原则,施工单位要对反映该工序质量的控制点进行自检。自检的结果要留有记录。这些结果可以作为施工记录的内容,有的也正好是检验批验收需要的检验数据,要填入检验批质量验收记录表中。

②交接检验:一般情况下,一个工序完成后就形成了一个检验批,可以对这个检验批进行验收,而不需要另外进行交接检验。对于不能形成检验批的工序,在其完成后应由其完成方与承接方进行交接检验。特别是不同专业工序之间的交接检验,应经监理工程师检查认可,未经

检查或经检查不合格的不得进行下道工序施工。其目的有三:一是促进前道工序的质量控制;二是促进后道工序对前道工序质量的保护;三是分清质量职责,避免发生纠纷。

客运专线铁路工程建设过程中,一个构筑物的施工,一个系统的安装和调试,从施工准备到完工验收,要经过若干工序、工种的配合,包括若干个施工安装阶段,这就需要对各工序、工种及各施工安装阶段的质量进行控制和检验。工程施工质量,取决于各工序、工种的操作质量及各施工安装阶段的质量控制。为了便于控制、检查每个工序、工种、施工安装阶段的质量,就需要把整个工程施工过程按不同工序、工种、部位、区段、阶段、系统等划分成不同的单元,即划分成单位工程、分部工程和分项工程,一般情况下分项工程还要划分为若干个检验批。

1.2.5.3 质量等级评定办法

近年来,我国加大了基础设施的建设力度,特别是铁路建设,取得了瞩目成就。铁路工程施工工结束后,建设方会组织进行验收,只有通过验收,质量合格的,工程才能交付使用。铁路工程质量好坏非常关键,必须要确保万无一失。

铁路工程质量评定等级应按分部工程、单位工程、合同段、建设项目逐级进行评定,分部工程质量等级分为合格、不合格两个等级;单位工程、合同段、建设项目工程质量等级分为优良、合格、不合格三个等级。

按工程建设规模、结构部位和施工工序可将建设项目划分为单位工程、分部工程和分项工程,对复杂工程,还可设立子分部工程。

(1)单位工程:在建设项目中,根据签订的合同,具有独立施工条件和结构功能的工程。如桥梁、路基、路面、互通立交。

(2)分部工程:在单位工程中,应按结构部位、路段长度及施工特点或施工任务划分为若干个分部工程。

(3)分项工程:在分部工程中,应按不同的施工工序、工艺或材料等划分为若干个分项工程。

单位工程、分部工程及分项工程的划分见表1-1。

单位工程、分部工程及分项工程的划分 表1-1

单位工程	分部工程	分项工程
桥梁工程(每座或每合同段)	基础及下部构造(1~3墩台)	钢筋加工及安装,预应力筋加工及张拉,预应力管道压降、混凝土扩大基础,钻孔灌注桩、挖孔桩、沉入桩、灌注桩桩底压浆,地下连续墙,沉井、沉井、钢围堰的混凝土封底,承台等大体积混凝土结构,砌体,混凝土墩、台,墩台身安装,支座垫石和挡块,拱桥组合桥台等
	上部构造预制和安装(1~3跨)	钢筋加工及安装,预应力筋加工和张拉,预应力管道压浆,预制安装梁、板,悬臂施工梁,顶推施工梁,转体施工拱,拱圈节段预制,拱的安装,转体施工拱,中下承式拱吊杆和柔性系杆,刚性系杆,钢梁制作,钢梁安装,钢梁防护等
	上部构造现场浇筑(1~3跨)	钢筋加工及安装,预应力筋加工及张拉,预应力管道压浆,就地浇筑梁、板,悬臂施工梁,就地浇筑拱圈,劲性骨架混凝土拱,钢管混凝土拱,中下承式拱吊杆和柔性系杆,刚性系杆等

续上表

单位工程	分部工程	分项工程
桥梁工程(每座或每合同段)	桥面系、附属工程及桥梁总体	钢筋加工及安装,混凝土桥面板桥面防水层,钢桥面板上防水黏结层,混凝土桥面板桥面铺装,钢桥面板上沥青混凝土铺装,支座安装,伸缩装置安装,人行道铺设,栏杆安装,混凝土护栏,钢桥上钢护栏安装,桥头搭板,混凝土小型构件预制,砌体坡面护坡,混凝土构件表面防护,桥梁总体等
	防护工程	砌体坡面护坡,护岸,导流工程等
	引道工程	见路基工程、路面工程的分项工程
隧道工程(每座或每合同段)	总体及装饰装修(每座或每合同段)	隧道总体、装饰装修工程
	洞口工程(每个洞口)	洞口边仰坡防护、洞门和翼墙的浇(砌)筑、截水沟、洞口排水沟、明洞浇筑、明洞防水层、明洞回填
	洞身开挖(200延米)	洞身开挖
	洞身衬砌(200延米)	喷射混凝土、锚杆、钢筋网、钢架、仰拱、仰拱回填、衬砌钢筋、混凝土衬砌、超前锚杆、超前小导管、管棚
	防排水(200延米)	防水层、止水带、排水
	路面(1~3km路段)	基层、面层
	辅助通道(200延米)	洞身开挖、喷射混凝土、锚杆、钢筋网、钢架、仰拱、仰拱回填、衬砌钢筋、混凝土衬砌、超前锚杆、超前小导管、管棚、防水层、止水带、排水

注:小桥和涵洞被划分到路基单位工程。

特大斜拉桥、特大悬索桥工程的划分(扩大)见表1-2。

特大斜拉桥、特大悬索桥工程的划分(扩大)　　　　表1-2

单位工程	分部工程	分项工程
塔及辅助、过渡墩(每个)	塔基础	钢筋加工及安装,混凝土扩大基础,钻孔灌注桩,灌注桩桩底压浆,沉井,沉井、钢围堰的混凝土封底等
	塔承台	钢筋加工及安装,双壁钢围堰,沉井、钢围堰的混凝土封底,承台等大体积混凝土结构等
	索塔	钢筋加工及安装,预应力筋加工及张拉,预应力管道压浆,混凝土索塔,索塔钢锚箱节段制作,索塔钢锚箱节段安装,支座垫石和挡块等

续上表

单位工程	分部工程	分项工程
塔及辅助、过渡墩（每个）	辅助墩	钢筋加工及安装,预应力筋加工和张拉,预应力管道压浆,钻孔灌注桩,灌注桩桩底压浆,承台等大体积混凝土结构,沉井、钢围堰的混凝土封底,混凝土墩、台、墩台身安装,支座垫石和挡块等
	过渡墩	
锚碇（每个）	锚碇基础	钢筋加工及安装,混凝土扩大基础,钻孔灌注桩,灌注桩桩底压浆,地下连续墙,沉井,沉井、钢围堰的混凝土封底等
	锚体	钢筋加工及安装,锚碇锚固系统制作,锚碇锚固系统安装,锚碇混凝土块体,预应力锚索的张拉与压浆,隧道锚的洞身开挖,隧道锚的混凝土锚塞体等
上部钢结构制作与防护	主缆	索股和锚头的制作与防护,主缆防护
	索鞍	索鞍制作,索鞍防护
	索夹	索夹制作,索夹防护
	吊索	吊索和锚头制作与防护
	加劲梁	钢梁制作,钢梁防护,自锚式悬索桥主缆索股的锚固系统制作等
上部结构浇筑与安装	加劲梁浇筑	混凝土斜拉桥主墩上梁段的浇筑,混凝土斜拉桥梁的悬臂施工,组合斜拉桥的混凝土板等
	安装	索鞍安装,主缆架设,索夹和吊索安装,悬索桥钢加劲梁安装,自锚式悬索桥主缆索股的锚固系统安装,自锚式悬索桥吊索张拉和体系转换,钢斜拉桥钢箱梁段的拼装、组合梁斜拉桥工字梁段的悬臂拼装,混凝土斜拉桥梁的悬臂施工等
桥面系、附属工程及桥梁总体	桥面系	钢筋加工及安装,混凝土桥面板桥面防水层或钢桥面板上防水黏结层,混凝土桥面板桥面铺装或钢桥面板上沥青混凝土铺装
	附属工程及桥梁总体	支座安装,伸缩装置安装,人行道铺设,栏杆安装,混凝土护栏,钢桥上钢护栏安装,混凝土构件表面防护,桥头搭板,桥梁总体等

检验批是分项工程的组成部分。根据施工质量控制和验收需要,把一个分项工程划分成若干个检验批。特殊情况下一个分项工程仅含一个检验批。检验批是施工质量验收的基本单元。一个检验批的施工条件应基本相同,所用原材料及其质量要求应相同,形成的工程施工质量应均匀一致。

在质量控制方面,强调对工程施工质量进行不同阶段、不同层次的合格验收。所谓验收,就是在施工单位自行检查评定的基础上,参与建设活动的有关单位共同对检验批、分项工程、分部工程、单位工程的质量按有关规定进行检验,对工程施工质量合格与否做出确认。

2019年2月1日,新验收标准全面实施,该套标准贯彻落实了铁路改革发展理念,优化了铁路工程质量验收体系,总结了近年来我国铁路建设尤其是高速铁路建设的实践经验和科研成果,还借鉴了国内外有关标准,是在广泛征求意见的基础上修订而成的。验收标准是衡量铁路工程建设质量的标尺,是保障铁路运输安全的重要基础标准。在当前建设任务繁重、建设条件复杂的情况下,现行验收标准对于推动铁路工程质量全面提升具有重要意义。

工程质量评定架构示意图见图 1-1。

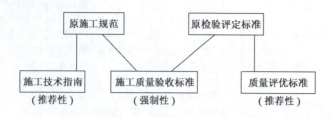

图 1-1　工程质量评定架构示意图

应充实完善施工质量保证措施、施工要求等内容。工程施工质量是由施工准备、工序操作质量决定的，或者说工程施工质量是在施工过程中形成的，而不是最后检验出来的，所以，要保证工程施工质量，就必须加强施工过程控制。

质量保证措施：主要是针对施工现场质量管理方面提出的要求，是保证施工质量的基础。其内容包括现场质量管理制度、工程质量检验制度、施工组织设计方案、施工技术标准、施工图现场核对情况、有关人员的资格要求等。

过程控制措施：对施工准备和施工过程中重要部位、关键工序及质量控制点的必要要求作出规定，特别是那些对工程质量有重大影响的施工工艺，应明确是必须执行还是禁止使用。

为保证质量检测工作的科学性、公正性和准确性，质量检测要坚持用数据说话，明确质量检测手段、方法和检测数量，同时进一步提高验标的可操作性。

质量检测工作主要从三个方面予以强调：一是对工程材料、构配件、设备的检测；二是施工过程中的检测；三是对完工后的工程实体的抽查检测。

1.3　信息化工程开展的必要性

信息化是指培养、发展以计算机为主的智能化工具为代表的新生产力，并造福于社会的历史过程。智能化工具又称信息化的生产工具。它一般必须具备信息获取、信息传递、信息处理、信息再生和信息利用的功能。

铁路建设是大型的基础建设项目，具有投资大、技术难、管理协调复杂、接口多、周期长等特点，如果延续传统的管理方式，铁路建设的进程和质量必将面临重大困难。利用信息化，可以改进铁路工程的管理，提高铁路建设的工作效率，积累铁路建设进程信息，增强工程建设的过程控制。

加强铁路工程信息化建设是一项既符合我国国情，又顺应时代发展潮流的事业，同时也是一项应用面广、技术要求高、人员素质和设备质量要求高的工作，需要在了解铁路工程建设信息化管理的迫切性和必要性的前提下，切实加强铁路建设单位的主导作用，进行宏观调控，协调设计、施工、监理等参建单位的统一合作，实现优势共享、资源共享。

铁路工程项目信息化管理加快了项目信息的交流速度和频率，有效地实现了信息资源共享，协调了各个参建单位之间的关系，为整个项目工程的决策提供了量化的数据分析资料，提高了项目的风险管理水平。不断地加强信息化建设，最终必将实现铁路工程建设的信息化标准体系目标。

1.3.1 铁路工地试验室管理要求

1.3.1.1 标准化要求

采用信息化管理手段,进一步提高铁路工地试验室标准化管理水平,确保试验检测工作质量。铁路工地试验室应建立信息管理系统,并接入铁路建设信息管理平台。

建设单位应根据国家和行业有关试验室的技术标准、管理规定及《铁路工地试验室标准化管理实施意见》要求,制订工地试验室标准化管理办法或细则并组织实施。监理单位应按照中国铁路总公司和建设单位的有关要求,独立开展试验检测工作,并督促施工单位落实工地试验室标准化管理的具体内容。经建设单位批准,监理单位可委托具有独立法人资格、具备本项目铁路工程试验检测能力且通过省级及以上资质认定的试验检测机构组建工地试验室,建设单位应对其母体试验室进行考察确认。

施工、监理单位应制订工地试验室标准化管理制度,对工地试验室公正性地位做出承诺,并制订工地试验室独立开展工作的保证措施,确定工地试验室管理职责和工作范围,对工地试验室与本单位其他职能部门的相互关系、职责分工及标准化工作流程做出规定,充分利用信息化手段,全面推行工地试验室标准化管理。

1.3.1.2 信息化要求

工地试验室信息管理系统应能实现试验结果自动计算及判定,重要试验数据自动采集和实时传输,具有提醒、分析、统计、监控等功能,确保数据真实可靠、试验过程规范、结果能够追溯。

工地试验室信息管理系统分为总公司、建设单位(铁路局)两级管理平台,监理、施工单位两级应用平台。管理平台由总公司信息化管理职能部门统一布置,应用平台由监理、施工单位根据总公司信息化管理职能部门发布的统一接口要求自行建立,并接入管理平台。

建设、施工和监理单位应按照要求配备工地试验室信息化所需的软件和硬件设施。建设单位应对监理和施工单位选用的应用软件组织审查评定。

建设单位应督促监理、施工单位按统一的格式和接口要求安装应用软件并接入建设单位工地试验室管理平台,不符合要求的工地试验室不予验收合格。

试验人员应接受软件应用培训,由建设单位统一组织培训工作,培训合格后由软件厂商颁发合格证书。

工地试验室应确定工作人员信息化管理职责,编制信息化管理工作流程,及时、准确地做好数据录入、分析和管理工作。工地试验室负责人每周应组织对终端应用系统的运行和数据录入工作检查,确保信息管理系统正常运行。

自动采集的数据,应实时上传至试验室信息管理系统,需手动输入的数据应在工作结束后24h内完成录入。

1.3.2 铁路工地试验室信息化管理

1.3.2.1 建设单位

建设单位组织对施工、监理单位工地试验室信息化工作进行验收,定期检查施工、监理单位信息化管理工作,督促整改存在的问题。对系统运行中出现的重大功能问题及时上报总公司信息化管理职能部门。

专职试验检测工程师具体负责项目信息化管理工作,定期登录信息管理系统(每周不得少于 2 次),利用系统的监管功能对工地试验室的基本情况、不合格数据、违规行为记录等进行分析和管理。

1.3.2.2　监理单位

监理单位工地试验室主任负责本单位工地试验室信息化管理工作并对施工单位工地试验室信息化工作进行监理。工地试验室应配备信息化管理员,具体实施本管段的信息化工作,对施工单位工地试验室信息化工作进行初验。

1.3.2.3　施工单位

施工单位工地试验室主任全面负责本单位工地试验室信息化管理工作,工地试验室应配备信息化管理员,具体实施本管段的信息化工作,包括:

(1)填报本试验室人员、设备等基本信息,对下级试验室基本信息的变动情况进行管理。

(2)及时填报本试验室人工采集的试验检测数据。

(3)对管段实时采集的试验检测数据进行监控,对不合格数据进行跟踪处理。

(4)对管段的试验检测数据进行统计分析,每周提交分析及问题处理报告。

(5)对管段内试验室及试验人员变更、违规行为信用等级扣分记录等信息进行管理。

第一篇

混凝土篇

第 2 章　混凝土性能检测

　　混凝土结构是最重要的、数量最多的工程结构，其质量和耐久性等决定了整个工程的强度及使用寿命，所以对混凝土的检测尤为重要。因混凝土结构种类多、应用范围广，相对应的检测内容和方法也较多。本章主要介绍铁路桥梁隧道中混凝土性能检测的内容，主要包含混凝土强度、弹性模量、耐久性检测，并对各检测项目的测试方法进行了对比。

2.1　混凝土弹性模量检测

　　弹性模量是指材料在外力作用下产生单位弹性变形所需要的应力。它是反映材料抵抗弹性变形能力的指标，相当于普通弹簧中的刚度。混凝土的弹性模量决定了结构的变形特性，而且与强度、耐久性均有非常密切的关系。混凝土材料的老化往往先从弹性模量的降低开始，而新建结构的施工不良也会在弹性模量方面有所显现。为此，在多数的混凝土施工中，不仅要求控制强度，还要求控制弹性模量。

　　弹性模量的测试方法主要有静力受压法、共振法、超声波法和冲击弹性波法。静力受压法为直接测试方法，主要通过压力机加载分析力和变形值来分析计算。静力受压法主要在实验室应用，其设备较复杂，效率较低。共振法是无损检测方法，试件可重复使用，测试快捷简便，但只能在室内针对特定尺寸的试件进行测试，而实际工程中的混凝土结构尺寸比室内特定尺寸要大得多，且结构形式不同，需要通过冲击弹性波法根据测试得到的混凝土材料的波速来推算动弹性模量。本章主要对静力受压法、共振法和冲击弹性波法三种测试方法进行介绍。

2.1.1 静力受压法测试混凝土抗压弹性模量

2.1.1.1 方法介绍

材料在弹性变形阶段,其应力和应变成正比例关系(即符合胡克定律),其比例系数称为弹性模量。混凝土弹性模量是指压缩应力与应变之比,是衡量混凝土性能的重要指标。本节主要介绍如何通过试验机加载的方法测定水泥混凝土棱柱体在静力作用下的受压弹性模量。**水泥混凝土的受压弹性模量一般取1/3轴心抗压强度对应的弹性模量。**

2.1.1.2 仪器设备

(1)压力机或万能试验机(图2-1)。

(2)微变形测量仪:千分表2个(0级或1级),或精度不低于0.001mm的其他仪表,如引伸计。

(3)微变形测量仪固定架(图2-1)两对,标距为150mm。

(4)钢尺(量程600mm,分度值为1mm)、502胶水、铅笔、秒表等。

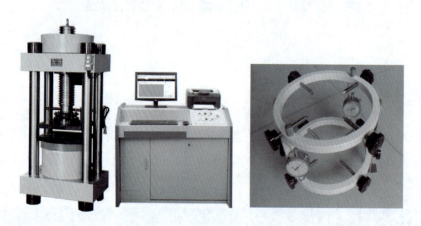

图2-1 万能试验机(左)和微变形测量仪固定架(右)

2.1.1.3 操作步骤

(1)试件尺寸与棱柱体轴心抗压强度试件尺寸相同。每组为6根同龄期同条件制作和养护的试件。试件取出后,用湿毛巾覆盖并及时进行试验,保持试件干湿状态不变。擦净试件,量出尺寸并检查外形,尺寸量测精确至1mm。

(2)取3根试件进行轴心抗压强度试验,计算棱柱体轴心抗压强度值f_{cp}。

(3)取另3根试件做抗压弹性模量试验,微变形测量仪应安装在试件两侧的中线上并对称于试件两侧。

(4)将试件移于压力机球座上,几何对中,加荷方法如图2-2所示图中90s包括60s持荷时间和30s读数时间,60s为持荷时间。

(5)开动压力机,加荷至基准应力为0.5MPa对应的初始荷载值F_0,保持恒载60s并在后续的30s内记录两侧微变形测量仪的读数$\varepsilon_0^{左}$、$\varepsilon_0^{右}$。再立即以0.6MPa/s±0.4MPa/s的加荷速度连续均匀加荷至1/3轴心抗压强度f_{cp}对应的荷载值F_a,保持恒载60s,并在后续的30s内记录两侧微变形测量仪的读数$\varepsilon_a^{左}$、$\varepsilon_a^{右}$。

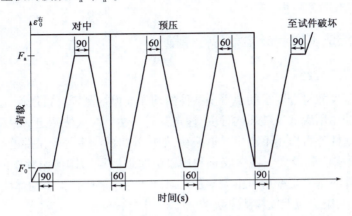

图2-2 弹性模量加荷方法示意图

(6)以上读数应与它们的平均值相差在20%以内,否则应重新对中试件后重复(5)的步骤。如果无法使差值减小到20%以内,则此次试验无效。

(7)确认步骤(6)后,以相同的速度卸荷至基准应力0.5MPa对应的初始荷载值F_0并持荷60s。以相同的加荷速度加荷至荷载值F_a,再保持60s恒载,最后以相同的速度卸荷至初始荷载F_0,至少进行两次预压循环。

(8)在完成最后一次预压后,保持60s初始荷载值F_0,在后续的30s内记录两侧微变形测量仪的读数$\varepsilon_0^{左}$、$\varepsilon_0^{右}$,再用相同的加荷速度加荷至荷载值F_a,保持恒载60s,并在后续的30s内记录两侧变形测量仪的读数$\varepsilon_a^{左}$、$\varepsilon_a^{右}$。

(9)卸除微变形测量仪,以相同的加荷速度加荷至破坏,记下破坏极限荷载F。如果试件的轴心抗压强度与f_{cp}之差超过f_{cp}的20%,应在报告中注明。

2.1.1.4 数据分析

混凝土抗压弹性模量E_c按下式计算:

$$E_c = \frac{F_a - F_0}{A} \cdot \frac{L}{\Delta n}$$

式中:E_c——混凝土抗压弹性模量(MPa);

F_a——终荷载(N)($f_{cp}/3$时对应的荷载值);

F_0——初荷载(N)(0.5MPa时对应的荷载值);

L——测量标距(mm);

A——试件承压面积(mm^2);

Δn——最后一次加荷时,试件两侧在F_a及F_0作用下变形差的平均值(mm)。

以3根试件试验结果的算术平均值为测定值。如果其循环后的任一根与循环前轴心抗压强度之差超过后者的20%,则弹性模量值按另两根试件试验结果的算术平均值计算;如有两根试件试验结果超出上述规定值,则试验结果无效。

2.1.1.5 注意事项

(1)本方法测试的弹性模量为水泥混凝土棱柱体抗压弹性模量。

(2)本方法适用于各类混凝土的直角棱柱体试件。

(3)试件实验时要保持干湿状态。

(4)试件不得有明显缺损。

2.1.2 共振法测试混凝土动弹性模量

2.1.2.1 方法介绍

本方法适用于尺寸符合要求的混凝土试件的动弹性模量测定。可以检验水泥混凝土在经受冻融或其他侵蚀作用后遭受破坏的程度,评定其耐久性。共振法测定的原理是,使试件在一个可调频率的周期性外力作用下产生受迫振动,如果外力的频率等于试件的基振频率,就会产生共振,试件的振幅达到最大。共振仪是利用以上原理测量物体谐振频率的仪器,也称动弹仪。这样测得试件的基振频率后再由质量及几何尺寸等因素计算得出动弹性模量值。区别于上述静力受压法,共振法为无损检测方法。

2.1.2.2 仪器设备

(1)混凝土动弹性模量测定仪(图2-3)。

(2)频率输出范围100Hz～20kHz。

(3)台秤:量程为20kg,感量为10g。

图2-3 混凝土动弹性模量测定仪

2.1.2.3 操作步骤

本试验采用尺寸为100mm×100mm×400mm的棱柱体试件,其长宽比一般为3～5。

试验前测定试件的质量和准确尺寸,3个试件质量与其平均值的允许偏差为±0.5%,尺寸与其平均值的允许偏差为1%,每个试件的长度和截面尺寸均取3个部位的平均值。

将试件安装在设备上,按要求布置激振器和拾振器的位置,接触点需要涂耦合剂。

连接设备电源及激振器和拾振器,准备测试。

测定时,根据试件选择共振激发频率的大小。先进行粗调,找到幅度增加时对应的大概频率,再进行微调,振动达到最大幅度时对应的频率,就是试件的自振频率。当设备可以显示图形时,也可将图形调整成正圆时的频率作为共振频率。

观测时,应重复测试两次,测试结果的波动范围以小于±0.5%为宜。以两次测试的平均值作为该试件的测值。

2.1.2.4 数据分析

混凝土动弹性模量应按下式计算:

$$E_d = 9.46 \times 10^{-4} \frac{WL^3 f^2}{a^4} \times K$$

式中:E_d——混凝土动弹性模量(MPa);
$\quad a$——正方形截面试件的边长(mm);
$\quad L$——试件的长度(mm);
$\quad W$——试件的质量(kg);
$\quad f$——试件横向振动时的基振频率(Hz);
$\quad K$——试件尺寸修正系数。

长宽比 L/a 与 K 的关系见表2-1。

长宽比 L/a 与 K 的关系　　　　　表2-1

L/a	K	L/a	K
3	1.68	5	1.26
4	1.40		

混凝土动弹性模量以3个试件的平均值作为试验结果,计算结果精确到100MPa。

2.1.2.5 注意事项

(1)测试时,如发现两个以上峰值,建议将输出功率固定,反复调整仪器输出频率,当幅值最大时为真实的共振峰值。

(2)本方法测试为试件横向振动时的基振频率。

(3)要注意准确安装激振器和拾振器,并涂适量耦合剂。

(4)本方法利用试件振动测试动弹性模量。

2.1.3 冲击弹性波法测试混凝土动弹性模量

2.1.3.1 方法介绍

结构弹性模量的测试,主要是测试混凝土结构的弹性波波速。而弹性波波速在结构中传播根据结构的尺寸不同分为一维、二维、三维。再根据波速与动弹性模量 E_d 的关系,可以推算出 E_d。混凝土的弹性模量不仅影响结构的变形,而且是反映混凝土质量、耐久性的重要指标。特别是对于高强度混凝土,简单地采用抗压强度反推弹性模量的方法往往具有较大的误差。弹性波的频率更低,基本不会受到集料散射影响,钢筋也容易修正。而且冲击能量大,可以测试数十厘米厚度的混凝土结构,更适合实体混凝土的检测。测试参数为弹性波速度,在试验室和工程现场均可以应用。

2.1.3.2 仪器设备参数

采用混凝土弹性模量测试仪(图2-4),其参数如下:

(1)采样频率500kHz,可调。

(2)采样精度24位。

(3)采样点数可调。

(4)2通道,触发与接收。

(5)可前置放大信号。

(6)具有滤波成像等功能。

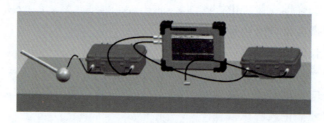

图2-4 混凝土弹性模量测试仪

2.1.3.3 操作步骤

(1)测试准备,按测试对象准备好相应设备。

(2)量取实验试件或结构尺寸,了解混凝土强度等级、形状、龄期等。

(3)布置测点测线,注意避开表面不平整及破损位置。

(4)根据试件或结构尺寸选择测试方法及传感器和激振锤。

(5)连接设备主机和传感器,准备测试。

(6)测试时,先标定周围噪声,然后测试。选取较好的波形保存数据。

(7)数据分析,设置参数,分析相应波速和模量。

2.1.3.4 数据分析

(1)冲击回波法:适用于测试方形试件、棱形试件(图2-5)及圆柱形试件,在隧道衬砌、挡墙、梁板等已知厚度的结构中也可应用。即在被测混凝土结构的壁厚已知的前提下,利用弹性波的重复反射,可测出弹性波在被测混凝土试件中的传播时间和弹性波波速,从而计算出混凝土的动弹性模量。一般在试件的长轴方向进行激振和测试。

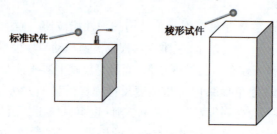

图2-5 测试方向示意图

动弹性模量按下式计算：

$$E_d = \rho v_{p1}^2$$

$$v_{P1} = \frac{0.96}{\beta} \cdot \frac{2H}{T}$$

式中：E_d——混凝土动弹性模量（MPa）；

ρ——材料的密度（kg/m³）；

v_{p1}——弹性波波速；

H——试件的测试方向的高度/长度；

T——激振弹性波往返的时间（卓越周期）；

β——几何形状系数，对于标准试件，可取 0.86；对于高宽比不小于 2 的棱形、圆柱形试件，可取 0.96。

（2）单面平测法（图 2-6）：在混凝土壁厚未知时，应在同一表面测 P 波，并通常可得到二维弹性波波速 v_{P2}。即在已知表面长度的情况下测试该距离的弹性波传播时间，可计算出波速，从而推算动弹性模量。对于试件或实体结构，可以变换激振点和传感器距离多次测试，保证测试精度。当尺寸够大时，也可以布置多条测线分别测试。

动弹性模量计算方法：

$$E_d = (1 - \mu^2)\rho v_{P2}^2$$

$$v_{P2} = \frac{L}{t}$$

图 2-6　单面平测法示意图

式中：E_d——混凝土动弹性模量（MPa）；

ρ——材料的密度（kg/m³）；

μ——材料的泊松比；

L——试件的激振点与传感器的间距；

t——激振弹性波传播的时间。

图 2-7 为变换距离测试的回归曲线。

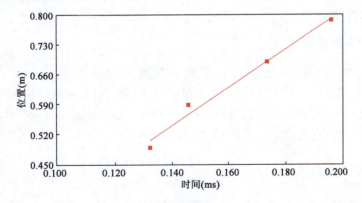

图 2-7　变换距离测试的回归曲线

（3）双面透过法（图2-8）：采用双面透过法的方法测试三维弹性波波速 v_{P3}，可测试整个构件或实体结构。需要两个对测面，测试结构尺寸大，可测试数十米的结构。在已知两对测点间的距离并测试出弹性波传播时间时，即可以计算弹性波波速。可根据结构尺寸布置测线，避免混凝土不均匀的影响。

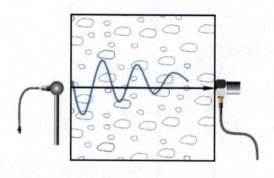

图2-8　透过法测试示意图

动弹性模量计算方法：

$$E_d = \frac{(1+\mu)(1-2\mu)}{1-\mu}\rho v_{P3}^2$$

$$v_{P3} = \frac{L}{t}$$

式中：E_d——混凝土动弹性模量（MPa）；

ρ——材料的密度（kg/m³）；

μ——材料的泊松比；

L——试件的激振点与传感器的间距；

t——激振弹性波传播的时间。

（4）钢筋影响的修正：钢筋混凝土中钢筋对弹性波的测试速度有一定影响，根据配筋的种类、配筋率、测试方向、测试方法等进行修正。

2.1.3.5　注意事项

（1）测试时，要注意避开表面不平整、浮浆、小气泡、疏松等位置。

（2）因钢筋传播速度一般大于混凝土，测试时尽量与钢筋错开测试，减少钢筋的影响。

（3）测试方法和结构形状对测试结果有一定的影响，需要注意每种方法的特性。

（4）当混凝土内部有缺陷时会影响测试结果的准确性。

2.1.4　优缺点对比

针对上文介绍的静力受压法、共振法和冲击弹性波法三种弹性模量测试方法进行对比，见表2-2。

混凝土结构弹性模量测试方法比较　　　　　　表 2-2

方　法		优　点	缺　点	备　注
静力受压法		精度高,直接测试	测试效率低,试件尺寸有要求	试件有破损
共振法		测试便捷	试件尺寸有限制	试件可重复测试
冲击弹性波法	冲击回波法	测试效率好、精度高	要求壁厚已知、面积较大	条件满足时优先选用
	单面平测法	在壁厚未知时也可测试,受表面状态影响小	测试效率低,精度稍差	在壁厚较薄且表面面积小时选用
	双面透过法	测试范围广,精度高	要求双面作业且测试面间距不少于 0.5m	条件满足时优先选用

2.2　混凝土强度检测

混凝土强度反映了混凝土的力学性质,也是混凝土结构评价的主要技术指标。其强度种类分为抗压、抗弯(抗折)、抗拉、抗扭、抗劈裂等。其中以抗压强度、抗拉强度、抗弯强度为工程上最常用的强度。由于配合比、施工拌和及养护条件的差异,混凝土结构强度有可能产生较大的离散。混凝土抗压强度的检测方法主要包括钻芯法、回弹法、超声回弹综合法、冲击弹性波法等。钻芯法需要破坏实体结构,耗时较大,工作量大,但测试直观准确。而现场取芯只能代表个别点,不宜大面积取芯。回弹法在混凝土表面测试,方便、快捷、成本低,对结构无损伤,但只代表混凝土表层强度,无法测定内部强度。超声回弹综合法是使用超声声速和回弹数据对混凝土进行评定的方法,能测试内部强度。实际使用时,工作量较大,一般不常用。冲击弹性波法也可测试内部强度,对结构无损伤,而且由于其波长较大,比超声法受混凝土集料影响更小,可测试范围也更大。

2.2.1　钻芯法检测混凝土强度

2.2.1.1　方法介绍

钻芯法是一种直接测定混凝土强度的技术,它是使用金刚石空心薄壁钻头,利用取芯机直接在混凝土结构上取出芯样,然后直接对芯样施加作用力得到混凝土强度的检测方法。此方法是以芯样强度来评定混凝土强度的。由于芯样是直接从构件或结构上钻取的,因此该方法是最为直接测试混凝土强度的方法,但会对混凝土结构造成一定的损伤。

(1)钻芯法适用于非预应力混凝土结构和经设计单位允许的预应力混凝土结构的强度检测。

(2)钻芯法可确定单个构件或批量检测的混凝土强度推定值,也可用于对其他无损检测方法的验证。其适用于测试不大于 80MPa 的普通混凝土强度。

(3)钻芯法取样时,应取混凝土结构有代表性且便于取芯的部位,尽量避开主筋、预埋管线等,距结构边缘不宜小于 150mm,隧道衬砌钻取不宜破坏防水结构。

（4）芯样试件宜使用标准芯样，集料最大粒径不宜大于标准芯样直径的 1/3。

（5）芯样应从结构中随机抽取，抽取的数量应根据批量检测的容量确定，标准芯样最小样本不宜少于 15 个。确定单个构件或局部混凝土强度时，有效芯样数量不应少于 3 个，钻芯对工作性能影响较大的小尺寸构件不应少于 2 个。

（6）芯样试件内不宜含有钢筋。

2.2.1.2 主要仪器

钻芯机（图 2-9）、钢筋位置测定仪、锯切机、磨平机。

图 2-9 钻芯机示意图

2.2.1.3 芯样钻取及加工

（1）芯样钻取时应采取措施保证芯样完整。

（2）取出的芯样应及时标记。

（3）锯切后的芯样应进行端面处理，芯样应无裂缝、明显的错台或较大缺陷。

（4）芯样试压前应测量直径、高度、垂直度和平整度。

2.2.1.4 芯样强度试验

（1）当结构或构件处于干燥环境时，芯样试件应在室内自然干燥 3d 进行试验。

（2）当结构或构件处于干湿交替环境、潮湿环境时，芯样宜在 20℃±5℃的清水中浸泡 40~48h，从水中取出后擦干表面立即进行试验。

（3）芯样试件抗压强度试验应按《混凝土物理力学性能试验方法标准》（GB/T 50081—2019）中圆柱体抗压强度的规定进行。

（4）芯样试件抗压强度换算值按下式计算：

$$f_{cu,i}^c = \frac{4F_{c,i}}{\pi d_i^2}$$

式中：$f_{cu,i}^c$——第 i 个芯样试件混凝土抗压强度换算值；

$F_{c,i}$——第 i 个芯样试件抗压试验测得的破坏荷载；

d_i——第 i 个芯样试件的平均直径。

2.2.1.5 混凝土强度及推定

（1）采用钻芯法确定单个构件或局部区域的混凝土强度时，当芯样试件混凝土抗压强度最小值大于或等于设计混凝土抗压强度标准值的 85% 时，取平均值作为混凝土强度推定值；当芯样试件混凝土抗压强度最小值小于设计混凝土抗压强度标准值的 85% 时，取最小值作为混凝土强度推定值。

（2）采用钻芯法批量检测混凝土强度时，应按《铁路工程结构混凝土强度检测规程》（TB 10426—2019）推定。

（3）采用钻芯法批量检测混凝土强度时，可剔除芯样试件抗压强度样本中的异常值。

2.2.2 回弹法强度检测

2.2.2.1 方法介绍

通过混凝土试块的抗压强度与无损检测的参数(回弹值)之间建立关系曲线(测强曲线),这是回弹法推定混凝土强度的基础。回弹法原理:利用混凝土抗压强度与表面硬度之间的关系,通过一定动能的钢杆件弹击混凝土表面,并测得杆件回弹的距离(回弹值),利用回弹值和表面硬度间的关系来推算混凝土的抗压强度。

回弹法检测设备简单、操作方便、测试快捷、检测费用低,且基本不破坏混凝土结构,在现场直接测定中使用较多。但该方法使用时,影响因素较多,必须掌握正确的操作方法,还需要注意回弹仪的保养和校准。回弹法只能检测混凝土表层强度,不适用于表层与内部质量有明显差异或内部存在缺陷的混凝土强度检测。

2.2.2.2 仪器设备(回弹仪)

(1)回弹仪可为数显或指针式的。其按冲击能量分为重型、中型和轻型。普通混凝土抗压强度介于 10~60MPa 时,通常采用中型回弹仪。混凝土抗压强度不小于 C60 时,宜采用重型回弹仪。轻型回弹仪主要用于一般轻质建筑材料,如对烧结普通砖标号的测定。

(2)回弹仪应符合《回弹仪》(GB/T 9138—2015)的规定。

(3)回弹仪在工程检测前后,应按规定作率定试验。在洛氏硬度 HRC 为 60±2 的钢砧上,回弹仪的率定值应为 80±2。

回弹仪结构如图 2-10 所示。

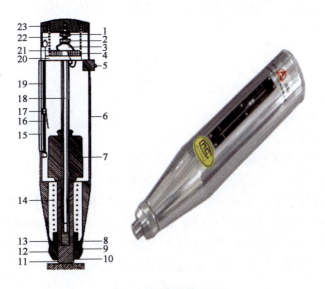

图 2-10 回弹仪结构示意图

1-紧固螺母;2-调零螺钉;3-挂钩;4-挂钩销子;5-按钮;6-机壳;7-弹击锤;8-拉簧座;9-卡环;10-密封毡圈;11-弹击杆;12-盖帽;13-缓冲压簧;14-弹击拉簧;15-刻度尺;16-指针片;17-指针块;18-中心导杆;19-指针轴;20-导向法兰;21-挂钩压簧;22-压簧;23-尾盖

2.2.2.3　操作步骤

(1)在混凝土的重要部位及薄弱部位布置测区,并避开预埋件。测区的面积不宜大于$0.04m^2$。

(2)检测面为混凝土表面,应干燥、清洁、平整。检测面不应有疏松层、浮浆、油垢、蜂窝、麻面等,必要时可用砂轮清除并打磨平整。

(3)回弹仪的纵轴线应垂直于结构或构件混凝土的检测面,缓慢施压,准确读数,快速复位。

(4)测点在测区内均匀分布,相邻两测点的净距不宜小于20mm,测距外露钢筋、预埋件的距离不宜小于30mm。测点不宜在气孔或外露石子上,同一测点只应弹击一次。每一测区记录16个回弹值,每一测点的回弹值读数精确至1。

(5)测量完毕后,应在有代表性的位置上测量碳化深度值,测点数不应少于测区数的30%,取其平均值作为该结构或构件每一测区的碳化深度值。回弹值受混凝土材料的表面状况影响很大,因空气中酸性气体的影响,混凝土的表面有可能发生碳化现象,进而影响回弹值。此时,应进行碳化深度测试及修正。测量完毕后,在有代表性的位置上测量测点数不少于构件测区数的30%,并取其平均值为该构件的碳化深度值。在每测区测定碳化深度值时,首先用合适的工具在测区表面形成直径约为15mm的孔洞,清除孔洞中的粉末和碎屑(注意不能用液体冲洗孔洞),再用1%的酚酞酒精溶液滴在混凝土孔洞内壁的边缘处,当已碳化与未碳化界线清楚时(未碳化部分变成紫红色),再用碳化深度测量仪或其他深度测量工具(如游标卡尺)测量。每个测区测3次,每次读数应精确至0.25mm,3次测量值的平均值作为该测区的碳化深度,精确到0.5mm。

(6)计算测区平均回弹值,应从该测区的16个回弹值中剔除3个最大值和3个最小值,余下的10个值按下式计算:

$$R_m = \frac{\sum_{i=1}^{10} R_i}{10}$$

式中:R_m——测区平均回弹值,精确至0.1;

R_i——第i个测点的回弹值。

①非水平状态检测混凝土浇筑侧面时,应按下式修正:

$$R_m = R_{m\alpha} + R_\alpha$$

式中:$R_{m\alpha}$——回弹仪与水平方向呈α角测试时测区的平均回弹值,计算精确至0.1;

ΔR_α——依据相关规程(或仪器附表)中查出的不同测试角度α的回弹值修正值;当$\alpha > 0$(亦即回弹仪击打方向朝上)时,回弹偏大,$\Delta R_\alpha < 0$;当$\alpha < 0$时则相反。

②水平方向检测混凝土浇筑顶面或底面时,应按下式修正:

$$R_m = R_m^t + R_a^t$$
$$R_m = R_m^b + R_a^b$$

式中:R_m^t、R_m^b——分别为水平方向检测混凝土浇筑顶面或底面时测区的平均回弹值;

R_a^t、R_a^b——按表2-3查出不同浇筑面的回弹值修正值,计算精确至0.1。

不同浇筑面的回弹值修正值　　　　　　　　　　　表 2-3

R_m^t 或 R_m^b	表面修正值 (R_a^t)	底面修正值 (R_a^b)	R_m^t 或 R_m^b	表面修正值 (R_a^t)	底面修正值 (R_a^b)
20	+2.5	−3.0	36	+0.9	−1.4
21	+2.4	−2.9	37	+0.8	−1.3
22	+2.3	−2.8	38	+0.7	−1.2
23	+2.2	−2.7	39	+0.6	−1.1
24	+2.1	−2.6	40	+0.5	−1.0
25	+2.0	−2.5	41	+0.4	−0.9
26	+1.9	−2.4	42	+0.3	−0.8
27	+1.8	−2.3	43	+0.2	−0.7
28	+1.7	−2.2	44	+0.1	−0.6
29	+1.6	−2.1	45	0	−0.5
30	+1.5	−2.0	46	0	−0.4
31	+1.4	−1.9	47	0	−0.3
32	+1.3	−1.8	48	0	−0.2
33	+1.2	−1.7	49	0	−0.1
34	+1.1	−1.6	50	0	0
35	+1.0	−1.5			

注：1. R_m^t 或 R_m^b 小于 20 或大于 50 时，分别按 20 或 50 查表；
  2. 表中有关混凝土浇筑表面的修正系数，是指一般原浆抹面的修正值；
  3. 表中有关混凝土浇筑底面的修正系数，是指构件底面与侧面采用同一类模板在正常浇筑情况下的修正值；
  4. 表中未列入相应于 R_m^t 或 R_m^b 的 R_a^t 和 R_a^b，可用内插法求得，精确至 0.1。

2.2.2.4 混凝土强度换算及推定

（1）混凝土强度换算值可采用统一测强曲线（由全国有代表性的材料、成型养护工艺配制的混凝土试件通过试验所建立的曲线），地区测强曲线（由本地区常用的材料、成型养护工艺配制的混凝土试件通过试验所建立的曲线），专用测强曲线（由与结构或构件混凝土相同的材料、成型养护工艺配制的混凝土试件通过试验所建立的曲线）。

（2）测强曲线应按专用测强曲线、地区测强曲线、统一测强曲线的次序选用。

（3）结构或构件的测区混凝土强度平均值应根据各测区的混凝土强度换算值计算。当测区数为 10 个及以上时，应计算强度标准差。平均值及标准差应按下式计算：

$$m_{f_{cu}^c} = \frac{\sum_{i=1}^{n} f_{cu,i}^c}{n}$$

$$S_{f_{cu}^c} = \sqrt{\frac{\sum_{i=1}^{n}(f_{cu,i}^c)^2 - n(m_{f_{cu}^c})^2}{n-1}}$$

式中：$m_{f_{cu}^c}$——结构或构件测区混凝土强度换算值的平均值（MPa）；

n——对于单个检测的构件,取一个构件的测区数;对批量检测的构件,取被抽检构件测区数之和;

$S_{f_{cu}}$——结构或构件测区混凝土强度换算值的标准差(MPa)。

(4)当结构混凝土所用材料与制定测强曲线时混凝土所用材料有较大差异时,应用相同条件下混凝土立方体试件或从结构或构件钻取的混凝土芯样进行修正,试件或芯样数量不应少于6个。

2.2.2.5 注意事项

(1)回弹法只适用于普通混凝土。

(2)回弹仪设备本身的机械磨损、清洁程度都会对结果造成影响。

(3)测试结果只代表混凝土表层的结果。

(4)混凝土表面应干燥、清洁、平整。检测面不应有疏松层、浮浆、油垢、蜂窝、麻面等,必要时可用砂轮清除并打磨平整。

2.2.3 冲击弹性波法检测混凝土强度

近年来,冲击弹性波法检测混凝土抗压强度在国内外得到了广泛关注。其相比超声回弹法等有明显的优势,受混凝土不均匀和缺陷的影响更小,易于耦合,现场测试更加方便,更利于铁路行业的混凝土结构强度检测。

2.2.3.1 方法介绍

冲击弹性波法检测混凝土抗压强度的基本原理与超声波法类似,也是依据其传播速度与混凝土动弹性模量及抗压强度之间的相关关系,通过测强曲线来推定混凝土抗压强度。但是与超声波法相比,冲击弹性波法具有如下优越性:

(1)由于冲击弹性波的波长一般均大于集料及钢筋的直径,受集料散射的影响小,受钢筋分布的影响也较小,因此测试的波速较为稳定,同时,测强曲线的差异也较小。

(2)冲击弹性波的频谱响应特性好,可利用频域分析反射信号,从而提高分析精度。

(3)通过改变激振锤的大小,很容易改变激发信号的频率,提高对结构的覆盖范围。

(4)相对于超声波更易于耦合,现场测试便捷。

2.2.3.2 检测设备特点

冲击弹性波混凝土强度检测设备(图2-11),其特点如下:

(1)仪器具备采集振动信号的能力,可多个通道同时采集信号。

(2)采样频率需要大于500kHz,且可调。

(3)具备多种加速度传感器,对不同频率的信号进行采集。

(4)软件包含多种滤波方式,且可提取有效信号、抑制噪声。

(5)可以对混凝土形状、内部钢筋占比进行修正。

(6)应根据测试对象的厚度选用不同直径的激振锤。测试对象厚度越大,所采用的激振锤越大。

(7)软件分析可计算弹性波速度及混凝土模量强度等。

冲击弹性波法
检测混凝土强度

图 2-11　弹性波混凝土强度检测设备示意图

2.2.3.3　数据分析

针对测试结构的尺寸、形状及测试面的不同,可采用不同的方法来测试弹性波速。试件或构件测试应首先考虑选用纵(P)波测试,但当隧道衬砌、挡墙、坝体等仅有一个测试面,以及厚度未知的厚板时,可采用表面波法。然后根据波速计算动弹性模量 E_d,再建立其与混凝土抗压强度的关系。

(1)纵(P)波法测试混凝土强度步骤是先测试混凝土动弹性模量(参考"2.1.3.4　数据分析"一节),再建立动弹性模量与强度的关系。

(2)表面波法。

该方法适合厚度较大且厚度未知的结构。

动弹性模量计算方法：

$$E_d = \frac{2(1+\mu)^3}{(0.87+1.12\mu)^2} \rho V_R^2$$

式中：E_d——混凝土动弹性模量(MPa)；

ρ——材料的密度(kg/m³)；

μ——材料的泊松比；

V_R——材料表面波速度。

传感器测点布置请参考图 2-12。测试时,为了采集到高品质的表面波,传感器的间距宜与表面波波长相同,同时激振点与传感器接收点的距离需要按照要求设置。设置距离参考图 2-12。

一般情况下,改变激振锤的材质,其激振产生的波长也会发生改变,即激振锤密度越小,激振产生的波长也就越长。因此,为了测试更深层的混凝土质量,可以将激振锤变为其他材质的激振锤进行测试,即可以测试不同深度混凝土的强度及分层(图 2-13)。

(3)测强曲线。

由于弹性模量与抗压强度均属于混凝土本身的力学特性指标,具有良好的相关关系。例如,《混凝土结构设计规范》(GB 50010—2010)中混凝土弹性模量与抗压强度等级关系见表 2-4。

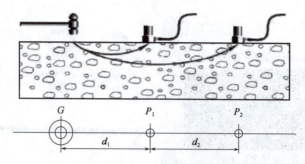

图 2-12　表面波法测试示意图

G-敲击点；P_1、P_2-传感器；d_1-敲击点与传感器之间的间距；d_2-传感器 1 与传感器 2 的间距

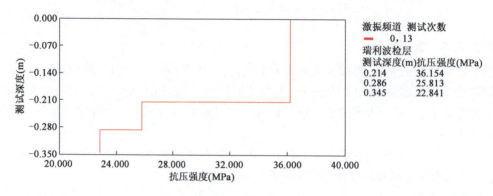

图 2-13　表面波法混凝土强度分层结果图

混凝土弹性模量与抗压强度等级关系（GPa）　　　　表 2-4

抗压强度等级	C25	C30	C35	C40	C45	C50	C55	C60
弹性模量 E_C	28.0	30.0	31.5	32.5	33.5	34.5	35.5	36.5

因此，通过标定混凝土动弹性模量与抗压强度的关系，结合 2.1.3 节中动弹性模量的测试即可推算混凝土的抗压强度。混凝土动弹性模量与抗压强度的关系可取指数、幂函数或 Sigmoid 曲线，例如，基于 Sigmoid 曲线的 f_{cu}-E_d 模型（图 2-14）可表示为：

$$f_{cu} = f_{c0} + \frac{\delta_{fc}}{1 + e^{\frac{E_A - E_d}{\lambda}}}$$

式中：f_{c0}——混凝土最小抗压强度；

δ_{fc}——混凝土最大抗压强度与最小抗压强度的差值；

E_A——Sigmoid 曲线中点对应的动弹性模量，单位 GPa；

λ——形状系数。在缺乏标定数据时，可参考下述模型：

$$f_{cu} = 5 + \frac{80}{1 + e^{\frac{39.5 - E_d}{5.5}}}$$

（4）钢筋影响及修正。

由于使用的冲击弹性波波长较长（约 200mm 以上），远大于钢筋直径，因此可将钢筋与混凝土考虑成复合材料，并根据综合配筋率修正。

$$E_{cd} = \frac{E_t - \rho_s E_{sd}}{1 - \rho_s}$$

式中：E_{cd}——修正后混凝土动弹性模量；
E_t——未经修正的动弹性模量；
ρ_s——综合钢筋率（近似于钢筋体积系数）；
E_{sd}——钢筋动弹性模量，取210GPa。

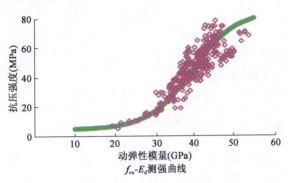

图2-14　参考f_{cu}-E_d测强曲线

2.2.3.4　注意事项

(1)测试时，要注意避开试件表面不平整、浮浆、小气泡、疏松等位置。
(2)因钢筋传播速度一般大于混凝土，测试时尽量与钢筋错开测试，减少钢筋的影响。

2.2.4　优缺点对比

针对上文主要介绍的钻芯法、回弹法和冲击弹性波法三种测试方法进行对比，见表2-5。

混凝土强度测试方法的比较　　　　表2-5

方　法	原理简介	优　点	缺　点
取芯法	直接利用芯样进行抗压试验，计算得到抗压强度	直接得到抗压强度	仅反应芯样强度，代表性差；破坏结构，无法大规模取芯；费时、费力
回弹法	利用回弹仪对混凝土表面进行回弹，推算混凝土强度	检测效率快	测试强度深度范围浅；受测试表面状态影响大；精度差
冲击弹性波法	通过弹性波波速，计算材料的动切线弹性模量，并以此推算混凝土强度	测试简便、快捷；无损检测，效率快；可测试内部强度	受混凝土表面状态影响

2.3　混凝土耐久性检测（电阻率检测技术）

2.3.1　方法介绍

混凝土的电阻率反映其导电性。混凝土电阻率大，若钢筋发生锈蚀，则发展速度慢，扩散能力弱;反之混凝土电阻率小,锈蚀发展速度快,扩散能力强。因此,测量混凝土电阻率是对钢筋状况进行检测评定的一项重要内容。

混凝土电阻率检测区域,应根据钢筋锈蚀电位测试结果所表明的钢筋可能锈蚀活化的区域进行选择。可采用四电极阻抗测量法测定,即混凝土表面等间距接触四支电极,两外侧电极为电流电极,两内侧电极为电压电极,通过检测电压电极间混凝土阻抗而获得混凝土电阻率 ρ。

$$\rho = \frac{2\pi dV}{I}$$

式中:V——电压电极间所测电压;
I——电流电极间通过的电流;
d——电极间距。

2.3.2 仪器设备(电阻率测试仪)

(1)电阻率测试仪由四电极探头与电阻率仪表组成,采用交流测量系统。

(2)探头四电极间距可调,调节范围为 10cm,每一电极内均装有压力弹簧,从而保证可以测量不同深度的电阻率(电极与混凝土表面接触良好)。

(3)电压电极间的输入阻抗大于 1MΩ。

(4)电极端部直径不得大于 5mm。

混凝土电阻率测试如图 2-15 所示。

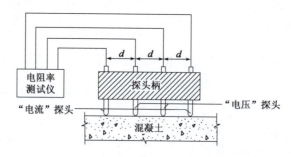

图 2-15 混凝土电阻率测试示意图

2.3.3 试验步骤

(1)检查仪器,在四个电极上分别接三支电阻,则仪器的显示值为相应的电阻率值。

(2)测区与测位布置可参照钢筋锈蚀自然电位测量的要求,在电位测量网格间进行。

(3)调节好仪器电极的间距,一般采用间距为 50mm。当读数不稳定时,为了保证电极与混凝土表面有良好连接的电接触,应在电极前端涂上耦合剂。测量时,探头应垂直置于混凝土表面,并施加适当的压力。

2.3.4 数据分析

混凝土电阻率测试结果见表 2-6。

混凝土电阻率测试结果评定   表2-6

电阻率(Ω·cm)	可能的锈蚀速率	评定标度
≥20000	很慢	1
[15000,20000)	慢	2
[10000,15000)	一般	3
[5000,10000)	快	4
<5000	很快	5

注：测量时混凝土桥梁结构或构件应为自然状态。

2.3.5 注意事项

(1) 混凝土表面应清洁、干净、无尘、无油脂。

(2) 注意测试时的温度、湿度。

(3) 为了提高测试准确性，可去掉表面碳化层。

2.4 混凝土耐久性检测(氯离子含量检测技术)

2.4.1 方法介绍

有害物质侵入混凝土将会影响结构的耐久性。混凝土中氯离子可引起并加速钢筋的锈蚀；硫酸盐的侵入可使混凝土呈易碎松散状态，强度降低；碱的侵入在集料具有碱活性时，可能引起碱和集料反应破坏。因此，在进行结构耐久性评定时，根据需要应对混凝土中氯离子含量进行测定。

氯离子含量的测定方法中比较简便的有两种：滴定条法和试验室化学分析法。其中，滴定条法可在现场完成氯离子含量的测定。

2.4.2 取样

(1) 现场按混凝土不同深度取样，结果能反映氯离子在混凝土中随深度变化的分布情况，可根据钢筋深度混凝土氯离子含量判断钢筋锈蚀的危险情况。

(2) 测定应根据构件的工作环境条件及构件本身的质量状况确定测区，测区应能代表不同工作条件及不同混凝土质量的部位，宜参考钢筋锈蚀电位测量结果确定。

(3) 每一测区取粉的钻孔数量不宜少于3个，取粉孔可与碳化深度测量孔合并使用。测区、测孔应统一编号。

(4) 使用直径20mm以上的冲击钻在混凝土表面钻孔，钻孔前应先确定钢筋位置。

(5) 钻孔取粉应分层收集，一般深度间隔3mm、5mm、10mm、15mm、20mm、25mm、50mm等。若需指定深度处的钢筋周围氯离子含量，取粉间隔可调整。

(6) 用一硬塑料管和塑料袋收集粉末，不同深度使用不同塑料袋收集，避免不同深度粉末混杂。

(7) 相同测区不同孔相同深度的粉末可收集在一起，质量不少于25g。

(8)采集粉末后,塑料袋应立即封口保存,注明测区、测孔编号及深度。

2.4.3 滴定条法

(1)将采回的样品过筛,去掉其中较大的颗粒。
(2)将样品置于105℃±5℃烘箱内2h后,冷却至室温。
(3)称取5g(精确至±0.1g)样品粉末放入烧杯中。
(4)缓慢加入50mL的硝酸,并充分搅拌直至嘶嘶声停止。
(5)用石蕊试纸检查溶液是否呈酸性,即试纸变红,如果不呈酸性,再加入适量硝酸。
(6)加入约5g无水碳酸钠。
(7)用石蕊试纸检查溶液是否呈中性,即试纸无变化;否则,再加入少量无水碳酸钠直至溶液呈中性。
(8)用过滤纸做一锥斗加入液体,当纯净的溶液渗入锥斗后,把滴定条插入液体中。
(9)待到滴定条顶端水平黄色细条转变成蓝色,取出滴定条并顺着由上至下的方向将其擦干。
(10)读取滴定条颜色变化处的最高值,然后在该批滴定条表中查出对应的氯离子含量,此值是以百万分之几表示的。若分析过程取样5g,加硝酸50mL,则将查表所得值除以1000,即为百分比含量。

2.4.4 试验室化学分析法

2.4.4.1 混凝土中游离氯离子含量的测定

(1)适用范围:测定硬化混凝土中砂浆的游离氯离子含量。
(2)化学药品:硫酸、酒精、硝酸银、铬酸钾、酚酞、氯化钠。
(3)试剂配制:5%铬酸钾指示剂、0.5%酚酞溶液、稀硫酸溶液、0.02mol/L氯化钠溶液、0.02mol/L硝酸银溶液。称取硝酸银3.4g溶于蒸馏水中并稀释至1000mL,置于棕色瓶中保存。用移液管吸取氯化钠标准溶液20mL(V_1)于三角锥瓶中,加入10~20滴铬酸钾指示剂,用硝酸银溶液滴定至刚呈砖红色。记录所消耗的硝酸银毫升数(V_2)。

$$N_2 = \frac{N_1 V_1}{V_2}$$

式中:N_2——硝酸银溶液的当量浓度;
N_1——氯化钠标准溶液的当量浓度;
V_1——氯化钠标准溶液的毫升数;
V_2——消耗硝酸银溶液的毫升数。

(4)试验步骤:取混凝土中的砂浆约30g,研磨至全部通过0.63mm筛,然后置于105℃±5℃烘箱内2h后,取出放入干燥器冷却至室温。称取20g,质量为G,置于三角锥瓶中并加入200mL(V_3)蒸馏水,塞紧瓶塞,剧烈振荡1~2min,浸泡24h。将试样过滤,用移液管分别吸取滤液20mL(V_4),置于2个三角锥瓶中,各加2滴酚酞,使溶液呈微红色,再用稀硫酸中和至无色后,加铬酸钾指示剂10~20滴,立即用硝酸银溶液滴定至砖红色。记录所消耗的硝酸银毫升数(V_5)。

(5)游离氯离子含量计算：

$$P = \frac{N_2 V_5 \times 0.03545}{\dfrac{GV_4}{V_3}} \times 100\%$$

式中：P——砂浆样品游离氯离子含量；
0.03545——氯离子的毫克当量。

2.4.4.2 混凝土中氯离子总含量的测定

(1)适用范围：测定混凝土中砂浆的氯离子总含量，其中包括已和水泥结合的氯离子量。用硝酸将含有氯化物的水泥全部溶解，然后在硝酸溶液中，用佛尔哈德法来测定氯化物含量。

(2)化学药品：硝酸银、氯化钠、硫氰酸钾、硝酸、铁矾、铬酸钾(以上均为化学纯)。

(3)试剂配制：0.02mol/L 氯化钠标准溶液、0.02mol/L 硝酸银溶液、6mol/L 硝酸溶液、10%铁矾溶液、0.02mol/L 硫氰酸钾标准溶液。用天平称取化学纯硫氰酸钾晶体约1.95g，溶于100mL 蒸馏水，充分摇匀，装在瓶内配成溶液，并用硝酸银标准溶液进行标定。将硝酸银标准溶液装入滴定管，放出硝酸银标准溶液约25mL，加 6mol/L 硝酸 5mL 和 10%铁矾溶液 4mL，然后用硫氰酸钾标准溶液滴定。滴定时，剧烈摇动溶液，当滴至红色维持 5~10s 不退时，即为终点。

硫氰酸钾标准溶液的当量浓度：

$$N_1 = \frac{N_2 V_2}{V_1}$$

式中：N_1——硫氰酸钾标准溶液的当量浓度；
　　　V_1——滴定时消耗的硫氰酸钾标准溶液毫升数；
　　　N_2——硝酸银标准溶液的当量浓度；
　　　V_2——硝酸银标准溶液毫升数。

(4)试验步骤：取适量的混凝土试样，用小锤仔细除去混凝土试样中的石子部分，保存砂浆，把砂浆研碎成粉状，置于105℃±5℃烘箱内 2h 后，取出放入干燥器冷却至室温，用天平称取 10~20g 砂浆样品倒入三角锥瓶。用容量盛 100mL 稀硫酸倒入三角锥瓶内，盖上瓶塞，防止蒸发。浸泡 24h 至水泥全部溶解，其间可用滤纸过滤去除沉淀。用移液管量取滤液 20mL 两份，置于三角锥瓶，每份加入硝酸银溶液 20mL，分别用硫氰酸钾滴定。滴定时剧烈摇动溶液，当滴至红色能维持 5~10s 不褪色时，即可终止。

(5)氯离子总含量计算：

$$P = \frac{0.03545(NV - N_1 V_1)}{\dfrac{GV_2}{V_3}} \times 100\%$$

式中：P——砂浆样品中氯离子总含量；
　　　N——硝酸银标准溶液的当量浓度；
　　　V——加入滤液试样中的硝酸银标准溶液毫升数；
　　　N_1——硫氰酸钾标准溶液的当量浓度；
　　　V_1——滴定时消耗的硫氰酸钾标准溶液毫升数；

V_2——硝酸银标准溶液毫升数;

V_3——浸样品的水量;

G——砂浆样品质量。

0.03545——氯离子的毫克当量。

2.4.5 氯离子含量的评定标准

(1)钢筋锈蚀危险性受到多种因素的影响,如碳化深度、混凝土含水率、混凝土质量等,因此应进行综合分析。

(2)根据每一取样层氯离子含量的测定值,做出氯离子含量的深度分布曲线,判断氯化物是混凝土生成时已有的,还是结构使用过程中由外界渗入的。

混凝土中氯离子含量评定标准见表2-7。

表2-7 混凝土中氯离子含量评定标准

氯离子含量 (占水泥含量的百分比)	诱发钢筋锈蚀的可能性	评定标度
<0.15	很小	1
[0.15,0.40)	不确定	2
[0.40,0.70)	有可能诱发钢筋锈蚀	3
[0.70,1.00)	会诱发钢筋锈蚀	4
≥1.00	钢筋锈蚀活化	5

习题

2-1 弹性模量的概念与意义。

2-2 弹性模量的测试方法有哪些?

2-3 静力受压法测试弹性模量有哪些注意事项?

2-4 简述共振法测试弹性模量的原理。

2-5 简述冲击弹性波法测试弹性模量的原理。

2-6 冲击弹性波法测试弹性模量的优缺点有哪些?

2-7 混凝土强度检测的方法常见有哪些?

2-8 一般需要检测混凝土强度有哪些?

2-9 简述回弹法检测混凝土强度的优缺点。

2-10 简述回弹法的原理。

2-11 简述如何用冲击弹性波法测试混凝土强度。

2-12 简述冲击弹性波法相比回弹法的优势在哪里。

2-13 简述混凝土电阻率检测的方法。

2-14 简述氯离子含量检测的评定标准。

本章参考文献

[1] 中华人民共和国住房和城乡建设部,中华人民共和国国家市场监督管理总局.混凝土物理力学性能试验方法标准:GB/T 50081—2019[S].北京:中国建筑工业出版社,2019.

[2] 国家铁路局.铁路混凝土工程施工质量验收标准:TB 10424—2018[S].北京:中国建筑工业出版社,2019.

[3] 国家铁路局.铁路工程结构混凝土强度检测规程:TB 10426—2019[S].北京:中国建筑工业出版社,2019.

[4] 姜勇,吴佳晔,马永强,等.基于冲击弹性波的隧道衬砌混凝土强度检测技术研究和应用[J].铁道建筑,2020(6):1-5.

[5] 王荣鲁,吕小彬,李萌.水工结构混凝土质量检测冲击弹性波技术的研发和应用[J].中国水利水电科学研究院学报,2018(5):472-478.

第3章 混凝土中的钢筋检测

 学习指南

钢筋是现代建筑工程建设的主要材料之一,其质量对建筑工程建设施工及投入使用后的安全性与可靠性具有重要影响,而保障钢筋质量的重要途径是对其进行科学检测。本章主要介绍了混凝土结构物中钢筋分布及保护层的检测方法、原理、仪器要求、操作程序等,以及钢筋混凝土中钢筋锈蚀的原因及检测方法。

3.1 混凝土中钢筋分布及保护层厚度的检测

混凝土中钢筋分布及保护层厚度的检测针对主要承重构件或承重构件的主要受力部位,或钢筋锈蚀电位测试结果表明钢筋可能锈蚀活化的部位,以及根据结构检算及其他检测需要确定的部位。在下列情况下需进行检测:

(1) 用于估测混凝土中钢筋的位置、深度和尺寸。
(2) 在无资料或其他原因需要对结构进行调查的情况下。
(3) 进行其他测试之前需要避开钢筋进行的测试。

3.1.1 方法及原理介绍

钢筋扫描检测

1) 检测方法

采用电磁无损检测方法确定钢筋位置,辅以现场修正以确定保护层厚度,估测钢筋直径,量测值精确至毫米。

2)检测原理

仪器探头产生一个电磁场,当某条钢筋或其他金属物位于这个电磁场内时,会引起这个电磁场磁力线的改变,造成局部电磁场强度的变化。电磁场强度的变化和金属物大小与探头距离存在一定的对应关系。如果把特定尺寸的钢筋和所要调查的材料进行适当标定,通过探头测量并由仪表显示出这种对应关系,即可估测混凝土中钢筋的位置、深度和尺寸。

3.1.2 仪器设备

(1)检测仪器的技术要求。

检测仪器一般包含探头、仪表和连接导线,其中仪表可进行模拟或数字的指示输出,较先进的仪表还具有图形显示功能。仪器可用电池或外接电源供电。

(2)钢筋保护层测试仪的技术要求。

①钢筋保护层测试仪应通过技术鉴定,必须具有产品合格证。

②仪器的保护层测量范围应大于120mm。

(3)仪器的准确度应满足以下条件:

①0~60mm,±1mm;

②60~120mm,±3mm;

③>120mm,±10%。

(4)适用的钢筋直径范围应为Φ6~Φ50,并不少于符合有关钢筋直径系列规定的12个档次。

(5)仪器应具有在未知保护层厚度的情况下测量钢筋直径的功能。

(6)仪器应能适用于温度0~40℃、相对湿度小于或等于85%、无强磁场干扰的环境条件。

(7)仪器工作时应为直流供电,连续正常工作时间不少于6h。

3.1.3 注意事项

3.1.3.1 仪器标定

(1)钢筋保护层测试仪使用期间的标定、校准应使用专用的标定块。当测量标定块所给定的保护层厚度时,测读值应在仪器说明书所给定的准确度范围之内。

(2)标定块为一根Φ16的普通碳素钢筋垂直浇铸在长方体无磁性的塑料块内,钢筋与四个侧面的距离分别为15mm、30mm、60mm、90mm,如图3-1所示。

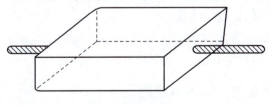

图3-1 标定块

(3)标定应在无外界磁场干扰的环境中进行。

(4)每次试验检测前均应对仪器进行标定,若达不到应有的准确度,应送专业机构维修检验。

3.1.3.2 混凝土结构钢筋分布状况调查的范围

其范围应为主要承重构件或承重构件的主要受力部位,或经钢筋锈蚀电位测试结果表明钢筋可能锈蚀活化的部位,以及根据结构检算及其他检测需要确定的部位。

3.1.3.3 测区布置原则

(1)按单个构件检测时,应根据尺寸,在构件上均匀布置测区,每个构件上的测区数不应少于3个。

(2)对于最大尺寸大于5m的构件,应适当增加测区数量。

(3)测区应均匀分布,相邻两测区的间距不宜小于2m。

(4)测区表面应清洁、平整,避开接缝、蜂窝、麻面、预埋件等部位。

(5)测区应注明编号,并记录测区位置和外观情况。

(6)测点数量及要求:

①构件上每一测区应不少于10个测点。

②测点间距应小于保护层测试仪传感器长度。

(7)对某一类构件的检测,可采取抽样的方法,抽样数不少于同类构件数的30%,且不少于3件,每个构件测区布置按单个构件要求进行。

(8)对结构整体的检测,可先按构件类型分类,再按构件类型进行检测。

3.1.4 操作步骤

(1)测试前应熟悉有关图纸资料,以确定钢筋的种类和直径。

(2)进行保护层厚度测读前,应先在测区内确定钢筋的位置与走向,做法如下:

①将保护层测试仪传感器在构件表面平行移动,当仪器显示值为最小值时,传感器正下方即所测钢筋的位置。

②找到钢筋位置后,将传感器在原处左右转动一定角度,仪器显示最小值时传感器长轴线的方向即为钢筋的走向。

③在构件测区表面画出钢筋位置与走向。

(3)保护层厚度的测读。

①将传感器置于钢筋所在位置正上方,并左右稍稍移动,读取仪器显示的最小值,即为该处保护层厚度。

②每一测点宜读取2~3次稳定读数,取其平均值,精确至1mm。

③应避免在钢筋交叉位置进行测量。

(4)对于缺少资料、无法确定钢筋直径的构件,应首先测量钢筋直径。对钢筋直径的测量宜采用测读5~10次、剔除异常数据、求其平均值的测量方法。

3.1.5 影响测量准确度的因素及修正

1)影响测量准确度的因素

(1)应避免外加磁场的影响。

(2)混凝土若具有磁性,测量值需加以修正。

(3)钢筋品种对测量值有一定影响,主要是高强钢筋,需加以修正。

(4)布筋状况、钢筋间距影响测量值,当 $D/S<3$ 时需修正测量值。其中,D 为钢筋净间距(mm),即钢筋边缘至边缘的间距;S 为保护层厚度,即钢筋边缘至保护层表面的最小距离。

2)保护层测量值的修正

只有当钢筋直径、材质、布筋状况、混凝土性质都已知时,才能准确测量保护层厚度,但实际测量时,这些因素往往都是未知的。

(1)仪器测量直径的选择:

①两根钢筋横向并在一起(图 3-2),等效直径 $d_{等效} = d_1 + d_2$;

②两根钢筋竖向并在一起(图 3-3),等效直径 $d_{等效} = 3(d_1 + d_2)/4$。

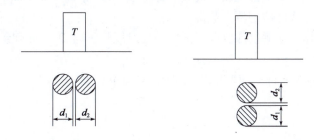

图 3-2 两根钢筋横向并在一起　　图 3-3 两根钢筋竖向并在一起

(2)用标准垫块进行综合修正,这种方法适用于现场检测。标准垫块用硬质无磁性材料制成,例如工程塑料或电工用绝缘板。平面尺寸与仪器传感器底面相同,厚度 S_b 为 10mm 或 20mm。修正系数 K 的计算方法如下:

①将传感器直接置于混凝土表面已标好的钢筋位置正上方,读取测量值 S_{m1}。

②将标准垫块置于传感器原混凝土表面位置,并把传感器放于标准垫块之上,读取测量值 S_{m2},则修正系数 K 的计算方法如下:

$$K = \frac{S_{m2} - S_{m1}}{S_b}$$

③对于不同钢筋种类和直径的试块,应确定各自的修正系数,每一修正系数应采用 3 次测量的平均值求得。

(3)用校准孔进行综合修正,也是现场校准测量值的有效方法。

①用 6mm 钻头在钢筋位置正上方,垂直于构件表面打孔,感觉碰到钢筋便立即停止,用深度卡尺量测钻孔深度,即为实际的保护层厚度 S_r,则修正系数 K 的计算方法如下:

$$K = \frac{S_m}{S_r}$$

式中:S_m——仪器读数值。

②对于不同钢筋种类和直径的试块应打各自的校准孔,一般应不少于 2 个,求其平均值。

(4)现场检测的准确度。经过修正后确定的保护层厚度值,精确度可在 10% 以内,因混凝土表面的平整度及各种影响因素的存在仍会给测量带来误差。

（5）注明检测部位及测区位置，将各个测区的钢筋分布、走向绘制成图，并在图上标注间距、保护层厚度及钢筋直径等数据。

3.1.6　数据处理及评定

1）数据处理

（1）根据某一测量部位各测点混凝土厚度实测值，按下式求出混凝土保护层厚度平均值 $\overline{D}_n$（精确至 0.1mm）。

$$\overline{D}_n = \frac{\sum_{i=1}^{n} D_{ni}}{n}$$

式中：D_{ni}——结构或构件测量部位测点混凝土保护层厚度，精确至 0.1mm；

　　　n——检测构件或部位的测点数。

（2）按照下式计算确定测量部位混凝土保护层厚度特征值 D_{ne}（精确至 0.1mm）：

$$D_{ne} = \overline{D}_n - K_p S_D$$

式中：S_D——测量部位测点保护层厚度的标准差，精确至 0.1mm；

$$S_D = \sqrt{\frac{\sum_{i=1}^{n}(D_{ni})^2 - n(\overline{D}_n)^2}{n-1}}$$

　　　K_p——合格判定系数值，按表 3-1 取用。

混凝土保护层厚度合格判定系数值表　　　　表 3-1

n	10～15	16～24	≥25
K_p	1.695	1.645	1.595

2）结果评定

根据测量部位实测保护层厚度特征值 D_{ne} 与其设计值 D_{nd} 的比值，混凝土保护层厚度对结构钢筋耐久性的影响评定标准可参考表 3-2 中的经验值。

钢筋保护层厚度对结构钢筋耐久性的影响评定标准表　　　　表 3-2

D_{ne}/D_{nd}	对结构钢筋耐久性的影响	评定标度
>0.95	影响不显著	1
(0.85,0.95]	有轻度影响	2
(0.70,0.85]	有影响	3
(0.55,0.70]	有较大影响	4
≤0.55	钢筋易失去碱性保护，发生锈蚀	5

3.2　钢筋锈蚀检测

钢筋混凝土结构物的耐久性问题越来越引起人们的重视，而钢筋锈蚀则是影响结构物耐久性的主要因素之一，随着工业污染及建筑结构的老化，钢筋锈蚀问题越来越突出，直接影响结构物的安全使用。

钢筋锈蚀是一个电化学过程,这已为人们所共知,然而电化学过程的起始与发展还取决于许多复杂的因素,一些工程技术人员往往不重视或不甚了解这些因素的作用原理与钢筋锈蚀的密切关系,甚至在设计、施工及使用过程中增加一些不利的人为因素,使结构物过早出现腐蚀问题。此外,一切防护措施,均应在全面分析和了解影响钢筋锈蚀的各种因素的基础上制订和实施,方能取得预期的效果。

下面以硅酸盐水泥为例,介绍混凝土中钢筋表面钝化膜的破坏与腐蚀半电池的形成机理。

硅酸盐水泥在水化过程中产生一定的碱,方程式如下:

$$2(3CaO \cdot SiO_2) + 6H_2O \rightarrow 3CaO \cdot 2SiO_2 \cdot 3H_2O + 3Ca(OH)_2$$

$Ca(OH)_2$ 一部分溶解于混凝土的液相中,使混凝土 pH 值在 13~14 之间,另一部分则沉淀于混凝土的微孔中,处于强碱环境中的钢筋,其表面生成致密氧化膜,使钢筋处于钝化状态,同时混凝土对钢筋也起着物理保护作用。

但是从热力学的观点来看,钢筋的钝化是不稳定的,钝化状态的保持具有一定的条件,一旦条件改变,钢筋便由钝化状态向活化状态转变。

混凝土通常具有连续贯通的毛细孔隙,起初这些毛细孔隙被水泥水化过程中所产生的自由水和固体 $Ca(OH)_2$ 填塞,但是暴露在空气中的混凝土随着时间的推移,会逐渐释放一部分自由水,在干燥过程中,混凝土中的水分挥发,其原来占有的孔隙空间就会被空气填补,通常空气中包含着大量的 CO_2 和酸性气体,它们能与混凝土中的碱性成分起反应,大气中的 CO_2、SO_2、SO_3 能中和混凝土中的 $Ca(OH)_2$:

$$\left. \begin{array}{l} CO_2 + Ca(OH)_2 \rightarrow CaCO_3 + H_2O \\ SO_2 + Ca(OH)_2 \rightarrow CaSO_3 + H_2O \\ SO_3 + Ca(OH)_2 \rightarrow CaSO_4 + H_2O \end{array} \right\}$$

这就是我们所说的混凝土碳化。混凝土碳化会使得混凝土的 pH 值降低,当 pH 值小于 11 时,混凝土中钢筋表面的致密钝化膜就被破坏,不仅如此,$CaSO_3$、$CaSO_4$ 还会与水泥水化物中的铝酸三钙反应,生成物体积增大,从而使混凝土胀裂,这就是硫酸盐侵蚀破坏。通常所说的碱性集料反应或者叫碱性反应破坏机理,也与此相似。当混凝土中的碱浓度超过一定临界值后,集料中如微晶和隐晶硅等活性矿料就会发生化学反应从而生成一种凝胶,而这种凝胶往往是吸水膨胀的,一旦混凝土遭受水的侵蚀,就会使凝胶膨胀,从而产生过高的内应力,导致混凝土胀裂,这样一来就加快了混凝土的表面剥落。

一旦钢筋表面钝化膜局部破坏或致密度变差,即不完整,则钝化膜处就会形成阳极,而周围钝化膜完好的部位构成阴极,从而形成了若干个微电池。虽然有些微电池处于抑制状态,但在一定条件下可以激化,使其处于活化状态继而发生氧化还原反应,这样就造成钢筋的锈蚀,宏观上混凝土和握裹其中的钢筋形成半电池,而我们也正是通过检测处于活化状态的钢筋锈蚀半电池电位来判断当下混凝土内的钢筋锈蚀活化程度。

3.2.1 方法介绍(半电池电位法)

半电池电位法是指利用混凝土中钢筋锈蚀的电化学反应引起的电位变化来测定钢筋锈蚀状态。通过测定钢筋/混凝土半电池电极与在混凝土表面的铜/硫酸铜参考电极之间电位差,来评定混凝土中钢筋的锈蚀活化程度。

钢筋锈蚀状况检测范围应为主要承重构件或承重构件的主要受力部位,或根据一般检查结果有迹象表明钢筋可能存在锈蚀的部位。用于估测在用的现场和试验室硬化混凝土中无镀层钢筋的半电池电位,测试与这些钢筋的尺寸和埋在混凝土中的深度无关,可以在混凝土构件使用寿命中的任何时期使用。

已经干燥到绝缘状态的混凝土或已发生脱空层离的混凝土表面,测试时不能提供稳定的电回路,不适用本方法。对特殊环境,如海水浪溅区、处于盐雾中的混凝土结构等,不具有普遍适用性。

电位的测量需由有经验的、从事结构检测的工程师或相关技术专家完成并解释,除了半电池电位测试之外,还有必要使用其他数据,如氯离子含盐、碳化深度、层离状况、混凝土电阻率和所处环境调查等,以掌握钢筋腐蚀情况及其对结构使用寿命可能产生的影响。

3.2.2 仪器设备

1) 参考电极(半电池)

(1) 本方法参考电极为铜/硫酸铜半电池。它由一根不与铜或硫酸铜发生化学反应的刚性有机玻璃管、一只通过毛细作用保持湿润的多孔塞、一个处在刚性管内饱和硫酸铜溶液中的紫铜棒构成,如图 3-4 所示。

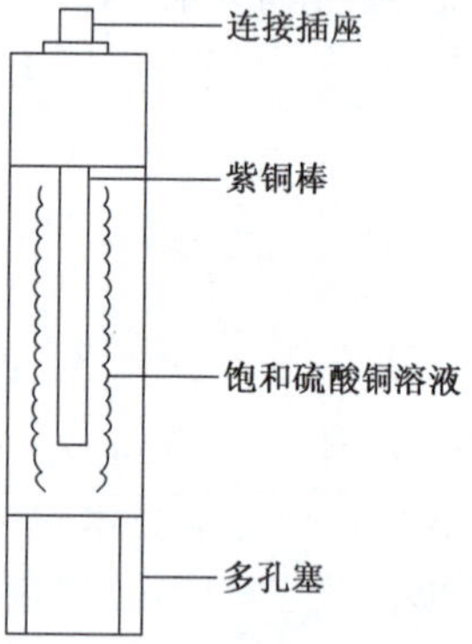

(2) 铜/硫酸铜参考电极温度系数为 0.9mV/℃。

2) 二次仪表的技术性能要求

(1) 测试范围大于 1V。

(2) 准确度优于 0.5% ±1mV。

(3) 输入电阻大于 $10^{10}Ω$。

(4) 仪器使用环境条件:环境温度 0~40℃;相对湿度小于或等于 95%。

3) 导线

导线总长不应超过 150m,一般选择截面积大于 $0.75mm^2$ 的导线,以使在测试回路中产生的电压降不超过 0.1mV。

图 3-4 铜/硫酸铜参考电极结构图

4) 接触液

为使铜/硫酸铜半电池电极与混凝土表面有较好的电接触,可在水中加适量的家用液态洗涤剂对被测表面进行润湿,以减小接触电阻与电路电阻。应注意:在使用接触液后仍然无法得到稳定的电位差时,应分析是否为电回路的电阻过大或是附近存在与桥梁连通的大地波动电流,在以上情况下,不应使用半电池电位法。

3.2.3 操作步骤

1) 测区的选择与测点布置

(1) 钢筋锈蚀状况检测范围应为主要承重构件或承重构件的主要受力部位,或根据一般检查结果有迹象表明钢筋可能存在锈蚀的部位。但测区不应有明显的锈蚀胀裂、脱空或层离现象。

(2) 在测区上布置测试网格,网格节点为测点,网格间距可选 20cm×20cm、30cm×30cm、

20cm×10cm 等,根据构件尺寸而定,测点位置距构件边缘应大于 5cm,一般不宜少于 20 个测点。

(3)当一个测区内相邻测点的读数超过 150mV 时,通常应减小测点的间距。

(4)测区应统一编号,注明位置,并描述外观情况。

2)混凝土表面处理

用钢丝刷、砂纸打磨测区混凝土表面,去除涂料、浮浆、污迹、尘土等,并用接触液将表面润湿。

3)二次仪表与钢筋的电连接

(1)现场检测时,铜/硫酸铜半电池电极一般接二次仪表的正输入端,钢筋接二次仪表的负输入端。

(2)局部打开混凝土或选择裸露的钢筋,在钢筋上钻一小孔并拧上自攻螺钉,用加压型鳄鱼夹夹住并润湿,采用图 3-5 所示的测试系统连接方法连接,确保有良好的电连接。若在远离钢筋连接点的测区进行测量,必须用万用表检查内部钢筋的连续性,如不连续,应重新进行钢筋的连接。

(3)铜/硫酸铜参考电极与测点的接触。测量前应预先将电极前端多孔塞充分浸湿,以保证良好的导电性,正式测读前应再次用喷雾器将混凝土表面润湿,但应注意被测表面不应存在游离水。测试系统连接方法见图 3-5。

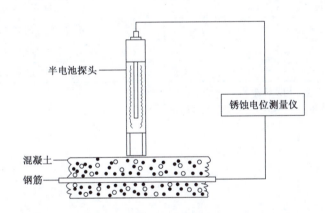

图 3-5 测试系统连接方法

4)铜/硫酸铜半电池电极的准备

饱和硫酸铜溶液由硫酸铜晶体溶解在蒸馏水中制成。当有多余的未溶解硫酸铜结晶体沉积在溶液底部时,可以认为该溶液是饱和的。电极铜棒应清洁,无明显缺陷,否则,需用稀释盐酸溶液清洁铜棒,并用蒸馏水彻底冲净。硫酸铜溶液应注意更换,保持清洁,溶液应充满电极,以保证电连接。

5)测量值的采集

测点读数变动不超过 2mV,可视为稳定。在同一测点,同一支参考电极重复测读的差异不应超过 10mV;不同参考电极重复测读的差异不应超过 20mV。若不符合读数稳定要求,应检查测试系统的各个环节。

3.2.4 影响测量准确度的因素及修正

混凝土含水率对测量值的影响较大,测量时构件应处在自然干燥状态。为提高现场评定钢筋状态的可靠度,一般要进行现场比较性试验。现场比较性试验通常按已暴露钢筋的锈蚀程度不同,在它们的周围分别测出相应的锈蚀电位。比较这些钢筋的锈蚀程度和相应测值的对应关系,提高评判的可靠度,但不能与有明显锈蚀胀裂、脱空、层离现象的区域比较。若环境温度在22℃±5℃范围之外,应对铜/硫酸铜半电池电极做温度修正。此外,各种外界因素产生的波动电流对测量值影响较大,特别是靠近地面的测区,应避免各种电、磁场的干扰。混凝土保护层电阻对测量值有一定影响,除测区表面处理要符合规定外,仪器的输入阻抗也要符合技术要求。

3.2.5 数据分析及评定

(1)对已处理的数据(已进行温度修正)进行判读时,按先前的惯例将这些数据加以负号,绘制等电位图,然后进行判读。

(2)按照表3-3的规定判断混凝土中钢筋发生锈蚀的概率或钢筋正在发生锈蚀的锈蚀活化程度。

混凝土桥梁钢筋锈蚀电位评定标准　　　　　　　　　　　　表3-3

电位水平(mV)	钢筋锈蚀状况
> −200	不发生锈蚀的概率 >90%
−200 ~ −350	锈蚀性状不确定
< −350	发生锈蚀的概率大于90%

注:1.量测时,混凝土桥梁结构或构件应为自然状态。
　　2.表中电位水平为采用铜/硫酸铜半电池电极时的盈测值。

第 4 章　混凝土结构尺寸及缺陷检测

 学习指南

本章主要介绍不同检测媒介对混凝土结构厚度、混凝土裂缝及冷缝、混凝土缺陷等的相关检测,以及相关检测原理、检测方法的适用范围和注意事项,并对部分方法的数据处理及检测结果进行了简要介绍。在学习过程中,应了解混凝土结构尺寸及缺陷检测的基本方法,熟悉各检测方法的基本原理。

4.1　混凝土结构厚度检测

对于混凝土结构而言,保证其结构尺寸与设计一致也是非常重要的。现实中,部分桥梁的顶、底、腹板及隧道等均存在与设计尺寸不符的现象。

由于混凝土材料应用的发展和工程施工的现实需求,工程中对混凝土结构厚度控制要求越来越高。混凝土结构厚度是否满足设计要求直接影响结构的使用安全,所以需要通过检测来评判混凝土结构厚度是否符合设计标准的规定。

对于桥梁隧道中仅有一面露出的结构,应采用冲击弹性波法或雷达法从露出面进行检测。

4.1.1　冲击弹性波法

4.1.1.1　方法介绍

对于桥梁小箱梁的顶、底、腹板及隧道和地下结构的衬砌等,仅有一个测试作业面的结构。可采用冲击弹性波,利用反射的原理进行检测。

4.1.1.2 基本原理

测试的基本原理即在结构表面激发冲击弹性波,通过测试其在结构底部反射的时间 T 和材料的冲击弹性波波速 v_c,即可测试结构的厚度 H。即

$$H = (v_c \cdot T)/2 \tag{4-1}$$

根据测试厚度大小、激振波长大小和能量强弱,可采用单一反射法(适合于厚度大于1m 左右的结构)和重复反射法(也称冲击回波法,适合于厚度不大于1m 左右的结构)。

1)单一反射法

当测试对象较厚、激振信号与反射信号能够分离时,可以直接得到反射时间 T,如图 4-1 所示。

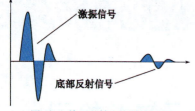

图 4-1 单一反射法的测试概念

该方法的关键在于从测试信号中识别并抽出反射信号。其中,基于信号匹配(Signal Matching)以及借助于可视化技术的实现是有效的。此外,为了进一步提高对反射时间 T 的提取精度,以及同定波速 v_c,还可以采用 CDP 重合法、TAR(真振幅回归)等方法。

2)重复反射法(冲击回波法)

当测试对象较薄、激振信号与反射信号不能很好分离时,通过频谱分析的方法可以算出一次反射的时间(即周期),据此即可测出测试对象的厚度。其关键在于:

(1)频谱分析,求取反射信号的周期。

(2)从周围噪声、激振的残留信号中对有效信号的分离。

(3)激振方式、传感器及固定方式的合理选择。

需要注意的是,在采用 IE 法测试得到的频谱中,可能包含多个频谱成分(图 4-2):

(1)底部反射成分(目标成分)。

(2)激振引起的自由振动成分。

(3)传感器的共振成分。

(4)薄板结构的振动成分。

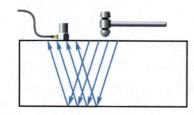 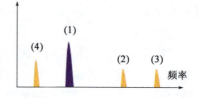

图 4-2 重复反射法(冲击回波法)的测试概念

其中,薄板结构的振动成分是需要尽力避免的。底部反射成分、激振引起的自由振动成分和传感器的共振成分的频率相近时,会合成一个频谱,此时最为理想。而激振引起的自由振动成分和传感器的共振成分相近时,会引起明显的伪峰。因此,选用合适的激振方式、传感器及固定方式都是非常重要的。

混凝土板等厚度较小的结构,其激发信号与反射信号往往交织在一起,无法在时域上进行分离。为此,利用 FFT、MEM 等频谱分析手段对回波信号进行分离则是 IE 法的精髓所在。

4.1.1.3 数据分析

无论是单一反射法还是重复反射(冲击回波)法,测试厚度时波速 v_c 均为重要的参数。波速 v_c 的获取方法一般有以下两种,即在同样的条件下标定(如对测试部位芯样进行测试或已知厚度位置进行测试)和采用其他方法(如单面传播法、双面透过法)测试获取。如令单面传播法测试得到的波速为 C_p,则 v_c 和 C_p 间存在以下关系:

$$v_c = \beta \cdot C_p \tag{4-2}$$

其中,β 称几何形状系数,与测试的位置、激振的波长、结构横截面的厚宽比 η 等均有关系。β 的取值可通过试验确定,或参考如下方法取值:

(1) 对于单一反射法,β 接近于 1。对于大体积混凝土,β 可取 1.02;而对于基桩等线性结构,β 可取 0.96~0.98。

(2) 对于重复反射法(IE 法),当厚宽比小于 0.5 或者大于 2,即薄板或者桩柱类结构时,β 可取 0.96。同时,我们根据试验发现,测点的位置对 β 值也有一定影响,β 约为 0.96。当厚宽比在 0.5~2 之间时,β 有降低的趋势,最低值被认为可降到 0.80 附近。

4.1.1.4 主要特点

基于冲击弹性波(冲击回波)的测试技术具有如下特点:

1) 可单面测试

与楼板厚度测试仪需要在楼板的上下两面对测相比,冲击回波法可在一个作业面上进行测试,这不仅提高了测试效率,而且可适用于隧道、基础、底板等各类结构。

2) 测试范围广

采用不同的激振波长和方法(单一反射法或 IE 法),可测试从数厘米到数米的厚度。

3) 测试稳定性较好

影响测试稳定性和精度的重要因素之一为波速。相比电磁波在混凝土中的波速,冲击弹性波的波速变化要小得多,这有利于提高测试的精度和稳定性。

4) 易于获取波速参数

既可以利用已知厚度的地点对波速进行标定,也可以结合设备中对波速的测试方法现场测试波速,而无须钻孔取芯。

4.1.2 雷达法

4.1.2.1 方法介绍

雷达法也是一种有效的测试结构厚度的方法,在隧道衬砌、道路铺装等大面积厚度测试中应用广泛。

随着微电子技术的迅速发展,现在的探地/混凝土雷达设备早已由庞大、笨重的结构改良为现场适用的轻便工具,实际应用范围迅速扩大。探地雷达由于采用了宽频短脉冲和高采样率,其探测的分辨率高于所有其他地球物理探测手段。

雷达由主机、天线、数据采集系统等几部分组成,混凝土雷达见图 4-3。根据电磁波在有耗介质中的传播特性,发射天线向混凝土结构发射高磁脉冲电磁波(1MHz~2GHz)。

4.1.2.2 测试原理

雷达法测试结构厚度的基本原理(图4-4)与冲击弹性波法相同,即利用雷达波速 v 与反射时间 T 的乘积推算出结构的厚度 H。其中,检测前应对结构混凝土的电磁波速做现场标定。

当发射天线与接收天线有一定的间距 D 时,有:

$$H = \sqrt{\frac{vT}{2} - \frac{D^2}{4}} \tag{4-3}$$

 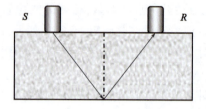

图 4-3　混凝土雷达　　　　　　　图 4-4　雷达测厚原理

4.1.2.3 测试设备

对于雷达测厚,探测的最大深度应大于目标体埋深,垂直分辨率宜优于 2cm。根据检测的厚度和现场具体条件,选择相应中心频率的天线,见表4-1。

不同频率天线参考测深　　　　　　　表 4-1

天线中心频率(MHz)	500	1200	1600	2000
可达深度(m)	1~4.5	0.3~1	0.2~0.7	0.1~0.5
参考测深(m)	2	0.8	0.6	0.4

同时,记录时窗应保证能够完整地采集底部反射的信号,此外;
(1)仪器的信号增益应保持信号幅值不超出信号监视窗口的3/4,天线静止时信号应稳定。
(2)采样率宜为天线中心频率的 6~10 倍。

4.1.2.4 检测步骤

现场检测时,应当首先进行电磁波速标定,然后宜采用一维或者二维网格连续检测。

标定可采用在已知厚度且材料与被检测混凝土结构相同、工作环境相同的预制件上现场采集芯样测量或对已知厚度的测点进行检测。

4.1.2.5 注意事项

在使用雷达法测试混凝土结构厚度时,需要注意以下问题:
(1)由于混凝土中微波波速受到其含水率、矿物质成分等影响,具有较大的变化范围,因此,当上述条件出现变化时,应及时标定。
(2)标定目标体已知厚度不宜小于15cm,且记录中界面反射信号应清楚、准确。

4.1.3 测试方法对比

以上介绍的混凝土结构厚度的测试方法,由于采用信号源及测试原理的不同,在现场应用时,各有利弊,具体见表4-2。

混凝土厚度测试方法对比 表 4-2

方　法	优　点	缺　点
冲击弹性波法	测试范围宽,从数厘米到数米,并可单面测试。波速容易标定,受钢筋等影响小,测试精度较高	需要对传感器逐点耦合,激发信号一致性差,分析较为复杂
雷达法	测试效率和分辨率高,并可单面测试	波速标定较为困难,需钻芯取样。受钢筋、水分的影响大

4.2　混凝土裂缝检测

混凝土结构出现裂缝是常见的、较难避免的现象,根据裂缝的形状,其可分为纵向裂缝、横向裂缝、剪切裂缝、斜向裂缝及各种不规则裂缝(图 4-5)。裂缝会影响结构承载力、使用安全性、防水性及耐久性,不少钢筋混凝土结构的破坏都是从简单的裂缝开始的。因此,我们必须要重视混凝土裂缝检测。

a)纵向裂缝　　　　　　　　　　　　b)不规则裂缝

图 4-5　混凝土的裂缝

由于裂缝分布、走向、长度、宽度等外观特征比较容易检查与测量,而裂缝深度无法用简单方法进行检查,只能采用无破损或局部破损的方法进行检测。过去传统方法多用跨缝钻取芯样或钻孔压水进行裂缝深度检测。传统方法既烦琐又会对混凝土造成局部破坏,而且检测的裂缝深度局限性很大,而采用无损检测的方法检测混凝土裂缝深度,既便捷,又不受裂缝深度限制,而且可以进行重复检测,以便观察裂缝发展情况。

裂缝深度的无损检测一般采用超声波法和冲击弹性波法(采用表面波)。

4.2.1　超声波法

利用超声波法检测混凝土裂缝深度,根据被测裂缝所处部位的实际情况,常用平测法。

4.2.1.1　测试原理

当混凝土结构被测部位只有一个检测表面且裂缝深度不大时,可采用单面平测法进行裂缝深度检测。将超声波发射探头与接收探头安装在构件同一表面裂缝同一侧,标定出无裂缝部位的混凝土的声速如图 4-6 所示,当激发的超声波遇到裂缝时,会从裂缝的先端绕射到接收探头。

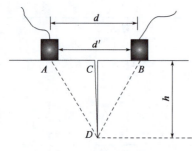

图 4-6 平测法示意图

根据几何学的原理,可得:

$$h = \frac{d}{2}\sqrt{\left(\frac{t_1}{t_0}\right)^2 - t} \quad (4-4)$$

式中：h——垂直裂缝深度(cm)；
t_1——绕缝的传播时间(μs)；
t_0——相应的无缝平测传播时间(μs)；
d——换能器边缘距离(cm)。

4.2.1.2 影响因素

该方法在测试混凝土裂缝时,测试结果较实际值有偏小的趋势,其原因在于：

(1)接触面/充填物。受裂缝的接触面(紧密程度或压力情况)、充填物(水、灰尘)以及钢筋的影响,超声波会提前通过,测试的传播时间会变短。

(2)接收信号能量。若混凝土结构物中的裂缝比较深,那么在裂缝端衍射的超声波能量会降低,衍射的信号会变得很弱,这对接收波初始时刻的判断不利。极端的例子是,若混凝土结构物中的裂缝是贯通的,那么几乎不会有衍射波通过。

(3)初始波成分(类型)不明。当没有裂缝或裂缝比较浅的时候,接收波的初始成分主要是表面波和 SV 波。而当裂缝比较深时,信号又很微弱,这给初始信号的判断带来困难。

受裂缝面的接触、钢筋、水分以及信号衰减的影响,该方法得到的裂缝深度往往较实际值偏小,特别是对于深裂缝,其测试误差更大。根据实践验证,当结构裂缝深度超过 20cm 时,该方法已不适用。

4.2.2 冲击弹性波法

利用冲击弹性波法检测混凝土裂缝深度,根据被测裂缝所处部位的实际情况,常用相位反转法、面波法等。

4.2.2.1 相位反转法

1)测试原理

利用激振装置在混凝土表面激振,在对称于裂缝走向的位置布置传感器,接收经过裂缝后的信号。测试时,激振位置与传感器接收位置由近至远对称移动,当传感器接收点或接收点位置移动到某个位置时,传感器接收到信号的首波会发生反转的现象,利用该现象对混凝土裂缝深度检测的方法,称为相位反转法(图 4-7)。

2)检测实例

利用智能巡检设备(手机)对裂缝深度及宽度进行检测,见图 4-8 和图 4-9。

3)此检测方法的局限

这两种类型的方法都利用传播的波的初动成分(到达时间或者是初始相位)。尽管在金属探伤技术中有广泛应用,但在测试混凝土裂缝时,却会遇到很大的困难。

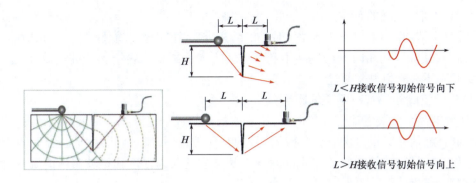

图 4-7　相位反转法测试示意图

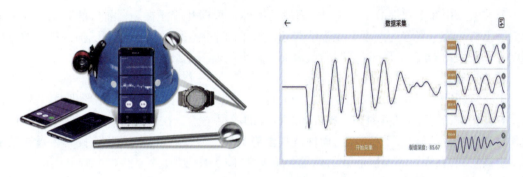

图 4-8　裂缝深度检测

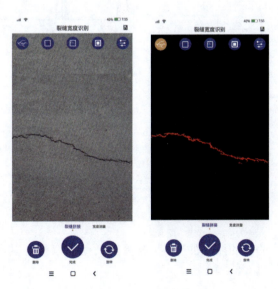

图 4-9　裂缝智能识别

(1) 接触面/充填物的影响。

受裂缝的接触面(紧密程度或压力情况)或充填物(水、灰尘)的影响,导致波会提前通过,测试的传播时间会变短,测试结果会比裂缝实际深度要浅。

(2)接收信号能量的影响。

若混凝土结构物中的裂缝比较深,那么在裂缝端衍射的弹性波能量会降低,衍射的信号会很变弱,这对接收波初始时刻的判断不利。极端的例子是:若混凝土结构物中的裂缝是贯通的,那么几乎不会有衍射波通过。

(3)初始波成分(类型)不明的影响。

对于没有裂缝或裂缝比较浅的时候,接收波的初始成分主要是表面波和 SV 波。而裂缝比较深的时候,信号又很微弱,这对初始信号的判断带来困难。因此,由于裂缝面的接触、钢筋、水分以及信号衰减的影响,使得标准测试方法得到的裂缝深度往往较实际值偏浅,特别是对于深裂缝,其测试误差更大。

4.2.2.2 面波法

面波法采用冲击弹性波中的 R 波(面波的一种),根据其传播在裂缝前后的衰减特性来推算混凝土构造物中裂缝的深度。该方法与超声波单面平测法相似,不需钻孔,但深裂缝的测试精度有了较大的提高,适用于形状规则、表面积较大的混凝土结构。

1)测试原理

R 波(瑞利波)是由 P 波(纵波)和 S 波(横波)在媒介边界面上相互作用形成的,其传播速度比 S 波稍慢,并且主要集中在介质表面及构件的浅层位置。在传播过程中所发生的几何衰减和材料衰减,可以通过系统补正,而保持其振幅不变。但瑞利波遇到裂缝时,其传播在某种程度上被阻断,在通过裂缝以后波的能量会减少,如图 4-10 所示。

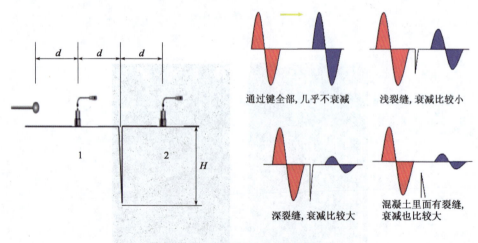

图 4-10 R 波在混凝土中的传播特性

因此,根据裂缝前后的波的振幅的变化(振幅比),便可以推算其深度。根据试验资料和理论分析结果,有:

$$H = -0.7429\lambda \ln x \qquad (4-5)$$

式中:H——裂缝深度;

λ——面波波长;

x——距离敲击点远端的传感器与近端的传感器的振幅比(需经几何衰减修正)。

2)检测结果校核

(1)裂缝深度 H 校核。

①裂缝深度检测结果 H 不应大于1.3倍面波波长 λ。若不符合该项要求,则更换冲击锤重新测试。

②当裂缝深度检测结果 H 满足上述要求时,则应按下述方法对面波波长 λ 进行复核后,再通过式(4-5)进行修正。

(2)面波波长 λ 复核。

①选取与裂缝测线相近的、健全的混凝土结构。

②按照与裂缝深度测试相同的布点方式并选取同样的冲击锤。

③敲击产生的面波波速 C_R 通过下式进行计算:

$$C_R = \frac{2d}{t_2 - t_1} \tag{4-6}$$

式中:t_1——面波到达传感器1的时间;

t_2——面波到达传感器2的时间。

④面波波长通过式(4-7)进行计算:

$$\lambda = \frac{C_R}{f_1} \tag{4-7}$$

式中:f_1——在裂缝测试时传感器1测试面波的卓越频率,可通过快速傅立叶变换(FFT)得到。

3)影响因素

(1)裂缝面的压力:对裂缝深度检测的影响很大。当裂缝面上作用的压应力超过50kPa时,各种方法均难以检测裂缝深度。

(2)测试对象的位置和形状。"面波法"对测试对象的位置和形状要求较高,一般要求平坦,具有一定的厚度并与边界有一定的距离。

(3)外界温度。温度对测试结果的影响体现在裂缝面所变的压力上。一般来说,温度低时裂缝容易张开,因此在测试裂缝深度时,通常选取气温较低的季节或时间段进行。

4)面波法的特点

(1)面波法测试裂缝的范围很大,可达几米,受充填物、水分的影响较小,测试精度高。但该方法属于半理论半经验的方法,理论不是特别严密。

(2)对于坝面等近似于半无限平面体,非常适合用面波法测试。但该方法不适合狭窄结构,因为表面波受边界条件(侧壁、边角等)的影响较大。

(3)利用双方向发振回归技术降低了测试误差,提高了测试精度。

(4)有剥离的场合,会引起板波和振动,导致测试误差大。

4.2.3　测试方法对比

混凝土裂缝深度测试方法对比见表4-3。

混凝土裂缝深度测试方法对比 表4-3

方 法		优 点	缺 点
超声波法	平测法	测试简便,对场地要求小	测试范围小,一般不大于0.2m;受钢筋、水分、粉尘等影响大
	斜测法	测试比较简便,精度较高	需要两个对测面,且距离不能超过1m左右
冲击弹性法	相位反转法	检测分析简单、操作便捷	测试深度较小,一般为不大于0.3m的开口裂缝
	面波法	测试简便,深度可达2.0m,精度较高	对于浅裂缝深度,精度不高;对结构形状等有要求

4.3 混凝土冷缝检测

4.3.1 冷缝的成因

冷缝是在施工过程中由于某种原因使前浇筑混凝土在已经初凝后,继续浇筑混凝土,使前后浇筑混凝土连接处出现一个软弱的结合面,形如"缝隙"。相比于"施工缝"而言,冷缝是由于施工不当"意外"产生的。

根据成因,将冷缝分成以下两种类型(图4-11):

(1)裂缝型冷缝:前后两次浇筑时间差较长,上下层混凝土黏结性较弱。这类冷缝的特点主要体现在新老混凝土之间的抗剪强度及抗渗性能的降低,与裂缝比较相似。

(2)低强型冷缝:前后两次浇筑时间差相对较短,上下两层混凝土之间存在一定的黏结性,但由于下层混凝土离析或上层混凝土振捣时未穿透至下层混凝土,导致下层混凝土顶部存在一定厚度的浮浆层。这类冷缝的特点主要体现在其抗压强度较低。

a)裂缝型冷缝

b)低强型冷缝

图4-11 冷缝类型

4.3.2 冷缝的危害

1)对下层混凝土的影响

由于下层混凝土尚未终凝,在上层混凝土浇筑振捣的过程中可能造成已初凝混凝土内部的黏结,进而降低冷缝附近的混凝土强度。同时,由于冷缝部位的混凝土尚未终凝,可能在后期混凝土强度发展过程中收缩而导致新的宏观裂缝形成。

2)对冷缝附近混凝土的影响

先期浇筑的混凝土在振捣过程中砂浆会上浮,初凝后在冷缝部位造成局部无粗集料的砂浆层,以及在混凝土表面形成泛水灰浆层。另外,后期浇筑的混凝土在振捣过程中又会产生粗集料下沉,使得在上、下层混凝土之间形成材料的不连续面。当该不连续面趋于显著时,就会形成滑动层,甚至造成上、下层混凝土脱离接触,进而产生一个明显的抗剪、抗渗的薄弱部位。

4.3.3 冷缝的检测方法

利用冲击弹性波法对冷缝进行检测时,当冲击弹性波穿过冷缝时,由于冷缝的存在,冲击弹性波的能量及速度会发生变化(图4-12)。因此,通过采集冲击弹性波在穿过冷缝前后的信号,就可以对冷缝的质量进行有效检测。

采用冲击弹性波中的 R 波测试裂缝、混凝土强度时,通过等效裂缝深度和强度降低率来推定冷缝的等级。通过检测,可以得到如下两个指标:

(1)等效抗剪率 η_{she}($\geqslant 0$):反映冷缝的抗剪能力。

$$\eta_{she} = 1 - \frac{D_c}{1.3\lambda}$$

式中:D_c——测试得到的等效裂缝深度;
λ——测试所用的 R 波波长。

(2)等效强度率 η_{str}($\geqslant 0$):反映冷缝对下层混凝土强度的影响。

$$\eta_{she} = 1 - \frac{2(S_0 - S)}{S_0}$$

式中:S_0——在健全(无冷缝)部位测试得到的混凝土强度;
S——在有冷缝部位测试得到的混凝土强度。

根据 η_{she} 和 η_{str},得到冷缝的健全性指标 η_c:

$$\eta_c = \sqrt{\eta_{she} \cdot \eta_{str}}$$

η_c 接近 1 表明冷缝对结构影响小,接近 0 则表示影响大。

图4-12 冷缝检测概念

隧道衬砌混凝土冷缝检测

4.4 混凝土结构脱空检测

脱空(也称剥离)是混凝土结构中常见的缺陷,即在混凝土结构中或者结构面中产生了微小的缝隙,缝隙产生以后,结构受力中断,从而降低了结构的承载力及整体性。脱空现象主要体现在两个方面,即普通混凝土结构中的脱空,以及层状、复合结构中结构面间的脱空。

4.4.1 脱空的分类

根据脱空面所处的位置,脱空大致可以分为以下几类:

(1)表层脱空:脱空的位置与测试表面距离在0.02m之内。钢管混凝土、压力钢道的剥离

等属于此类;

(2)浅层脱空:脱空的位置与测试表面距离在0.02~0.1m之内。钢筋混凝土的剥离、隧道一、二衬之间的脱空也大多属于此类;

(3)深层脱空:脱空的位置与测试表面距离大于0.1m。高铁轨道板、混凝土面板以及部分隧道衬砌的剥离属于此类。

此外,根据脱空产生处材料的性质,脱空又可以分为:

(1)同质材料内脱空。脱空产生在同种或者机械阻抗相近的材料中,如混凝土衬砌内剥一、二衬之间的脱空等。此外,隧道周围是坚硬岩体时,由于岩石的阻抗与混凝土相近,也可以认为是同质材料内脱空。

(2)异质材料间脱空。脱空产生在机械阻抗差别较大的材料中,如混凝土衬砌与周围软弱岩体、地基之间的脱空,轨道板与沥青砂浆之间的脱空,钢管与内部混凝土之间的脱空,面板与坝体之间的脱空等。

4.4.2 脱空的检测方法

为了更加准确、全面地检测结构的脱空,本章着重介绍以下脱空检测的方法:

(1)IE法(冲击回波法)/IAE法(冲击声频回波法)。

(2)振动法(包括打声法):主要反映边界约束条件的变化。

(3)雷达法。

4.4.2.1 冲击回波法

当结构中存在厚度为L的脱空时,可将其视作夹层。由于空气的密度很小,波速也低,因此其机械阻抗接近0,弹性波对空气夹层非常敏感。沿测试对象表面连续激发弹性波信号,信号在遇到空洞、脱空面等疏松介质时会产生反射。通过抽取该反射信号并进行相应的处理,即可识别脱空的有无及深度位置。

1)基本原理

与测试结构厚度相似,沿测试对象表面连续激发弹性波信号,信号在遇到脱空面时会产生反射(图4-13)。通过抽取该反射信号并进行相应的处理,即可识别脱空的有无及深度位置。由于该方法与探地雷达相似,借用雷达的名字也可称为弹性波雷达(Elastic Wave Radar, EWR)。EWR测试概念图见图4-14。

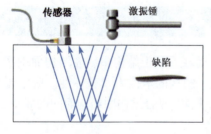

图4-13 脱空检测(冲击回波法)

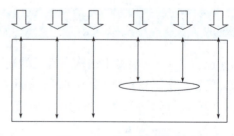

图4-14 EWR测试概念图

2)检测实例

利用冲击回波法对隧道衬砌混凝土的脱空进行检测验证,见图4-15和图4-16。

在脱空的位置会产生相应的反射,从测试结果来看,测线所覆盖区域存在较为明显的脱空情况(图中暖色区域)。

图 4-15 隧道衬砌检测

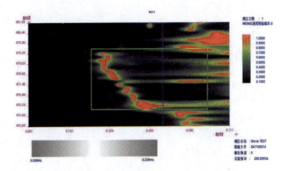

图 4-16 隧道衬砌混凝土检测示意图

3) 适用范围及注意事项

在利用冲击回波法进行脱空检测时,应当注意:

(1) 选用合适的激振锤,以平衡检测深度和分辨力。

(2) 注意不同种介质间的脱空。

对于异质材料中的脱空,由于异质材料本身也会发生反射(固有反射 R_0),因此,如果 R_0 与 R(振幅反射率的绝对值)相近,则很难用该方法加以检测。

例如,对于土石材料上的混凝土板,其相关参数分别为:

$\rho_1:2400\text{kg/m}^3, \rho_2:2000\text{kg/m}^3, v_1:3500\text{m/s}, v_2:500\text{m/s}$,则有 $R_0 = 0.79$。

此时,固有反射率与脱空反射率已经非常接近,因此采用该方法难以检测。

4.4.2.2 敲击法

1) 测试基本原理

目前,对于隧道衬砌混凝土缺陷检测用得较多的是敲击法,其主要关注测试信号的频率特性(音调)、衰减特性(持续时间)、振幅特性(音强)等的变化。其原理如下:

当锤击混凝土结构表面时,会在表面诱发振动。该振动还会压缩/拉伸空气形成声波。因此,一方面可以用传感器直接拾取结构表面的振动信号,另一方面可以利用工业拾音器(麦克风)拾取声波信号(在此称为"敲击法"或"声振法")。

通常,在产生剥离的部位,振动特性会发生以下变化(图4-17):

(1) 弯曲刚度显著降低,卓越周期增长;

(2) 弹性波能量的逸散变缓,振动的持续时间变长。

当结构产生脱空时,上述指标(卓越周期、持续时间)均有增大的趋势。

如果采用传感器拾振的方法,检测设备与前述的冲击弹性波检测设备相同。

由于诱导振动法测试脱空涉及多个参数,如持续时间、卓越周期等,而且缺乏绝对性阈值,为了归一化相关参数,可引入脱空指数,某点 i 的脱空指数 S_i 的定义如下:

$$S_i = \frac{T_{1i}}{T_1} \cdot \frac{T_{2i}}{T_2} \cdots \frac{T_{Ni}}{T_N} \tag{4-8}$$

式中，T_k 即为第 k 个参数，上画线表示均值。当然，脱空指数越大，表明脱空的可能性越大。此外，为了更科学地、自动地判定脱空的有无，还可以采用异常数据识别的方法。

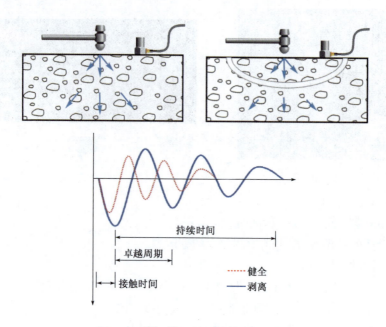

图 4-17　剥离/脱空时振动参数的变化特点

2）声频检测技术：冲击声频回波（IAE）法

我们结合弹性波冲击回波法和敲击法的优点，开发了基于声频的非接触、移动式的工程无损检测方法，即冲击声频回波法（Impact Acoustic Echo method，IAE）。

该方法对测试结构的测试部位激振并诱发振动以及声响，通过广频域、高指向拾音装置拾取该声音信号，并通过差分处理计算空气柱的加速度。该加速度与被测结构表面的加速度有密切的相关关系，因此分析该加速度信号即可达到快速、准确了解测试结构内部情况的目的，避免接触式测试产生的误差，提高测试精度及效率，并可用于移动测试。

该方法的特点在于：

(1) 采用拾音器相阵。

(2) 采用差分和积分，在得到空气柱的加速度的同时消减周围噪声。

(3) 对处理得到的信号采用分辨力高的 IE 法（冲击回波法）分析。

3）检测实例

利用冲击声频回波（IAE）法对隧道衬砌混凝土的脱空进行检测验证，见图 4-18 和图 4-19。

4）基于手机声频的脱空检测

利用手机的录音功能，可以简单地对隧道衬砌表层、钢管混凝土的脱空进行检测。在脱空检测中，脱空与否的阈值确定是关键问题之一。在大多数情况下，难以给出阈值的理论计算方法，因此只能采用统计的方法确定。在本系统中，我们根据是否有健全部位的标定数据而采用不同的方法。

图 4-18　隧道衬砌检测

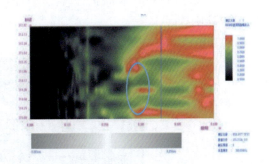
图 4-19　隧道衬砌混凝土检测示意图

在手机声频(图 4-20)检测中,常常遇到有环境噪声的情况。此时,信号的抽出,以及降噪都非常必要。

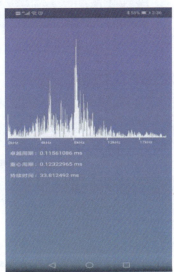

图 4-20　手机声频

降噪的方法有很多,如 STFT(短时域 FFT)降噪、WT(小波)降噪等。

(1) STFT 降噪。

STFT 降噪适用于环境噪声频谱比较一致的情形,如有风机运行等状况,其信号如图 4-21 所示。

(2) WT 降噪。

WT 降噪适用于环境噪声频谱比较杂乱、广域的情形,如车辆运行、人声等,其信号如图 4-22 所示。

5) 影响因素与注意事项

影响打声或振动特性的主要因素有:

(1) 激振、拾振(声)位置。

(2) 激振方法(锤重、锤头形状、材质)。

(3) 边界条件。

(4)混凝土的性质(表面状态、含水率等)。

(5)缺陷状况。

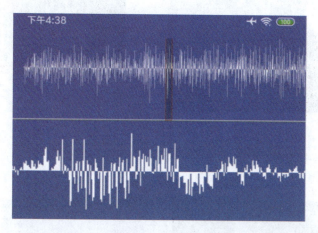

图4-21 含风机噪声打声信号及抽出信号

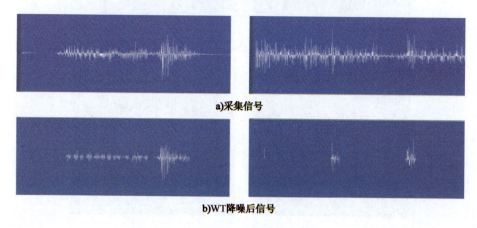

a)采集信号

b)WT降噪后信号

图4-22 采集信号及WT降噪后信号

主要注意事项有:

(1)阈值的设定:持续时间、卓越周期、最大加速度只有相对意义。因此,在实际测试,根据健全部位的测试结果事先确定剥离的阈值是必要的。

(2)激振锤的选取:对于较深剥离的测试通常需要更大的激振锤。

(3)与其他方法的结合:在一般的锤击下,诱导振动法的有效检测深度在10cm左右。

(4)对于较深的剥离,冲击回波法更为有效。

4.4.2.3 雷达法

雷达法尽管对混凝土内部的脱空检测能力不强,但对于隧道衬砌顶部脱空这样的规模大且容易积水的情况是十分适用的。

4.4.2.4 检测方法对比

混凝土脱空检测方法对比见表4-4。

混凝土脱空检测方法对比　　　　　　　　　表4-4

方　法	测试最大深度	对脱空的分辨力		判　断　基　准
		微细脱空	不同介质间脱空	
冲击回波法	0.5~1m	适合	由介质阻抗的相对关系确定	判断基准较为明确
诱导振动法	一般为0.1m左右	困难	由脱空面的支持条件决定	由概率确定
雷达法	可达数米	困难	对水、空气较敏感	根据图像判读

4.5　混凝土内部缺陷检测

4.5.1　内部缺陷检测的意义

施工或运行期间混凝土振捣不充分、各种应力不均衡等多方面原因,在混凝土内部经常会产生空洞、蜂窝、裂缝、剥离或者不密实等现象。这类缺陷不仅结构的强度、耐久性、防渗性等,而且会影响结构的承载力,最终影响混凝土结构的安全运行。因此对于该类缺陷进行必要的检测,对排除影响结构承载力的安全隐患显得尤为重要。

4.5.2　内部缺陷的检测方法

根据检测作业面,可以将检测方法分为反射法(单面)和透射法(双面),检测手段也分为冲击弹性波、雷达、超声波等(表4-5)。

混凝土内部缺陷检测方法　　　　　　　　　表4-5

检　测　面		方　法	检测媒介	备　注
单面		反射法	冲击弹性波	IE法/IAE法
		反射法	超声波	U-E
		反射法	微波	雷达法 GPR
双面	自然检测面	透射法	弹性波	弹性波CT
	钻孔检测面	透射法	弹性波	弹性波CT

4.5.2.1　单面反射法

目前,在单面反射法中,最有效的方法当属冲击回波法(IE法)。因此,本节中主要针对冲击回波法检测内部缺陷进行讲述。另外,超声波法、雷达法近年来在检测内部缺陷方面也有不少进展,在本节的最后也加以简述。

1)冲击回波法

冲击回波法检测混凝土内部缺陷与检测脱空的原理和方法完全相同,在此不再重复。

此外,不仅可以通过识别在缺陷处的反射信号,对于厚度连续变化的板式结构,还可以通过板底部反射时间的变化状况来推算混凝土结构内部的各种缺陷。

2）检测实例

如对某地铁盾构管片模型进行混凝土缺陷、管片后部预设混凝土缺陷（模拟地铁管片后部混凝土脱空检测）进行测试，见图 4-23 和图 4-24。

图 4-23　试验场景　　　　　　　　　图 4-24　EWR 扫描等值线图

通过等值线云图可看出管片背后凹陷处反射时刻为 0.105ms（推算厚度 0.23m），与实测值仅差 1cm。正常区域反射时刻为 0.138ms（推算厚度 0.30m）。

3）雷达法

雷达法也同样，一般频率的微波对于混凝土缺陷比较钝感，但可采用超高频的天线以提高对缺陷的识别能力。

4.5.2.2　弹性波 CT 法

弹性波计算机层析扫描技术（CT）主要是利用被测结构断面中测线的弹性波传播时间，由于弹性波中的 P 波成分在混凝土中传播时间最快，走时判断相对最准，因此弹性波 CT 一般利用的是 P 波来反演该断面上弹性波速的分布情况。

在一侧检测面使用与加速度传感器相连的激振锤激发产生弹性波，另一侧布置加速度传感器接收信号。两传感器接收到的信号首波间的时间差为 Δt，若 P 波在结构内传播距离为 L，则 P 波波速为：

$$v_\mathrm{p} = \frac{L}{\Delta t} \tag{4-9}$$

CT 测试示意图见图 4-25。

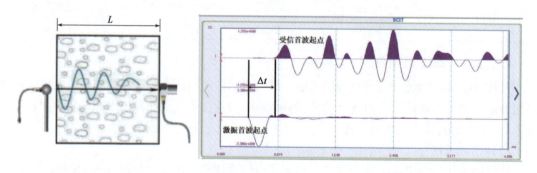

图 4-25　CT 测试示意图

不同形状检测对象的 CT 测线布置及检测结果请参考图 4-26、图 4-27。

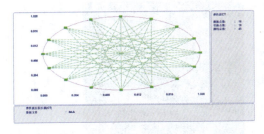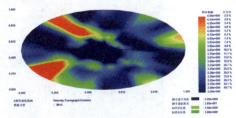

图 4-26　圆形 CT 检测

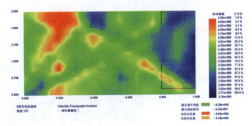

图 4-27　方形 CT 检测

1）测试参数与分析方法

目前，在进行混凝土构件检测时，常用的弹性波参数是波速、波幅、频率以及波形，其中，波速要求准确、真实，是最重要的参数。

超声波检测，由于其激发信号的频率一致性较高、稳定性较好，因此接收信号中的波幅参数也可作为分析结果时的参数之一。

波幅的测量是用某种指标来度量接收波首波波峰的高度，并将它们作为比较多个测点声波信号强弱的一种相对指标。目前在波幅测量中，一般都采用分贝（dB）表示法，即将测点首波信号峰值（a）与某一固定信号量值（a_0）的比值取对数后的量值定为该测点波幅的分贝（A）值，表示为 $A = 20\lg(a/a_0)$。

对于平行测线，均可采用相敏检测指标（PSD）判据法作为缺陷的判定依据，若是采用冲击弹性波，还可以用弹性波速推算出的混凝土强度作为参考判据。

对于交叉测线，则需要采用 CT 法进行反演。

根据"走时成像原理"将速度函数信号作为投影数据，在有网格计算的数学模型下，利用同时迭代重建技术（SIRT）和约束最小二乘类算法（ILST）等反演算法求解方程从而得出检测断面上波速的分布，即实现 CT 断层扫描成像，可直观地评价混凝土的质量和判断混凝土内部可能存在的缺陷。

2）检测实例

以下为高速零号块 CT 检测实例。

受浙江某单位委托，对某高速铁路的零号块进行了缺陷检测，现场外观检查缺陷见图 4-28。内部缺陷检测时采用的方法为弹性波 CT 法，检测结果见图 4-29。可见 CT 检测剖面反映的缺陷位置与通过外观检查得出的缺陷位置基本一致（结果图右框位置为缺陷位置）。

图 4-28　外观检测

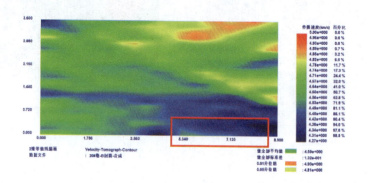

图 4-29　CT 检测结果图形

4.5.2.3　测试方法对比

混凝土内部缺陷测试方法对比见表 4-6。

混凝土内部缺陷测试方法对比　　表 4-6

方　　法		测 试 范 围	检 测 作 业
反射法	冲击回波法	0~1m	
	超声波法	0~0.2m	判断基准较为明确
	雷达法	可达数米	
透射法	弹性波	0~100m	根据图像判读

 习题

4-1　通过超声法与面波法测试裂缝深度时,影响因素都有哪些?

4-2　简述施工冷缝的成因。

4-3　简述混凝土脱空检测方法及检测原理。

本章参考文献

[1] 吴新璇.混凝土无损检测技术手册[M].北京:人民交通出版社,2003.

[2] 中国工程建设标准化协会.超声法检测混凝土缺陷技术规程:CECS 21:2000[S].北京:中国工程建设标准化协会,2000.

[3] 中华人民共和国住房和城乡建设部,国家市场监督管理总局.建筑结构检测技术标准:GB/T 50344—2019[S].北京:中国建筑工业出版社,2020.

[4] 刘培文.工程结构检测技术[M].北京:人民交通出版社,2011.

[5] 何玉珊,章关永.公路工程试验检测人员考试用书:桥梁[M].北京:人民交通出版社,2010.

[6] 国家能源局.水工混凝土试验规程:DL/T 5150—2017[S].北京:中国电力出版社,2018.

[7] 国家能源局.水工混凝土建筑物缺陷检测和评估技术规程:DL/T 5251—2010[S].北京:中国电力出版社,2010.

[8] 中华人民共和国铁道部.铁路隧道衬砌质量无损检测规程:TB 10223—B2004[S].北京:中国铁道出版社,2004.

第 5 章 混凝土结构检测案例

5.1 工程案例 1

利用弹性波法对某市南三环在建的现浇箱梁的弹性模量进行测试,分析不同部位以及不同方法的混凝土弹性模量的变化规律,见表 5-1。

现浇箱梁混凝土结构静弹性模量 E_c 统计　　　　　表 5-1

编号	龄期(d)	设计强度	冲击回波法(GPa)	双面透射法(GPa)	单面传播法(GPa)	面波法(GPa)
1#	7	C60	41.336	41.5	43.0	40.2
2#	7	C60	41.879	41.6	39.0	41.2
3#	7	C60	41.161	40.5	41.1	41.7
4#	7	C60	41.237	40.9	40.0	40.8
5#	7	C60	41.059	40.7	43.2	40.9
6#	7	C60	41.336	42.1	40.2	41.3

对混凝土实体结构静弹性模量进行测试时,冲击弹性波各种测试方法均能够得出准确的结果。但单面传播法由于测试距离过短及表面混凝土的影响,首波信号不够清晰,误差相对较大。冲击回波法、双面透射法和面波法稳定性、重复性较好,误差均在 2% 内。

5.2 工程案例 2

某连续梁桥盖梁使用同一批混凝土工地留样二组,28d 养护到期后放置 2000 型压力机下试压,一组试块强度值为 41.8MPa,43.2MPa 和 42.5MPa,另一组试块强度值为 41.1MPa,42.7MPa,49.6MPa,请确定这两组混凝土的代表值。

第一组混凝土:最大值、最小值与中值差都没有超过中值的15%,取三个值的平均值作为该组代表值,即$(41.8+43.2+42.5)/3=42.6(MPa)$。

第二组混凝土:最大值、最小值与中值差中仅最大值超过中值的15%,即$(49.6-42.7)/42.7\times100\%=16.2\%$,因此,按评定规则,取中间值42.7MPa作为该组代表值。

5.3 工程案例3

某市北四环绕城高速公路某标做桥梁墩柱,设计混凝土强度为C40,为保证墩柱混凝土质量,使用不同外加减水剂、不同施工工艺和时间,首件制作前打了4个试验墩,其中4#墩混凝土强度评定采用回弹法测试,在高2m、直径1.6m的试验墩柱上测试了10个回弹区,每个区16个回弹值,共160个回弹值,试求4#试验墩柱回弹强度推定值,见表5-2。

结构或构件试样混凝土强度检测报告   表5-2

工程部位/用途			北四环线某标段立交桥试验墩				委托/任务编号		—	
试验依据			《回弹法检测混凝土抗压强度技术规程》(JGJ/T 23—2011)				构件编号		—	
测面描述			光洁、干净、干燥				构件名称		左幅11—4墩柱	
试验条件			天气:晴 温度:39℃				试验日期		2019.8.20	
主要仪器设备及编号			回弹仪(BSH3 69)							
主钢筋间距										
项目		序号	测区号							
			1	2	3	4	5	6	7	8	9	10
回弹值N	测区平均值		43.2	43.6	42.6	42.8	43.4	43.6	42.8	43.0	44.0	44.2
	角度修正值		0	0	0	0	0	0	0	0	0	0
	角度修正后		43.2	43.6	42.6	42.8	43.4	43.6	42.8	43.0	44.0	44.2
	浇筑面修正值		0	0	0	0	0	0	0	0	0	0
	浇筑面修正后		43.2	43.6	42.6	42.8	43.4	43.6	42.8	43.0	44.0	44.2
碳化深度值L(mm)			0	0	0	0	0	0	0	0	0	0
测区强度值(MPa)			48.5	49.4	47.2	47.6	49.0	49.4	47.6	48.1	50.4	50.8
泵送修正			53.5	54.4	52.2	52.6	54.0	54.4	52.6	53.1	55.4	55.8
强度计算(MPa) $m_{f_{cu}^c}=53.8$ $s_{f_{cu}^c}=1.217$			测区<10时 $f_{cu,e}=f_{cu,min}^c$				测区≥10时 $f_{cu,e}=m_{f_{cu}^c}-1.645s_{f_{cu}^c}$				
强度推定值(MPa)			$f_{cu,e}=51.8$								
测区强度换算表名称			规程		地区		专用		备注	
			《回弹法检测混凝土抗压强度技术规程》(JGJ/T 23—2011)							
结论:经检测该构件龄期16d,强度推定值51.8MPa										

根据《回弹法检测混凝土抗压强度技术规程》(JGJ/T 23—2011)，去掉每个测区中的 3 个最大值与 3 个最小值，对剩余 10 个值取平均值。经角度修正、浇筑面修正、碳化深度修正后查测区混凝土强度换算表，相关指数符合如下要求：

$$m_{f_{cu}^c} = \frac{\sum_{i=1}^{n} f_{cu,i}^c}{n} = 53.8$$

式中：$m_{f_{cu}^c}$ ——测区混凝土强度换算值的平均值；
　　　$f_{cu,i}^c$ ——第 i 个测区的混凝土强度换算值；
　　　n ——芯样或试块数量。

$$s_{f_{cu}^c} = \sqrt{\frac{\sum_{i=1}^{n}(f_{cu,i}^c)^2 - n(m_{f_{cu}^c})^2}{n-1}} = 1.217$$

式中：$s_{f_{cu}^c}$ ——构件测区混凝土强度换算值的标准差。

当结构或构件测区数不少于 10 个或按批量检测时：

$$f_{cu,e} = m_{f_{cu}^c} - 1.645 s_{f_{cu}^c} = 53.8 - 1.645 \times 1.217 = 51.8$$

式中：$f_{cu,e}$ ——构件混凝土强度推定值。

5.4　工程案例 4

在某隧道进行的衬砌强度检测见图 5-1，利用面波法共计检测 384 处二衬边墙测点。

图 5-1　衬砌强度检测图

对比采用冲击弹性波面波法值与取芯抗压值差异，共计取芯 45 个进行抗压对比，分别位于 8 处测点位置，对比结果如图 5-2、图 5-3。

测试结果显示，面波法值与取芯抗压值较接近，而且变化趋势基本一致。两种方法有效地反映了隧道衬砌的混凝土强度指标。

图 5-2　取芯抗压值现场图

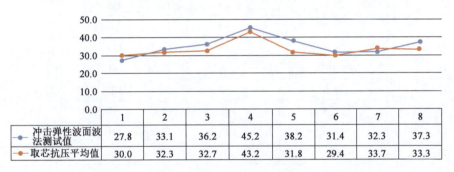

	1	2	3	4	5	6	7	8
冲击弹性波面波法测试值	27.8	33.1	36.2	45.2	38.2	31.4	32.3	37.3
取芯抗压平均值	30.0	32.3	32.7	43.2	31.8	29.4	33.7	33.3

图 5-3　冲击弹性波面波法测试值与取芯抗压值对比（单位 MPa）

5.5　工程案例 5

某立交桥第 3 联为变高度预应力钢筋混凝土箱梁，跨径为 35m + 50m + 35m，混凝土设计强度等级为 C50。现对钢筋混凝土箱梁底板中部位进行混凝土电阻率检测。检测采用四电极法对主要受力部位进行测定。

本次混凝土电阻率测试共布设 30 个测区，在测区上布置测试网格，如图 5-4 所示。测区混凝土表面平整、清洁。

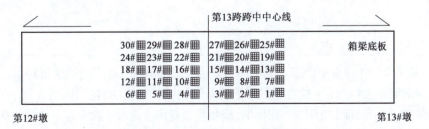

图 5-4　测区布置示意图（纵、横间距均为 100cm）

测试过程环境温度为 29.6~29.7℃,湿度为 49%,测试结果如表 5-3 所示。

混凝土电阻率测试结果　　　　　　　　　　　表 5-3

测区编号	温度(℃)	湿度(%)	混凝土电阻率(kΩ·cm)	最小值(kΩ·cm)
1	29.6	49	395	
2	29.6	49	278	
3	29.6	49	361	
4	29.6	49	198	
5	29.6	49	298	
6	29.6	49	235	
7	29.6	49	241	
8	29.6	49	109	
9	29.6	49	151	
10	29.6	49	131	
11	29.6	49	235	
12	29.6	49	236	
13	29.6	49	183	
14	29.6	49	165	
15	29.6	49	170	109
16	29.6	49	147	
17	29.6	49	235	
18	29.6	49	245	
19	29.6	49	189	
20	29.6	49	230	
21	29.6	49	369	
22	29.6	49	371	
23	29.6	49	325	
24	29.6	49	270	
25	29.6	49	198	
26	29.6	49	176	
27	29.6	49	235	
28	29.6	49	240	
29	29.6	49	235	
30	29.6	49	261	

由表 5-3 可知,各测点中混凝土电阻率值最小为 109kΩ·cm,大于 100kΩ·cm,表明该桥结构中部位钢筋不会锈蚀。(量测时混凝土桥梁结构或构件应为自然状态)

根据表 2-5 所示混凝土电阻率评定标准,按照测区各测点混凝土电阻率最小值 109kΩ·cm 确定混凝土电阻率评定标度,可知该桥钢筋混凝土箱梁底板中部位钢筋锈蚀速率很慢,评定标度为 1。

第二篇

桥梁篇

第6章 概 述

本章主要介绍了铁路桥梁检测中,施工期主要质量问题、运营期主要病害和一般性检测及评定。在学习过程中,需要了解常见铁路桥梁施工问题及运营期间的桥梁主要病害。

6.1 铁路桥梁检测的意义

铁路是国家重要的基础设施、国民经济的大动脉和大众化的交通工具,是综合交通运输体系的骨干,在推动我国经济社会又好又快发展中发挥着重要作用。铁路桥梁工程是铁路工程的重要组成部分(图6-1),具有施工难度大、投入成本高的特点,一旦出现质量问题就会造成巨大损失(图6-2)。

图6-1 在建铁路桥梁施工

图6-2 某铁路桥梁坍塌事故

对铁路桥梁施工期质量问题及运营期的病害进行相应检测,其主要目的和意义主要体现在:

(1)检测现有桥梁的实际承载能力,为桥梁的使用和维修加固提供必要的依据。近年来,铁路运输大提速和重载列车的开行,对既有铁路桥梁的安全使用构成威胁。原来按老标准、老规范设计建造的桥梁,由于运营使用多年,主要部位出现了不同程度的病害,如裂缝、错位、沉降等。通过对既有桥梁进行检测,了解各部位的损坏程度,核定其承载能力,为桥梁的维修加固提供必要的依据。

(2)建立和积累必要的技术资料,建立桥梁养护数据库。既有桥梁大多资料不全,尤其是年代久远的桥梁。通过检测,重新建立和积累技术资料,建立桥梁数据库,为加强科学管理和提高桥梁养护技术水平提供必要的条件,并能指导今后桥梁养护、加固、维修工作。

(3)检测桥梁结构质量,确定工程可靠度,推动和发展旧桥评定及新结构计算理论。对一些重要的大桥或特大桥,通过对既有桥梁的检测,可评定其建成之后的设计及施工质量,确定工程的可靠度;对采用新型结构的桥梁,可验证其可行性和可靠性,进一步发现问题,总结经验,以便对结构设计理论及结构形式加以改进,使其更加完善;对经过维修加固的桥梁,可检验维修加固质量,并验证加固方案的合理性与可靠性。

(4)通过检测,还可了解桥梁的实际受力状态,判断结构的安全承载能力和使用条件。

同时,铁路桥梁工程施工质量管理工作也直接影响铁路质量及使用年限。因此,加强施工质量管理与控制尤为重要。实践证明,工程检测技术的发展与应用在提高建设工程的质量、经济性、安全性等方面起了重要作用,也为质量纠纷的解决提供了重要的依据。

6.2 施工期主要质量问题

铁路桥梁结构常见的施工期主要质量问题可按下部结构与上部结构进行区分。

6.2.1 下部结构质量问题

桥梁下部结构主要包含地基、基础等。其中基础是指桥梁在地面以下的组成部分。其作用是将上部结构所承受的各种作用荷载传递到地基上。基础也分为刚性基础、扩展基础、箱形基础、筏板基础、桩基础等。而桥梁的安全与否和基础与基础下地基的变形量是否过大、承载能力是否足够密切相关。因此在下部结构施工过程中,桩身质量的检测显得格外重要。

目前,我国铁路常见的灌注桩施工方法有钻孔、冲击成孔、冲抓成孔、人工挖孔等方法。人工挖孔桩基本为干作业施工,成孔后孔壁的形状、孔深、垂直度、孔底沉渣及钢筋笼的安放位置等可通过目测或人下到孔内进行检查,质量较容易控制。钻孔、冲击成孔、冲抓成孔等地下湿作业施工的灌注桩,通常需用泥浆护壁,使孔内充满泥浆。由于地下施工,加上复杂的地质条件或施工人员操作不当,泥浆原料膨润土的性能差,泥浆外加剂纯碱、氢氧化钠或膨胀土粉末等掺入量不合适,调制出的泥浆性能指标不符合要求,从而导致钻孔过程中塌孔、断桩、夹泥、扩径、缩径、孔底沉淀过厚等桩身缺陷(见图6-3),而这些缺陷只能用仪器设备去检测。

桩径是保证基桩承载力的关键因素,要保证桩径满足设计要求,其孔径不得小于设计要求。基桩垂直度的偏差程度是衡量其桩承载力能否有效发挥作用的关键因素。孔底沉淀过厚,极大地影响桩底承载力的发挥。由此可见,成孔质量直接影响钻孔混凝土灌注桩浇筑后的成桩质量。因此,要在钻孔施工中进行泥浆各种性能指标测定,以确保钻孔的顺利进行。

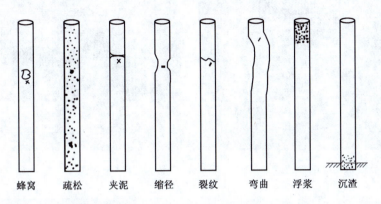

图 6-3　施工期基桩主要问题

　　由于铁路桥梁多位于地质条件复杂的区域,其基桩成孔多采用机械成孔,如钻孔、冲击成孔、冲抓成孔等方式,而这些通常需要用泥浆护壁,属于湿法作业。因此此类桩成孔多属于隐蔽工程,由于工艺要求高、质量控制环节多,加之地质情况复杂等因素,成孔过程中塌孔、扩径、缩径、孔底沉淀过厚等问题易发,并造成成桩后基桩质量缺陷。

　　另外,在成孔后灌注混凝土前应进行成孔质量检测,成孔质量检测在以往大型钻孔灌注桩工程中往往被忽视,这是不应该的。实际上,成孔检测有时比成桩检测更重要,因为若成孔质量有问题,在成桩后是很难处理的,所以,我们应对成孔质量检测给予充分的重视。

6.2.2　上部结构质量问题

　　铁路桥梁上部结构是桥梁的主要承重部分,对桥梁上部结构的检测,就是对基本受力构件的工作状况进行检测。具体内容如下:

1) 混凝土实体问题

　　桥梁上部实体结构混凝土施工过程中,在浇注混凝土时,振捣工人有时不能准确把握振捣的部位和振捣的时间,使某一部位的混凝土发生过振或漏振。发生过振时,混凝土会产生离析,水泥浆和粗集料分离。发生漏振时,混凝土会产生松散、蜂窝、麻面或空洞(图 6-4)。特别是在铁路桥梁的上部混凝土结构中钢筋密集区域,如零号块支座混凝土(图 6-5)、中隔板混凝土等处易发生此类问题。

2) 预应力张拉问题

　　桥梁预应力结构在施工过程中,预应力筋张拉时出现异常情况,如锚垫板变形、梁的起拱不正常、千斤顶和油泵等发出异常声音、锚夹具滑出、千斤顶支架倾倒等,对桥梁预应力筋施工会产生较大的影响;锚具、夹具不合格,在预应力张拉时会发生滑丝、断丝,使锚固质量无法保证,从而影响预应力钢束的张拉力。因此,针对桥梁结构预应力的检测也显得尤为重要。

3) 预应力孔道灌浆不密实问题

　　灌浆不密实、泌水,灌浆程序未严格按照要求,则很容易产生泌水孔洞,腐蚀预应力钢筋,影响预应力混凝土结构的耐久性,如图 6-6、图 6-7 所示。

图 6-4 某铁路桥梁桥墩质量缺陷

图 6-5 某零号块支座混凝土缺陷

图 6-6 某预应力孔道灌浆不密实缺陷

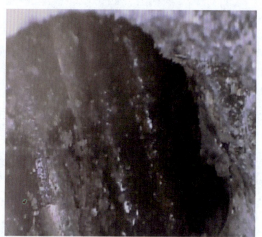

图 6-7 预应力钢绞线锈蚀

6.3 运营期主要病害

建设年代较远的既有铁路桥梁,大多仍带病服务于铁路运输中。因此,对这些桥梁进行病害检测就显得十分重要。桥面系、上部构造、支座、墩台及基础是病害检测的重要部位。

6.3.1 桥面系检查及病害

桥面系的外观检查可以按桥面系组成的四部分依次进行:

(1)桥面铺装的检查。

(2)伸缩缝的检查。

(3)桥面排水设施的检查。桥面排水设施不良,除设计上可能考虑不周外,主要是排水设施本身被破坏,以及尘土、树叶、淤泥等堵塞排水设施,以致不能正常排水。桥面积水往往会通过桥面铺装的裂缝渗透影响桥梁主要承重结构构件的耐久性能。

(4)防护栏杆、扶手、人行道桥面板、避车台、检查梯、电缆槽的检查。主要检测防护栏杆、扶手、避车台、检查梯、电缆槽的损坏情况及连接螺栓是否松动、脱落,焊接部位是否开裂,是否锈蚀、脱漆。对于人行道桥面板,检查是否有破碎、丢失,连接是否牢固等。

总之,铁路桥梁的桥面系状况直接与行车、行人安全和适用性能有关;桥面系中存在的病害缺陷会促使桥梁主要结构构件工作性能恶化。因而对它的外观检查须与桥下构件的检测紧密结合起来,才能取得较好的效果。

6.3.2　上部结构检查及病害

铁路桥梁上部结构是桥梁的主要承重部分,对桥梁上部结构的检测,就是对基本受力构件的工作状况进行检测。其具体病害如下:

1) 基本受力构件主梁的缺陷及损伤病害

(1) 桥梁厂预制的预应力钢筋混凝土梁,经长时间使用,在动载冲击力的作用下,梁部出现缺陷及损伤病害。

(2) 桥梁厂制造的钢梁(钢板梁、钢桁梁),常见主要病害为螺栓松动、锈蚀、油漆脱落、构件变形等。

(3) 现浇预应力钢筋混凝土变截面连续梁,由于施工现场条件有限,其质量难以保证,留下很多缺陷及病害,日积月累,就有扩大的危险。

2) 基本构件的横向连接损伤病害

桥梁上部结构的整体性靠横向构件连接来保证。对于梁式桥,其病害主要表现为横隔板处裂缝及伤损、连接钢板外露及锈蚀现象。对于双曲拱桥,病害主要表现为横系梁(板)上的裂缝、拱肋连接处脱离现象。对于桁架桥,其病害主要表现为横隔构件与主桁梁、桁架构件与主桁梁的结合处病害及裂隙。

3) 基本受力构件及几何纵轴线的检测

一般检测基本受力构件的变形、下挠扭曲、位移及裂缝等。

6.3.3　下部墩台、支座结构检查及病害

对混凝土桥梁下部墩台、支座的检测主要是对墩台身缺陷和裂缝,以及墩台变位(沉降、位移、倾斜)检测。

钢筋混凝土墩台及支座常见的病害是混凝土剥离、混凝土的碳化、船只碰撞造成表面混凝土擦痕、露筋及混凝土局部损坏,墩台身沿主筋方向的裂缝或沿箍筋的方向的裂缝。

运营期的桥梁基础病害主要指基础的冲刷等,具体如下:

(1) 在水中的桥墩,因直接阻水,除受到一般的冲刷(水流、泥石流等)以外,还受到局部冲刷,在桥墩处形成局部漏斗形河床。当河床为厚砂砾卵石层时,因水流带动砂砾石运动,会对桩基造成严重的磨损,甚至使桩中钢筋外露。特别是在低水位以下、冻结线以上或冲刷线附近,基础或墩身常有环带状腐蚀,基础周围表面松散,严重者使混凝土形成空洞。

央视新闻网 2010 年 8 月 19 日报道,宝成铁路广汉段石亭江铁路大桥(广汉小汉境内)被洪水冲断,一辆从西安开往昆明的 K165 次列车的第 14、15 节车厢掉进石亭江(图 6-8)。所幸列车快到达大桥时就发现有危险,已在危险发生前将车上所有人员全部转移到附近安置点,没有人员伤亡。

图 6-8　运营期的下部墩（柱）受水流冲刷病害事故

（2）对于混凝土或浆砌片石扩大基础，主要病害是基础松散破裂和基础下冲空。当桥梁墩台有倾斜、位移或在活载作用下墩顶位移较大时，往往可能是基础有病害，应进行挖探检测。河床无水或浅水墩台，可设围堰防水直接挖至基础进行检测；对于流速不大的深水墩台，可用围堰、封底进行抽水来检测。现在多用激光探测和振动检测方法来检测墩台基础中裂缝、断裂、冲空等病害。

（3）建立在天然地基上的浅基础的常见病害有：埋置深度不足，受冻害影响；地基不稳定，易产生滑移或倾斜。

（4）建立在岩石上的基础的常见病害有：基础置于风化岩层上，风化部分未处理好，经水流冲刷而掏空或悬空；受地震时的剪切作用，易产生裂缝。

（5）对于木桩基础（建造年代较远时常采用），地下水位下降时，桩身常被腐蚀。

（6）钢筋混凝土打入桩基础：打桩时，桩身受损坏；受水冲刷、侵蚀，产生空洞、剥落等；受船只或其他漂浮物的撞击而断裂。

（7）钻（挖）孔桩基础：施工时淤泥未完全清除就灌注混凝土，致使基础下沉；施工不当，或受水冲刷、浸蚀而产生空洞、剥落、钢筋锈蚀等；灌注混凝土过程中发生塌孔而未做处理，桩身部分脱空；受外力撞击而产生破坏。

（8）沉井基础：基础下沉不均，或桥台台背高填土受地基土侧向移动的影响使基础产生滑移、倾斜；中间层为弱黏土层时，由于附近施工挖基坑和填土等而变位，常使基础变位；由于流水冲刷，沙层被冲走或地震而使地基液化，造成基础变位。

6.4　铁路桥梁检测方式及内容

6.4.1　铁路桥梁检测方式

铁路桥梁检测分为经常性检测、定期检测和特殊检测三种。

（1）经常性检测是由工务段检测人员或桥梁工区养护人员进行巡视检测。目的是确保桥梁使用功能正常，使桥梁结构能得到及时的养护和处治，对一些重大问题作出报告。该项检测的特点是检测人员有机会在各种天气情况下对桥梁进行检测。

（2）定期检测是对桥梁结构质量状况进行定期跟踪的全面检测。通常是依靠富有经验的专职桥梁检查工程师，以目视观察为主，辅以必要的工具、常规测量仪器、照相机和其他器材等，实地判断病害原因，作出质量状况评价，提出需要加固的范围及方法，或提出限制运行的建议。对需要进一步查明原因或继续观察的缺损部件，提出特殊检测或下次检测的时间要求。

（3）特殊检测是因特殊原因，由专家依据一定的物理、化学无破损检验手段等对桥梁进行的全面察看、强度检测和缺陷检测，找出病害原因、程度和范围，分析病害所造成的后果及潜在危险。

通常在下列情况下需对桥梁进行特殊检测：

①有必要使用特殊设备或专门技术对定期检测作补充时。

②在进行复杂和昂贵的维修加固前，须查出定期检测中未能发现的病害情况时。

③在发生特殊事件后，如地震、洪水灾害、采空区塌陷、岩溶损害、撞击事故后。

④需要使用特殊仪器作特别详细记录的检测，评定结构实际状况时。

6.4.2 铁路桥梁施工期检测

针对铁路桥梁下部结构，施工期间常见的一般性检测主要以基桩成孔质量检测、桩身完整性检测及基桩承载力检测为主。

（1）对于成孔质量的检测，主要有桩位偏差测量、钻孔倾斜度检查、桩的孔径和垂直度检测、桩底沉渣厚度检测。

（2）钻孔灌注桩的完整性检测方法主要有低应变反射法、声波透射法和钻探取芯法。

（3）桩基的承载力检测方法主要有静载荷试验、动载荷试验。

针对铁路桥梁上部结构，施工期间常见的一般性检测主要有支座质量检测、预应力检测、孔道压浆密实度检测、零号块内部缺陷检测等。

6.4.3 铁路桥梁运营期检测

目前，对运营期间的铁路桥梁性能检测，应从我国国情出发，采取"新修干线按照新标准建造，对既有铁路进行加固改造"的思路。

运营期铁路检测内容包括桥梁、钢轨和车辆三个方面：

（1）对桥跨结构检测梁体竖向、横向振动的振幅及横向自振频率、跨中动挠度及冲击系数、梁端及墩顶横向振动幅值。

（2）对钢轨检测轮轨间横向力和垂向力。

（3）对车辆检测列车过桥时轮重减载率、脱轨系数、平稳性指标。

亦即：

（1）检测桥梁各主要控制部位的横向振动，对桥梁的横线刚度作出运营安全评估。

（2）检测梁体跨中挠度，分析挠度冲击系数，对桥梁的竖向刚度作出运营安全性评估。

（3）检测列车的脱轨系数、减载率，对列车运行稳定性做出安全性评估。

习题

6-1 简述铁路桥梁检测主要目的和意义。

6-2 桥梁基础是指桥梁的哪部分？其作用是什么？常见的分类有哪些？

6-3 简述铁路桥梁检测的分类，并论述各类检测的作用。

本章参考文献

[1] 张忠泽,骆晓斌.桥梁无损检测及检测信息集成分析技术研究综述[J].湖南交通科技,2004,30(3):61-64.

[2] 刘春艳.混凝土桥梁内部缺损无损检测技术及评定标准研究[D].广州:华南理工大学,2014.

[3] 吴佳晔,安雪晖.混凝土无损检测技术的现状和进展[J].四川理工学院学报(自然版),2009,22(4):73-78.

第 7 章　下部结构专项检测

本章主要介绍了铁路桥梁检测下部结构的检测项目,基桩的定义、功能特点及分类,并对基桩成孔质量及桩身完整性检测技术进行了详细阐述。在学习过程中,需要了解基桩的定义和分类,铁路基桩质量检测的基本规定,以及基桩检测及评定要求,正确认识基桩成孔质量的集中检测方法,掌握其检测原理及评定。学习时注意加强理论与实践的结合。

7.1　概述

7.1.1　桩基础、基桩的定义

桩是深入土层中的柱状构件,数根桩或数十根桩由系梁、承台或底板构成一个整体基础结构,称为桩基础(简称桩基)。也有用一个单桩独立作为基础的,如单桩单柱形式的桩基。构成桩基的每根单桩称为基桩。

7.1.2　桩基的功能和特点

(1)功能:荷载传递。在不能支承扩大基础的软弱地基上,可以将上部结构的荷载,穿过较软弱的地层或水域传递到深层较坚实的、压缩性小的地基上,以保证上部建筑结构的稳定和安全使用。

(2)特点:桩基作为建筑结构物基础的一种形式,与其他基础相比,具有突出的特点,具体如下:

①适应性强:可适用于各种复杂的地质条件,适用于不同的施工场地,承托各种类型的上部构筑物,承受不同的荷载类型。
②具有良好的荷载传递性,可控制构筑物沉降。
③承载能力大。
④抗震性能好。
⑤施工机械化程度高。
⑥应用较广泛,但属于隐蔽工程,施工质量控制、检测比较困难。

7.1.3 基桩的分类

基桩根据不同功能、材质等可以分为:
(1)按成桩方法分类:预制桩、灌注桩。
(2)按成桩时对地基土的影响程度分类:挤土桩、部分挤土桩、非挤土桩。
(3)按功能分类:承受轴向压力的桩、承受轴向拔力的桩、承受横向荷载的桩。
(4)按桩材分类:木桩、钢筋混凝土桩、钢桩和组合桩。

7.2 基桩质量检测基本规定及结果评定

7.2.1 一般规定

(1)铁路工程基桩检测应按《铁路工程基桩检测技术规程》(TB 10218—2019)规定进行。
(2)铁路工程基桩检测应根据检测目的合理地选择检测方法。
(3)基桩完整性及承载力检测应在桩顶设计高程位置进行。
(4)基桩检测开始时间应符合下列规定:
①当采用低应变法或声波透射法检测时,受检桩桩身混凝土强度不得低于设计强度的70%且桩身强度应不低于15 MPa。
②采用单桩静载试验与高应变法检测前,除桩身混凝土强度应达到设计强度外,桩侧和桩端土的间歇时间尚应满足下列要求:对打入桩,砂土7 d,粉土10 d,非饱和黏性土15 d,饱和黏性土25 d;对于泥浆护壁混凝土灌注桩,宜在上述规定的基础上适当延长间歇时间。
③基桩完整性及承载力检测数量应符合铁路工程设计和相关验收标准的要求。
④当对检测结果有怀疑或有争议时,可进行验证检测。验证检测应符合下列规定:
  a.对低应变法检测结果有怀疑或争议时,可采用钻芯法、高应变法或直接开挖进行验证。
  b.对声波透射法检测结果有怀疑或争议时,可采用钻芯法验证。
  c.对高应变法提供的单桩承载力有怀疑或争议时,应采用静载试验验证,并应以静载试验的结果为准。
⑤当检测结果不满足设计要求时,应进行扩大抽检。扩大抽检应符合下列规定:
  a.当采用低应变法检测桩身完整性时,按所发现Ⅲ、Ⅳ类桩的桩数加倍抽检。
  b.单桩承载力或钻芯法抽检结果不满足设计要求时,应分析原因并按不满足设计要求的桩(点)数加倍抽检。

7.2.2 检测结果评定

(1)桩身完整性检测评定应提出每根受检桩的桩身完整性类别结论。桩身完整性按表7-1规定分类。

桩身完整性类别表 表7-1

桩身完整性类别	分类原则	桩身完整性类别	分类原则
Ⅰ类桩	桩身完整	Ⅲ类桩	桩身存在明显缺陷
Ⅱ类桩	桩身存在轻微缺陷	Ⅳ类桩	桩身存在严重缺陷

(2)Ⅰ类、Ⅱ类桩为合格桩;Ⅲ类桩需由建设方与设计方等单位研究,以确定修补方案或继续使用;Ⅳ类桩为不合格桩。

7.3 基桩成孔质量检测

成孔质量检测的内容包括泥浆各种性能指标测定和钻孔位置、孔深、孔径、垂直度、沉淀厚度等。

7.3.1 泥浆性能指标检测

在基桩的岩土地层钻孔过程中,一般都要采取护壁措施。泥浆作为钻探的冲洗液,除起护壁作用外,还具有携带岩土、冷却钻头、堵漏等功能。泥浆性能直接影响钻进效率和生产安全性。钻孔泥浆一般由水、黏土(或膨润土)和添加剂按适当配合比配制而成。

7.3.1.1 泥浆的调制和使用技术要求

(1)在砂类土、碎(卵)石类土或黏土夹层中钻孔时,应制备泥浆护壁;在黏土中钻孔,当塑性指数大于15,浮渣能力能满足施工要求时,可利用孔内原土造浆护壁;采用冲击钻机钻孔时,可将黏土加工后投入孔中,利用钻头冲击造浆。

(2)泥浆性能指标应满足下列规定:

①比重性能指标见表7-2。

比重性能指标要求 表7-2

钻孔方式	比重规定	
正循环旋转钻机、冲击钻机使用管形钻头钻孔	入孔泥浆比重可为11~13	
冲击钻机使用实心钻头	黏土、粉土	不宜大于1.3
	大漂石、卵石层	不宜大于1.4
	岩石	不宜大于1.2
反循环旋转钻机	入孔泥浆比重可为105~115	

②黏度:入孔泥浆黏度,一般地层为18~22s;松散地层为19~28s。

③含砂率:新制泥浆不大于4%。

④胶体率:不小于95%。

⑤pH 值：应大于 6.5。

(3) 钻孔泥浆一般由水、黏土(或膨润土)和添加剂按适当配合比配制而成。泥浆原料宜选用优质黏土，有条件时应优先选用膨润土造浆。为提高泥浆黏度和胶体率，可在泥浆中掺入烧碱或碳酸钠等添加剂，其掺量应经过试验确定。造浆后应检验全部性能指标，钻进时应随时检验泥浆相对密度和含砂率。

7.3.1.2 泥浆性能指标测定方法

参考《公路桥涵施工技术规范》(JTG/T 3650—2020)附录 D 和仪器说明书进行。

7.3.2 成孔质量检测

7.3.2.1 桩位偏差测量

桩位偏差是指成桩后的位置与设计位置的差距。桩位应在设计桩位平面图放样桩的中心位置，但由于施工中测量放线不准、护筒埋设有偏差、钻机对位不正、钻孔偏斜、钢筋笼下孔偏差等因素，导致成桩后桩位与设计位置偏离。如桩位偏离超过设计允许范围，桩的受力状况发生变化，将导致桩的承载力和可靠性降低、工程造价增加、工期延误等。因此，成桩后要对实际桩位进行复测，用精密经纬仪或红外测距仪测量桩的中心位置，看其是否满足设计规定和相应规范、标准对桩位中心位置的偏差要求。

7.3.2.2 钻孔倾斜度检查

在灌注桩的施工过程中，能否确保基桩的倾斜度，是衡量基桩能否有效地发挥作用的一个关键因素。一般对于竖直桩，其倾斜度允许偏差范围在 50～200mm，或是桩长的 0.5%～1%。

钻孔倾斜度检查可采用图 7-1 所示的简易方法。在孔口沿钻孔直径方向设一标尺，标尺上 0 点与钻孔中心重合，并使滑轮、标尺 0 点和钻孔中心在同一铅垂线上，其高度为 H_0。穿过滑轮的测绳一端连接用钢筋弯制的圆球(圆球直径比钻孔直径略小些)，另一端通过导向滑轮用手拉住。将圆球慢慢放入钻孔中，并测读测绳在标尺上的偏距 e，则倾斜角 $\alpha = \arctan(e/H)$。该方法工具简单，操作方便，但测读范围以 e 值小于钻孔的半径为最大限度，且读数不准确。

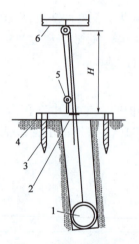

图 7-1　钻孔倾斜度检查
1-钢筋圆球；2-标尺；3-固定桩；4-木板；5-导向滑轮；6-钻架横梁

当检查的桩孔度较深且倾斜度较大时，可根据地质及施工情况选用 JDL4 型陀螺斜测仪或 JJX-3 型井斜仪进行检查。

7.3.2.3 桩的孔径和垂直度检测

桩的孔径和垂直度检测是成孔质量检测中的两项重要内容。目前有钢筋笼检测、伞形孔径仪检测、超声波检测三种方法，它们大多可同时检测孔径和垂直度。

1) 钢筋笼检测

钢筋笼式检孔器是一种简便的检测工具，其制作简单、检测方便、应用广泛。钢筋笼式检孔器测量孔径如图 7-2 所示。钢筋笼检孔器测量孔的垂直度如图 7-3 所示。

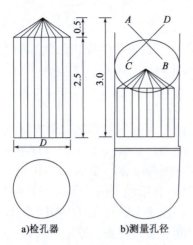 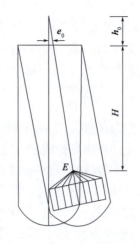

图 7-2 钢筋笼式检孔器测量孔径(尺寸单位:m)   图 7-3 钢筋笼式检孔器测量孔的垂直度

检孔器的尺寸可根据设计桩径设计,检孔器的外径 D 不应小于设计桩孔直径,长度 L 为 $4\sim6$ 倍的外径。检孔器用钢筋制作,应有一定的刚度,每次检测前十字交叉测量检孔器的外径 D,检孔器外径和孔径二者之差宜不大于 20mm,并防止使用过程中变形。检测前,待钻孔的孔深、清孔泥浆指标等检查合格后,再用三脚架将检孔器放入孔内。检孔器对中后,上吊点的位置应固定,并在整个检测过程中保持位置不变。检孔器靠自重下沉,如能在自重作用下顺利下沉到孔底,则表明孔径能满足设计要求;如不能下沉到孔底,则说明孔径小于设计孔径,应进行扩孔等处理。

2)伞形孔径仪检测

伞形孔径仪由测头、设调放大器和记录仪三部分组成。测头为机械式的构件,测头放入测孔之前,将四条腿合拢并用弹簧锁定,待测头放入孔底后,四条腿即自动张开。当测头缓缓上提时,在弹簧力作用下,四条腿端始终紧贴孔壁,随着孔壁凹凸不平状况相应张开和收拢,带动测头密封筒内的活塞上下移动,使四组串联滑动电阻来回滑动,将电阻变化转化为电压变化,转换为电压信号并放大,并由记录仪记录,即可绘出孔径随孔深的变化情况。伞形孔径仪如图 7-4 所示。

用伞形孔径仪测量孔的垂直度是在孔内不同深度连续多点测量其顶角和方位角,从而计算钻孔的倾斜度。顶角测量是利用铅垂原理,测量系统由顶角电阻(阻值已知)和一端装有重块并始终保持与水平面垂直的测量杆组成。当钻孔倾斜时,顶角电阻和测量杆间就有一角度,仪器内部机构便根据此角度的大小短路一部分电阻,剩下的电阻值即为被测点的顶角值。方位角由定位电阻、接触片等磁定向机构来测量,接触片始终保持指北状态,方位角变化时,接触片的电阻也随之变化,若已知电阻值,即可确定被测点的方位角。

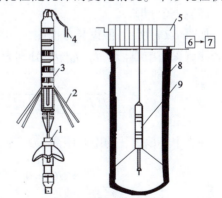

图 7-4 伞形孔径仪
1-锁腿架;2-测腿;3-密封桶;4-电缆;5-电缆绞车;
6-放大器;7-记录仪;8-桩孔;9-测头

3）超声波法

(1) 测试原理及仪器设备。

把泥浆作为均匀介质,则超声波在泥浆介质中传播速度 C 是恒定的。若超声波的发射探测器至孔壁的距离为 L,实测声波发射至接收的时间差为 Δt,则:

$$L = C \frac{\Delta t}{2} \tag{7-1}$$

超声波孔壁测试仪,一般由主机(由超声记录仪、声波发射和接收探头组成)、绕线器和绞车三大部分组成。在现场检测中,通过绞车将探测器自动放入孔内,并靠探测器自重使测试探头处于铅垂位置。测试时,超声振荡器产生一定频率的电脉冲,经放大后由发射换能器转换为声波,并通过孔内泥浆向孔壁方向传播,由于泥浆与孔壁地层的声阻抗差异很大,声波到达孔壁后绝大部分被反射回来,经接收换能器接收。声波从发射到接收的时间差,即计时门打开至关闭的时间差,亦即声波在孔内泥浆中的传播时间。超声波测试原理如图 7-5 所示。

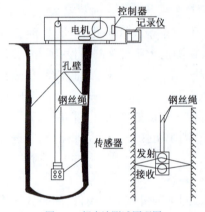

图 7-5 超声波测试原理图

声波探头中的四组换能器(一发一收为一组)呈十字交叉布置,可以探测孔内某高程测点两个方向相反的换能器与孔壁之间的距离,并进行连续测试,从而可得到该钻孔两个方向孔壁的剖面变化图。如某测点声波探头的两个方向相反的探头测得的换能器至孔壁的距离分别为 L_1 和 L_2,则桩孔在该点的孔径为 $D = L_1 + L_2 + d$,其中 L_1 和 L_2 为两个方向相反的换能器至孔壁的距离,d 为两个方向相反的换能器发射面间的距离。用同样的方法可以计算与此呈正交方向的孔径。如此改变测点的高度,就可获得整个钻孔在该断面的测点剖面孔径变化图。记录的数据经同步放大并产生高压脉冲电流,利用记录笔的高压放电在专用记录纸上同时记录两孔壁信号。当声波探头提升的绞车在测试时始终保持吊点不变且电缆垂直,即可通过钻孔孔壁剖面图得到钻孔的垂直度。超声波法检测孔径和垂直度的实测结果如图 7-6 所示。

(2) 孔径分析。

如图 7-7a)所示,假设某截面测试的两个方向 AB 与 CD,孔为圆形,O 为圆心,半径为 R,O' 为测试探头中心,L_A、L_B、L_C、L_D 分别为 O' 点到 A、B、C、D 点的距离,于是可导出 R 的计算公式为:

$$R = \frac{\sqrt{(L_C + L_D)^2 + (L_B - L_A)^2} + \sqrt{(L_A + L_B)^2 + (L_C - L_D)^2}}{4} \tag{7-2}$$

探头中心偏离孔的中心距离 OO' 为:

$$S = OO' = 0.5 \times \sqrt{(L_A - L_B)^2 + (L_C - L_D)^2} \tag{7-3}$$

按上式计算出孔口截面探头中心偏离孔的中心距离 S_0 以及任一截面探头中心偏离孔的中心距离 S,两者之差即为该截面偏离孔口中心轴线的距离:

$$M = S - S_0 \tag{7-4}$$

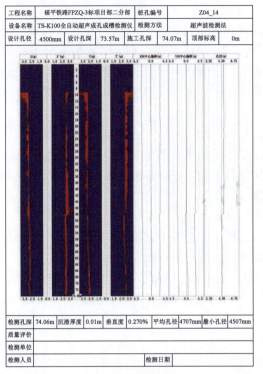
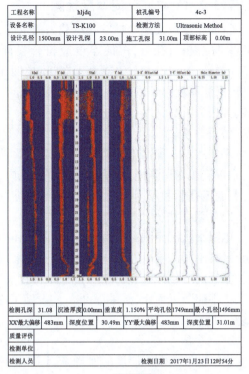

a) 大直径桩　　　　　　　　　　　　b) 扩底桩

图 7-6　超声波法检测孔径和垂直度的实测结果

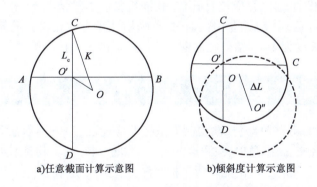

a) 任意截面计算示意图　　　　　　b) 倾斜度计算示意图

图 7-7　测试计算示意图

O-圆心；实线圆-孔口截面；O'-测试探头中心；虚线圆-孔底截面；OO''-孔中心偏移距离 $\Delta L_{底}$；AB、CD-相互垂直的两个剖面，孔的直径为 $2R$

(3) 倾斜度分析。

按上述方法分析计算出孔口中心轴的距离 $\Delta L_{底}$，$\Delta L_{底}$ 与孔深 H 之比的百分率即为倾斜度，如图 7-7b) 所示。

$$倾斜度 = \frac{\Delta L_{底}}{H} \times 100\% \tag{7-5}$$

7.3.2.4 桩底沉淀厚度检测

沉淀厚度极大地影响桩底承载力的发挥,因此在施工过程中必须严格控制桩底沉淀土的厚度。摩擦桩清孔后,沉淀厚度应符合设计要求。当设计无要求时,对于直径小于或等于 1.5m 的桩,沉淀厚度小于或等于 200mm;对于桩径大于 1.5m 或桩长大于 40m 或较差土质中的桩,沉淀厚度小于或等于 300mm;支承桩的沉淀厚度不大于设计规定值。桩底沉淀厚度的检测方法有:

1)垂球法

垂球法是一种惯用的简易测定沉淀厚度的方法。其将质量不小于 1kg 的平底圆锥体垂球,端部连接专用测绳,把垂球慢慢沉入孔内,接触孔底时,轻轻拉起垂球并放下,判断孔底位置,其施工孔深和量测孔深之差值即为沉淀厚度。

2)电阻率法

电阻率法沉淀测定仪由测头、放大器和指示器组成。它根据不同介质,如水、泥浆和沉淀颗粒具有不同的导电性能,由电阻值变化来判断沉淀厚度。测试时将测头慢慢沉入孔中,观察表头指针的变化,当出现突变时,记录深度 h_1;继续下沉测头,指针再次突变,记录深度 h_2;直到测头不能下沉为止,记录深度 h_3。设施工深度为 H,则各沉淀土厚度为 $(h_2 - h_1)$、$(h_3 - h_2)$ 和 $(H - h_3)$。

3)电容法

电容法测定沉淀厚度的原理是当金属两极间距和尺寸不变时,其电容量和介质的电解率成正比关系,水、泥浆和沉淀土等介质的电解率有较明显差异,从而由电解率的变化量测定沉淀土厚度。

钻(探)孔在终孔和清孔后,应进行孔位、孔深检验。一般情况下,孔径、孔形和倾斜度宜采用上述专用仪器测定。当缺乏专用仪器时,可采用外径为钻孔桩钢筋笼直径加 100mm(不得大于钻头直径),长度为 4~6 倍外径的钢筋笼检孔器吊入钻孔内检测。

7.4 桩身完整性检测

新设基桩(桩头露出)桩身完整性检测方法有低应变法、声波透射法和钻探取芯法三种。低应变法具有仪器轻便、操作简单、检测速度快、成本低等特点,可检测桩身缺陷及位置,判定桩身完整性类别,但受低应变锤击能量影响检测深度受到限制,在桩基工程质量检测中应用较广。声波透射法同样具有仪器轻便、检测速度快等特点,但需在基桩混凝土浇筑前预埋声测管,测试操作较复杂,可检测灌注桩桩身缺陷及其位置,较可靠地判定桩身完整性类别。经上述两种方法检测后,对桩身缺陷仍存在疑虑时,可用钻孔取芯法进行验证。钻孔取芯法使用设备笨重、操作复杂、成本高,但检验成果直观可靠。它可以检测桩长、桩身混凝土强度、桩底沉渣厚度,鉴别桩底岩土性状,准确地判定桩身完整性类别。实际检测过程中,可将上述三种方法有机结合,针对桩身完整性类别做出可靠的评价。

对于现役基桩(有承台),考虑到其数量庞大、检测时间及经费有限,以及上部结构的影响,采用低应变法检测桩基完整性是比较理想的。然而,相对于新建基桩,现役基桩由于上部结构(包括纵、横梁和面板)的干扰,激振后形成应力波的大量反射,严重干扰有效信号的判读,明显的三维效应也使一维波动理论误差增大,因此如何激发信号、减轻上部结构的影响是该技术的关键所在。

7.4.1 低应变法

7.4.1.1 方法介绍

通过在桩顶施加激振信号产生应力波,该应力波沿桩身传播过程中,遇到不连续界面(如蜂窝、夹泥、断裂、孔洞等缺陷)和桩底面(即波阻抗发生变化)时,将产生反射波,检测分析反射波的传播时间、幅值、相位和波形特征,可得出桩缺陷的大小、类型、位置等信息,最终对桩基的完整性给予评价。

把桩视为一维弹性均质杆件,设介质密度为 ρ、截面面积为 A、纵波波速为 C、弹性模量为 E,则桩身材料的广义波阻抗 $Z = EA/C = \rho AC$。当桩顶受到激振力后,则压缩波以波速 C 沿桩身向下传播,当遇到桩身波阻抗变化的界面时,压缩入射波 V_1,在波阻抗界面将产生反射波 V_R 和透射波 V_T,如图 7-8 所示。

图 7-8 变化的机械阻抗面发生的反射和通过

其中,反射系数:

$$F = \frac{1-n}{1+n} \tag{7-6}$$

透射系数:

$$T = \frac{2}{1+n} \tag{7-7}$$

桩身各种性状以及桩底不同的支承条件,均可归纳成以下三种波阻抗变化类型:

当 $Z_1 \approx Z_2$ 时,相当于桩身连续、无明显阻抗差异的情况。此时 $n=1,F=0,T=1$。由上述各式可知,$\sigma_R=0$、$V_R=0$ 即桩身无反射波信号,应力波全透射,表示桩身完整。

当 $Z_1 > Z_2$ 时,相当于桩身有缩径、离析、空洞及摩擦桩桩底的情况。此时 $n>1,F<0,T>0$,可知,σ_R 与 σ_1 异号,反射波为上行拉力波。V_R 与 V_1 同号,所以反射波与入射波同相。另外,由弹性杆波动传播的符号定义来理解,上行拉力波与下行压力波的方向一致,则反射波引起的质点速度 V_R 与入射波速 V_1 同相,这样在桩顶检测出的反射波速度和应力均与入射波信号极性一致。

当 $Z_1 < Z_2$ 时,相当于桩身有扩径、膨胀或端承桩的情况,则 $n<1,F>0,T>0$。由上述各式可知,σ_R 与 σ_1 同号,反射波为上行压缩波,V_R 与 V_1 异号,这样在桩顶接收到的反射波速度及应力均与入射波信号的极性相反。同理可得,桩底处的速度为零,而应力加倍。

根据以上三种反射波与入射波相位的关系,可判别某一波阻抗界面的性质,这是采用低应变法判别桩底情况及桩身缺陷的理论依据。表 7-3 是根据上述理论绘制出的与桩身阻抗变化相对应的反射波特征曲线示意图。

桩身阻抗变化的反射波特征曲线　　　　　　　　　　　　　　表 7-3

缺陷	典型曲线	曲线特征
完整		(1)短桩:桩底反射波与入射波频率相近,振幅略小; (2)长桩:桩底反射振幅小,频率低; (3)摩擦桩的桩底反射波与入射波同相位,端承桩的桩底反射波与入射波反相位
扩径		(1)曲线不规则,可见桩间反射,扩径第一反射子波与入射波反相位,后续反射子波与入射波同相位,反射子波的振幅与扩径尺寸呈正相关; (2)可见桩底反射
缩径		(1)曲线不规则,可见桩间反射,缩径第一反射子波与入射波同相位; (2)后续反射子波与入射波反相位,反射子波的振幅大小与缩径尺寸呈正相关; (3)一般可见桩底反射
离析		(1)曲线不规则,一般见不到桩底反射; (2)离析的第一反射子波与入射波同相位,幅值视离析程度呈正相关,但频率明显降低; (3)中、浅部严重离析,可见到多次反射子波
断裂		(1)浅部断裂(<2m),由于受钢筋和下部桩影响,反映为锯齿状子波又叠加在低频背景上的脉冲子波,峰-峰为 Δf; (2)中、浅部断裂为一多次反射子波等距出现,振幅和频率逐次下降; (3)深部断裂似桩底反射曲线,但所计算的波速远大于正常波速
夹泥 空洞 微裂		(1)曲线不规则,一般可见桩底反射; (2)缺陷的第一反射子波与入射波同相位,后续反射子波与入射波反相位; (3)子波的幅值与缺陷的程度呈正相关
桩底 沉渣		桩底存在沉渣,桩底反射波与入射波同相位,其幅值与沉渣厚度呈正相关

7.4.1.2　仪器设备

(1)检测仪器应具有信号采集、滤波、放大、显示、储存、信号处理分析功能。

(2)激振设备宜根据桩型及检测目的,选择不同大小、长度、质量的力锤、力棒、手锤和不同材质的锤头,以获得所需的激振频带和冲击能量。常用检测仪器设备如图 7-9 和图 7-10 所示。

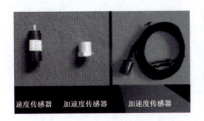 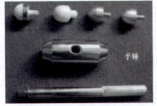 

图 7-9　传感器及激振锤

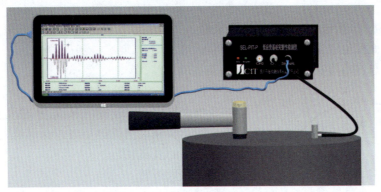

图 7-10　反射波法现场检测仪器设备

7.4.1.3　操作步骤

1）准备工作

（1）现场踏勘及资料收集。

在接受检测任务后，检测人员应了解场地地质条件、建筑物的类型、桩型、桩设计参数、成桩工艺、施工记录及相关的资料，然后根据检测委托书，编制检测纲要。

（2）桩头处理。

应根据相应的技术规范、标准的规定，并参考现场施工记录和基桩在工程中所起的作用来确定抽检数量及桩位。铁路桥梁的钻孔灌注桩通常是对每根桩都要进行检测，对受检桩，要求桩顶的混凝土质量、截面尺寸与桩身设计条件基本相同。桩头应凿去浮浆或松散、破损部分，并露出坚硬的混凝土，桩头外露主筋不宜太长。桩头表面应平整干净、无积水，并将传感器安装点与敲击点部位磨平。

（3）传感器安装。

一般采用加速度传感器，因为它的频率响应范围比较宽、动态范围大、失真度小，能较好地反映桩身的反射信息。速度传感器灵敏度高，低频性能好，对检测桩体深部缺陷信息较好。

《铁路工程基桩检测技术规程》（TB 10218—2019）对传感器安装和激振操作作了下列规定：

①传感器应安装在桩顶面，传感器安装点及其附近不得有裂缝或浮动砂粒。传感器应与桩顶面保持垂直，且紧贴桩顶表面，在信号采集过程中不应产生滑移或松动。

②对于实心桩，当激振点在桩顶中心时，传感器安装点与桩中心的距离宜为桩半径的 2/3，如图 7-11 所示；当激振点不在桩顶中心时，传感器安装点与激振点的距离不宜小于桩半径的 1/2。

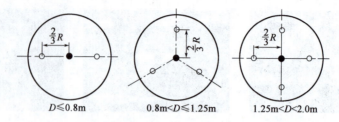

图 7-11 实心桩不同桩径激振点和传感器安装点布置示意图
D-桩径；●-激振点；○-传感器安装点

③对于空心桩，激振点和传感器宜安装在 1/2 桩壁厚处，传感器安装点、锤击点与桩顶面圆心构成的平面夹角宜为 90°，如图 7-12 所示。

④激振点与传感器安装位置应避开钢筋笼的主筋。

⑤激振方向应沿桩轴线方向。

⑥应根据缺陷所在位置的深浅，及时改变锤击脉冲宽度。应采用宽脉冲检测长桩桩底或深部缺陷，采用窄脉冲检测短桩或桩的浅部缺陷。

2）仪器参数设置

（1）时域信号记录的时间段长度应在 $2L/c$（信号在桩内的一个旅程时间）时刻后延续不少于 5ms；幅频信号分析的频率范围上限不应小于 2000Hz。

（2）设定桩长应为桩顶测点至桩底的施工桩长。

（3）采样时间间隔或采样频率应根据桩长、桩身波速和频域分辨率确定；桩身波速可根据本地区同类型桩的测试值初步设确定或参考表 7-4。

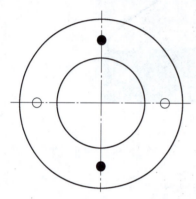

图 7-12 空心桩激振点和传感器安装点布置示意图
●-激振点；○-传感器安装点

常规浇灌下不同强度等级的普通混凝土反射波波速经验值　　表 7-4

混凝土强度等级	C15	C20	C25	C30	C35
平均波速(m/s)	2900	3200	3500	3800	4100
波速范围(m/s)	2700~3100	3000~3400	3400~3700	3700~3900	3900~4100

（4）传感器的灵敏度值应按计量校准结果设定。

（5）采样频率、增益、指数放大、数字滤波等参数应根据桩长设置，时域信号采样点数不应少于 1024 点。

（6）采集仪器采样频率、增益、平滑、指数放大、数字滤波、触发方式等参数应根据桩长合理设置。

7.4.1.4 数据分析

1）时域分析

（1）桩身波速平均值的确定。

当桩长已知、桩底反射信号明确时，选用相同条件（地质条件、设计桩型、成桩工艺相同）不少于 5 根 Ⅰ 类桩的桩身波速值，按下式计算其平均值。

$$C_m = \frac{1}{n} \sum_{i=1}^{n} C_i \qquad (7\text{-}8)$$

$$C_i = \frac{2000L}{\Delta T} \qquad (7\text{-}9)$$

$$C_i = 2L \cdot \Delta f \qquad (7\text{-}10)$$

式中：C_m——桩身波速的平均值(m/s)；

C_i——第 i 根受检桩的桩身波速值(m/s)，且 $|(C_i - C_m)/C_m| \leqslant 5\%$；

L——测点下桩长(m)；

ΔT——速度波第一峰与桩底反射波峰间的时间差(ms)；

Δf——幅频曲线上相邻谐振峰间的频差(Hz)；

n——波速平均值计算的基桩数量，$n \geqslant 5$。

(2) 桩身缺陷位置计算。

当桩身有缺陷信号时，可根据本地区、本工程同类型桩的波速测试值，按下式计算桩身缺陷的位置。

$$X = \frac{1}{2000} \cdot \Delta t_x \cdot c \quad 或 \quad X = \frac{1}{2} \cdot \Delta \frac{c}{\Delta f} \qquad (7\text{-}11)$$

式中：X——桩身缺陷至传感器安装点的距离(m)；

Δt_x——速度波第一峰与缺陷反射波峰间的时间差(ms)；

c——受检桩的桩身波速(m/s)，无法确定时，用 c_m 值代替；

Δf——幅频曲线上缺陷相邻谐振峰间的频差(Hz)。

如图 7-13 所示，小框区域为缺陷位置。可根据式(7-11)计算出缺陷位置。

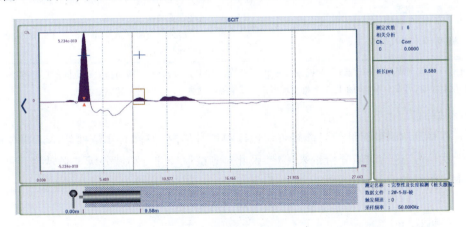

图 7-13　低应变实际检测波形图

(3) 桩身完整性判定。

在实际检测中，一般以时域分析为主、频域分析为辅。不同规范的判定依据侧重点不同。《铁路工程基桩检测技术规程》(TB 10218—2019)、《建筑基桩检测技术规范》(JGJ 106—2014)中关于桩身完整性分类原则分别见表 7-5、表 7-6。

桩身完整性判定（TB 10218—2019） 表 7-5

时域信号特征	幅频信号特征	完整性类别
$2L/C$ 时刻前无缺陷反射波，有桩底反射波	桩底谐振峰排列基本等间距，其相邻频差 $\Delta f \approx \dfrac{C}{2L}$	I
$2L/C$ 时刻前出现轻微缺陷反射波，有桩底反射波	桩底谐振峰排列基本等间距，轻微缺陷产生的谐振峰之间的频差 $\Delta f' > \dfrac{C}{2L}$	II
$2L/C$ 时刻前有明显缺陷反射波	缺陷谐振峰排列基本等间距，相邻频差 $\Delta f' > \dfrac{C}{2L}$	III
$2L/C$ 时刻前出现严重缺陷反射波，无桩底反射波； 或因桩身浅部严重缺陷，波形呈现低频大振幅衰减振动，无桩底反射波； 或按平均波速计算的桩长明显小于设计桩长	缺陷谐振峰排列基本等间距，相邻频差 $\Delta f' > \dfrac{C}{2L}$，无桩底谐振峰； 或因桩身浅部严重缺陷只出现单一谐振峰，无桩底谐振峰	IV

桩身完整性判定（JGJ 106——2014） 表 7-6

类别	时域信号特征	幅频信号特征
I	$2L/C$ 时刻前无缺陷反射波，有桩底反射波	桩底谐振峰排列基本等间距，其相邻频差 $\Delta f \approx \dfrac{C}{2L}$
II	$2L/C$ 时刻前出现轻微缺陷反射波，有桩底反射波	桩底谐振峰排列基本等间距，其相邻频差 $\Delta f \approx \dfrac{C}{2L}$，轻微缺陷产生的谐振峰与桩底谐振峰之间的频差 $\Delta f' > \dfrac{C}{2L}$
III	有明显缺陷反射波，其他特征介于 II 类和 IV 类之间	
IV	$2L/C$ 时刻前出现严重缺陷反射波或周期性反射波，无桩底反射波； 或因桩身浅部严重缺陷，波形呈现低频大振幅衰减振动，无桩底反射波	缺陷谐振峰排列基本等间距，相邻频差 $\Delta f > \dfrac{C}{2L}$，无桩底谐振峰； 或因桩身浅部严重缺陷只出现单一谐振峰，无桩底谐振峰

注：对同一场地、地基条件相近、桩型和成桩工艺相同的基桩，因桩端部分桩身阻抗与持力层阻抗相匹配，实测信号无桩底反射波时，可按本场地同条件下有桩底反射波的其他桩实测信号来判定桩身完整性类别。

2）频域分析

尽管现场动测时的时域信号能较真实地反映桩身情况，但许多实测曲线不可避免地夹杂着许多干扰信号，这给时域分析带来困难，因此对测试信号进行频域分析是必要的。

其中完整桩的波速：

$$c = 2L \cdot \Delta f \tag{7-12}$$

式中：L——桩长（m）；

Δf——频谱分析中柱底相邻谐振峰间的频差（Hz）。

而在缺陷桩所形成的相邻共振峰频差和缺陷位置的关系为：

$$L' = \dfrac{c}{2 \cdot \Delta f} \tag{7-13}$$

式中：L'——缺陷部位的深度（m）。

3）时域与频域分析的互相验证

通常，人们只对时域曲线进行积分、滤波、指数放大等信号处理后，即可将桩身存在的各种缺陷充分展示出来，从而判断桩身完整性问题。但有时桩身有多个缺陷，加之各种干扰信号，时域曲线变得非常复杂，这时需要进行信号的频域分析，将干扰信号滤去后，找出桩身的缺陷反射信息，再判定桩身完整性。而时域、频域分析可作为反射波法分析时的验证与补充，两者各有优缺点：

（1）多数情况下的时域、频域分析结果能很好地统一和相互验证，但时域和频域分析的精度存在矛盾，采样频率越高，时域的分辨率越高，而频域分辨率越低；反之亦然。对缺陷位置和桩长来说，还是以时域计算为准。

（2）非桩土系统引起的干扰振荡较严重时，时域分析局限性较大，应以频域分析为主。

（3）桩身存在多个等间距缺陷时，时域难以区分深部缺陷反射与浅部缺陷的多次反射，分析频域的基频和频差可对其加以甄别。

（4）有些桩底反射信号不明显，频谱中有较明显的整桩基频和频差。

（5）涉及离析、缩径、裂隙等缺陷性状的区分时，时域、频域的相互印证有时特别重要，离析处的谐振峰多见低缓形式，而裂隙的谐振峰较尖锐。

7.4.1.5 低应变法的特点

1）低应变法的优点

其仪器设备轻便、操作简单、成本低廉；可对桩基工程进行普查，检测覆盖面大；可检测桩身完整性和桩身存在的缺陷及位置，估计桩身混凝土强度，核对桩长等。

2）低应变法的局限性

（1）检测桩长的限制，对于软土地区的超长桩，长径比很大，桩身阻抗与持力层阻抗匹配好，常测不到桩底反射信号。

（2）桩身截面阻抗渐变时，容易造成误判。

（3）当桩身有两个以上缺陷时，较难判别。

（4）在桩身阻抗变小的情况下，较难判断缺陷的性质。

（5）嵌岩桩的桩底反射信号多变，容易造成误判。

嵌岩桩的时域曲线中桩底反射信号变化复杂，一般情况下，桩底反射信号与激励信号极性相反；但桩底混凝土与岩体阻抗相近，则桩底反射信号不明显，甚至没有；如桩底有沉渣，则有明显的同相反射信号。因此，要对照受检桩的桩型、地层条件、成桩工艺、施工情况等进行综合分析，不宜单凭测试信号下定论。

7.4.2 超声透射波法

超声透射波法（又称声波透射法）是在预埋声测管的混凝土灌注桩中检测桩身完整性，判定桩身缺陷的程度及其位置。它的特点是检测的范围可覆盖全桩长的各个检测剖面，检测全面、细致，信息量大，成果准确、可靠；现场操作不受场地、桩长、长径比的限制，操作简便，工作进度快。声波透射法以其鲜明的特点，成为混凝土灌注桩（尤其是大直径桩）桩身完整性检测的一种重要手段，在工程建设领域中得到了广泛应用。

7.4.2.1 方法介绍

声波透射法是在灌注桩中预埋两根或两根以上的声测管作为检测通道,管中注满水作为耦合剂,将超声发射换能器和接收换能器置于声测管中,由超声仪激励发射换能器产生超声脉冲,向桩身混凝土辐射传播。声波在混凝土传播过程中,当桩身混凝土介质存在阻抗差异时,将发生反射、绕射、折射和声波能量的吸收、衰减,并经另一声测管中的接收换能器接收,可在显示器上观察接收超声波波形,判读出超声波穿越混凝土后的首波声时、波幅及接收波主频等声学参数来检验桩身混凝土是否存在缺陷。

声波透射法检测混凝土灌注桩有桩内单孔透射法和跨孔透射法两种。单孔透射法是在桩身只有一个通道的情况下,如钻孔取芯后需要了解孔芯周围的混凝土质量情况,作为钻芯检测的补充手段。这时将一发两收换能器放于一个钻芯孔中,声波从发射换能器经水耦合进入孔壁混凝土表层滑行,再经水耦合到达接收换能器,从而测出声波沿孔壁混凝土传播的各项声学参数。单孔透射法的声传播途径比跨孔透射法复杂得多,信号分析难度大,且有效检测范围约一个波长,故此法不常采用。

跨孔透射法是在桩内预埋两根或两根以上的声测管,把发射换能器和接收换能器分别置于两根管中。跨孔透射法现场检测装置如图 7-14 所示。

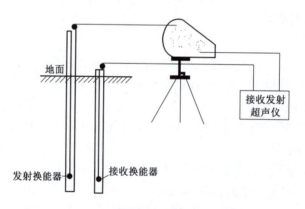

图 7-14 跨孔透射法现场检测装置示意图

7.4.2.2 仪器设备

声波检测仪器有两大类:一类是模拟式声波仪,它所显示和分析的是模拟信号,其声波幅值随时间的变化是连续的,这种信号称为时域信号。模拟式声波仪,测试时由人工操作,现场工作量大,工作效率低,容易出错,使用场所已越来越少。另一类是数字式声波仪,它通过信号采集器采集信号,将采集的模拟信号变为数字信号,由计算机软件自动进行声时和波幅判读,既提高了检测精确度,又提高了效率,因而得到了广泛的应用。因此本书主要介绍数字式声波仪。

数字式声波仪原理框图如图 7-15 所示。

测试系统由声波仪、发收换能器、位移量测系统(深度记录、三脚架、井口滑轮)、传输电缆等组成。其中,声波仪和径向换能器组成超声脉冲测量部分。

《铁路工程基桩检测技术规程》(TB 10218—2019)对声波检测仪器的技术指标要求如下:

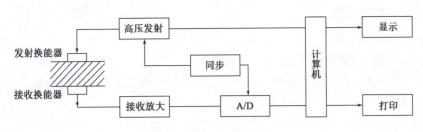

图 7-15　数字式声波仪原理图

(1)声波检测仪的技术性能应符合下列规定：
①具有实时显示和记录接收信号的时程曲线以及频率测量或频谱分析功能。
②声时显示范围应大于 2000μs，测量精度应小于或等于 0.5μs，声幅测量范围不应小于 60dB，声时、声幅测量相对误差应小于 5%，系统频带宽度应为 1~200kHz。
③声波发射脉冲宜为阶跃或矩形脉冲，电压幅值不应小于 500V。
④采集器模-数转换精度不应低于 16 位，采样间距应小于或等于 0.5μs，采样长度不应小于 1024 点。

(2)声波发射与接收换能器应符合下列规定：
①圆柱状径向振动，沿径向无指向性。
②谐振频率宜为 30~60kHz。
③发射和接收换能器的导线均应有长度标注，其标注允许偏差不应大于 10mm。
④水密性满足 1MPa 水压下不渗水。
⑤外径不大于 30mm，有效工作长度不大于 150mm。

(3)声测管的埋设应符合下列规定：
①桩身直径小于或等于 0.8m 时，应埋设不少于 2 根管；桩身直径大于 0.8m 且小于或等于 1.6m 时，应埋设不少于 3 根管；桩身直径大于 1.6m 时，应埋设不少于 4 根管；桩身直径大于 2.5m 时，宜增加声测管的埋设数量。
②声测管应采用金属管，内径不应小于 40mm，壁厚不应小于 3.0mm。
③声测管下端封闭、上端加盖，管内无异物，连接处应光滑过渡，不漏水。管口应高出混凝土顶面 100mm 以上，且各声测管管口高度宜一致。
④声测管应沿钢筋笼内侧布置，固定牢靠，保证浇筑混凝土后相互平行。
⑤声测管以线路大里程方向的顶点为起始点，按顺时针旋转方向呈对称形状布置并进行编号，如图 7-16 所示。

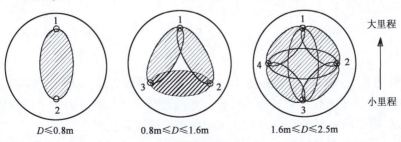

图 7-16　声测管布置示意图

7.4.2.3 操作步骤

1）检测前的准备工作

（1）将各声测管内灌满清水,管内不得堵塞。

（2）用大于换能器直径的圆钢疏通,以保证换能器在声测管全程范围内升降顺畅,然后用清水清洗声测管。

（3）准确测量声测管的内外径和声测管外壁间的净距离。

（4）采用标定法确定仪器系统延迟时间。

（5）计算声测管及耦合水层声时修正值。

（6）检查换能器的状态是否完好。

2）测试过程

将发射和接收换能器放入桩内声测管中同一深度的测点处,声波仪通过发射换能器发射超声波,经桩身混凝土传播,在另一声测管中的接收换能器接收到超声波,经电缆传输给声波仪,实时高速记录显示接收波形,并判读声学参数。对于换能器在桩内移动过程中的位置,位移测量系统也实时传输给超声仪。当换能器到达预定位置时,声波仪自动存储该测点的波形及声学参数,实现换能器在桩身测管内移动过程中自动记录存储各测点声学参量及波形的目的。全桩各个检测剖面检测出的桩身声学参数(声时、声波、幅值和主频等),按照规范编制软件进行数据处理后,可绘制成基桩质量分析的成果图。

现场测试过程中应保持发射电压与仪器设置参数不变,使同一次测得的声参数具有可比性。

3）测试方式

测试方式可分为对测、斜测、扇形扫测三种,如图 7-17 所示。

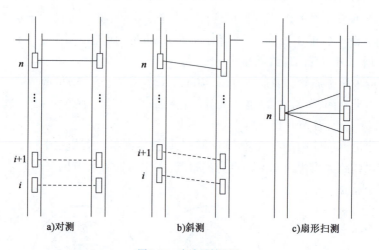

图 7-17　声波透射法图

（1）对测（普查）。发射和接收换能器分别置于两声测管的同一高度,自下而上,将发射和接收换能器以相同步长（不大于 100mm）向上提升,进行水平检测。若水平检测后,存在桩身质量的可疑点,则进行加密水平检测,以确定异常部位的纵向范围。

（2）斜测。让发射和接收换能器保持一定的高程差,在声测管中以相同步长,同步升降进行测试。斜测分为单向斜测和交叉斜测。斜测时,发射和接收换能器中心连线与水平夹角一般取 30°~40°。斜测可探出局部缺陷、缩径或专测管附着泥团、层状缺陷等。

(3) 扇形扫测。扇形扫测在桩顶、桩底斜测范围受限或为减小换能器升降次数时采用。一只换能器固定在某一高程不动,另一只逐步移动,测线呈扇形分布。此时换算的波速可以相互比较,但声波幅值无可比性,只能根据相邻测点声波幅值的突变来判断是否有异常。

通过上述三种检测方法,结合波形进行综合分析,可查明桩身存在缺陷性质和范围。

当现场进行水平检测以后,发现其 PSD、声速、声波幅值明显超过临界值,接收频率、波形(或频谱)等物理量异常时,为了找出缺陷所造成阴影的范围,确定缺陷位置、范围和性质,需要进行更详细的检测。

双管对测时,各种缺陷的细测判断法如图 7-18~图 7-21 所示。其基本方法是将一个探头固定,另一探头上下移动,找出声阴影所在边界位置。在混凝土中,由于各种不均匀界面的漫射和低频波的绕射等,阴影边界十分模糊,但通过上述物理量的综合运用仍可定出其范围。

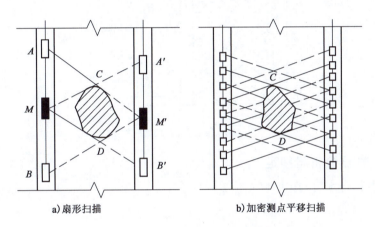

图 7-18 孔洞大小及位置的细测判断

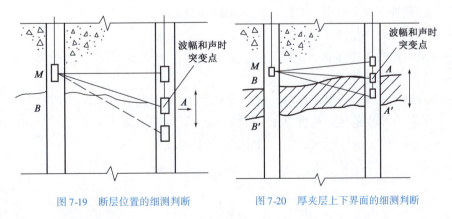

图 7-19 断层位置的细测判断　　　　图 7-20 厚夹层上下界面的细测判断

7.4.2.4 注意事项

在运用上述分析判断方法时,应注意排除声测管和耦合水声时值、管内混响、箍筋等因素的影响,且检测龄期应在 7d 以上。

如 PSD 判据也可用于其他结构物大面积扫测时的缺陷判别,即将扫测网络中每条测线上的数据用 PSD 判据处理,然后把各测线处理结果综合在一起,同样可定出缺陷的性质、大小及位置。

图 7-21 所示为颈缩现象的细测判断。检测一般首先采用水平同步平测法,将发射和接收换能器置于两个声测管中,从管顶(或管底)开始,以一定间距向下进行水平逐点对测,直到桩底时止。为保证测点间声场可以覆盖而不至于漏测,其测量点距可取 20~40cm。声波仪对每一个测点自动步进式编号,从测点编号,即可知道换能器的测试深度。一对声测管测完后,再转入下一对声测管进行测试,对全桩各个检测剖面进行检测,即可测出桩身声学参数(声时、幅值和主频等)供计算分析,判定桩身混凝土质量情况。

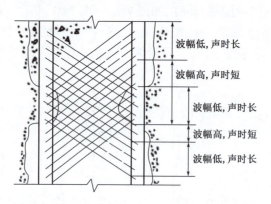

图 7-21 颈缩现象的细测判断

7.4.2.5 数据分析与判定

1)声测管及耦合水层的声时修正值 t' 的计算

$$t' = \frac{D_1 - d_1}{v_1} + \frac{d_1 - d'}{v_w} \tag{7-14}$$

式中:t'——声测管及耦合水层声时修正值,精确至 0.1μs;

D_1——声测管的外径(mm);

d_1——声测管的内径(mm);

d'——换能器的外径(mm);

v_1——声波在声测管管壁厚度方向的传播速度(km/s),精确至小数点后三位;

v_w——声波在水中的传播速度(km/s),精确至小数点后三位。

2)各测点的声时 t_c、声速 v、波幅 A_p 及主频 f 的计算

$$t_{ci} = t_i - t_0 - t' \tag{7-15}$$

$$v_i = \frac{l'}{t_{ci}} \tag{7-16}$$

$$A_{pi} = 20\lg \frac{a_i}{a_0} \tag{7-17}$$

$$f_i = \frac{1000}{T_i} \tag{7-18}$$

式中：t_{ci}——第 i 测点声时（μs）；

t_i——第 i 测点声时测量值（μs）；

t_0——仪器系统延迟时间（μs）；

l'——每检测剖面相应两声测管的外壁间净距离（mm）；

v_i——第 i 测点声速值（km/s）；

A_{pi}——第 i 测点波幅值（dB）；

a_i——第 i 测点信号首波峰值（V）；

a_0——零分贝信号幅值（V）；

f_i——第 i 测点信号主频值（kHz），也可由信号频谱的主频求得；

T_i——第 i 测点信号周期（μs）。

3）桩身混凝土缺陷判定

（1）声速判据。

《铁路工程基桩检测技术规程》（TB 10218—2019）规定，声速临界值采用正常混凝土声速平均值与 2 倍声速标准差之差，即

$$v_D = v_m - 2\sigma_v \tag{7-19}$$

$$v_m = \sum_{i=1}^{n} \frac{v_i}{n} \tag{7-20}$$

$$\sigma_v = \sqrt{\sum_{i=1}^{n} \frac{(v_i - v_m)^2}{n-1}} \tag{7-21}$$

式中：v_D——声速临界值（km/s）；

v_m——正常混凝土声速平均值（km/s）；

σ_v——正常混凝土声速标准差（km/s）；

n——测点数。

实测混凝土声速值低于声速临界值时，即

$$v_i < v_D \tag{7-22}$$

声速可判为异常。

当检测剖面 n 个测点的声速值普遍偏低且离散性很小时，宜采用声速低限值判据。即实测混凝土声速值低于声速低限值时，可判定为异常。

$$v_i < v_L \tag{7-23}$$

式中：v_L——声速低限值（km/s）。

声速低限值应由预留同条件混凝土试件的抗压强度与声速对比试验结果，结合本地区实际经验确定。

（2）声波幅值判据。

声波幅值异常时的临界值判据应按下列公式计算：

$$A_{\mathrm{m}} = \frac{1}{n}\sum_{i=1}^{n} A_{\mathrm{p}i} \qquad (7\text{-}24)$$

$$A_{\mathrm{p}i} < A_{\mathrm{m}} - 6 \qquad (7\text{-}25)$$

式中：A_{m}——声波幅值平均值(dB)。

当式(7-25)成立时，声波幅值可判定为异常。

（3）PSD 判据。

采用斜率法的 PSD 值作为辅助异常点判据时，PSD 值应按下列公式计算：

$$\mathrm{PSD} = K \cdot \Delta t \qquad (7\text{-}26)$$

$$K = \frac{t_{\mathrm{c}i} - t_{\mathrm{c}(i-1)}}{z_i - z_{i-1}} \qquad (7\text{-}27)$$

$$\Delta t = t_{\mathrm{c}i} - t_{\mathrm{c}(i-1)} \qquad (7\text{-}28)$$

式中：$t_{\mathrm{c}i}$——第 i 测点声时(μs)；

$t_{\mathrm{c}(i-1)}$——第 $i-1$ 测点声时(μs)；

z_i——第 i 测点深度(cm)；

z_{i-1}——第 $i-1$ 测点深度(cm)。

根据 PSD 值在某深度处的突变，结合波幅变化情况进行异常点判定。

（4）采用信号主频值作为辅助异常点判据时，主频-深度曲线上主频值明显降低可判定为异常。

桩身完整性类别应结合桩身混凝土各声学参数临界值、PSD 判据、混凝土声速低限值以及桩身可疑点加密测试（包括斜测或扇形扫测）后确定的缺陷范围按表 7-7 进行综合判定。

桩身完整性判定　　　　　　　　　　　表 7-7

特　　征	完整性类别
各检测剖面的声学参数均无异常； 或某一检测剖面个别测点的声学参数出现轻微异常，且其他剖面声学参数均无异常	Ⅰ
某一检测剖面连续多个测点的声学参数出现轻微异常； 或某一检测剖面个别测点的声学参数出现明显异常	Ⅱ
某一检测剖面连续多个测点的声学参数出现明显异常； 或 50% 及以上检测剖面在同一深度测点的声学参数出现明显异常； 或局部混凝土声速低于低限值	Ⅲ
50% 及以上检测剖面在同一深度测点的声学参数出现严重异常； 或桩身混凝土声速普遍低于低限值或无法检测首波或声波接收信号严重畸变	Ⅳ

注：完整性类别由Ⅳ类往Ⅰ类判定。

7.4.2.6　检测结果成像技术

如前文所述，超声透射波法测线布置包含对测、斜测和扇形扫测。检测结果成像为二维波速（时域等）云图，如图 7-22 所示。但二维成像无法展示缺陷的具体形态及分布等。

综上所述，超声透射波法一般含多个测试剖面，在每个声测管的电缆上设置两个（多个）声波探头，这两个（多个）探头既可以作为发射探头，也可以作为接收探头，既有平行射线又有倾斜射线。对测试剖面进行反演成像(一般采用SIRT),结合三维展示软件,即可实现超声透射波法测试基桩完整性的三维展示。提取三维低速异常体的表面,还可以直观展示基桩内缺陷的立体分布。如图7-23所示。

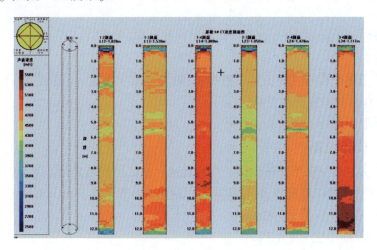

图7-22 二维成像结果

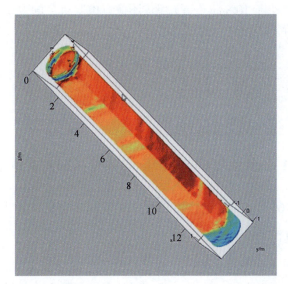
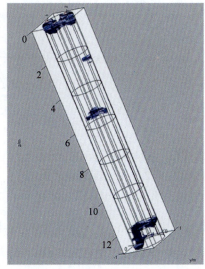

图7-23 三维成像结果

7.4.3 钻探取芯法

7.4.3.1 钻探取芯的目的与适用范围

1)钻探取芯的目的

(1)检测桩身混凝土胶结状况,是否存在空洞、蜂窝、夹泥、断桩等缺陷,判定桩身完整性类别,从而分析研究产生缺陷的原因、程度及处理措施。

(2)检测混凝土灌注桩桩长,检验桩底沉渣是否满足设计要求,鉴别桩底持力层的岩土性状和厚度是否符合设计或规范要求。

(3)通过混凝土芯样力学试验,评定桩身混凝土的强度。

(4)对施工中出现异常或因质量问题经处理后的桩,通过钻探取芯,检验其成桩质量及对工程的影响程度。

(5)桩身存在缺陷的桩,可以利用钻孔进行压浆补强处理。

2)适用范围

(1)本方法适用于检测混凝土灌注桩桩长、桩身混凝土强度、桩底沉渣厚度,鉴别桩端岩土性状,判定或验证桩身完整性类别。

(2)判定或鉴别桩端持力层岩土性状。

7.4.3.2 仪器设备

(1)钻取基桩芯样应采用液压操纵的高速钻机。钻机应配备单动双管钻具以及相应的孔口管、扩孔器、卡簧和扶正稳定器,钻杆应顺直。钻机设备参数应符合下列规定:

①额定最高转速不应低于790r/min。

②转速调节范围不应少于4挡。

③额定配用压力不应低于1.5MPa。

(2)钻头应采用金刚石钻头,外径不宜小于100mm。钻头胎体不应有肉眼可见的裂纹、缺边、少角、倾斜及喇叭口变形。钻头胎体对钢体的同心度偏差不应大于0.3mm,钻头的径向跳动不应大于1.5mm。

(3)锯切机应具有冷却系统和夹紧固定装置,配套使用的金刚石圆锯片应有足够的刚度。

(4)芯样补平装置(或磨平机)应满足芯样制作的要求。

7.4.3.3 现场操作

1)基本规定

(1)桩径不大于1.25m的桩宜钻1~2孔,桩径大于1.25m且小于或等于2.0m的桩宜钻2孔,桩径大于2.0m的桩宜钻3孔。

(2)钻芯孔为1个时,宜在距桩中心100~150mm的位置开孔;钻芯孔为2个及以上时,开孔位置宜在距桩中心$\frac{3}{20} \sim \frac{1}{4}$桩径范围内均匀对称布置。

(3)对桩底持力层的钻探,每根受检桩不应少于1孔。

①钻机设备应安放平稳、牢固,底座水平。钻机立轴中心、天轮中心(天车前沿切点)与孔口中心应在同一垂线上。钻芯过程中不应发生倾斜、移位,钻芯孔垂直度偏差不应大于0.5%。

②桩顶面与钻机底座的距离较大时,应安装孔口管,孔口管应垂直、牢固。

③钻进过程中,钻孔内循环水流不得中断,应根据回水含砂量及颜色调整钻进速度。

④提钻卸取芯样时,应采取相应措施,确保芯样完整。

⑤每回次钻孔进尺宜控制在1.5m内。钻至缺陷处,或下钻速度快的位置,应及时量测钻杆深度,确定缺陷位置、程度;钻至桩底时,应采取适宜的钻芯方法和工艺钻取沉渣,测定沉渣厚度并进行桩端持力层岩土性状鉴别。

⑥钻取的芯样应由上而下按回次顺序放进芯样箱中,芯样侧面上应标明回次数、块号、本回次总块数。及时记录钻进情况,初步描述芯样质量,详细编录混凝土、桩底沉渣以及桩端持力层。

⑦钻芯结束后,应对芯样和标有工程名称、桩号、钻芯孔号、芯样试件选取位置、桩长、孔深、检测单位名称的标示牌进行拍照。

⑧钻取芯样且评定合格后,钻芯孔应采用压力灌浆回灌封闭。

2) 芯样试件截取与加工

芯样试件截取原则:应科学、准确、客观地评价混凝土实际质量,避免人为因素的影响,特别是混凝土强度;取样位置应标明其深度和高程。有缺陷部位的芯样强度应满足设计要求。

截取混凝土抗压芯样试件应符合下列规定:当桩长小于10m时,取2组;当桩长为10~30m时,每孔截取3组芯样;当桩长大于30m时,不小于4组;上部芯样位置距桩顶设计高程不宜大于1倍桩径或超过2m,下部芯样位置距桩底不宜大于1倍桩径或超过2m,中间芯样宜等间距截取;缺陷位置能取样时,应截取1组芯样进行混凝土抗压试验;同一基桩的钻芯孔数大于1个,且某一孔在某深度存在缺陷时,应在其他孔的该深度处,截取1组芯样进行混凝土抗压强度试验。

混凝土芯样试件加工时,由于芯样试件的高度对抗压强度有较大的影响,为避免高度修正带来误差,应取试件高径比为1,即高径比在0.95~1.05的范围内,且芯样试件内不能含有钢筋,并观察芯样侧面表观混凝土粗集料粒径,该粒径应小于芯样试件平均直径的$\frac{1}{2}$。芯样端面的平整度和垂直度应满足要求。

持力层岩芯可制成芯样时,应在接近桩底部位取一组岩石芯样,每组芯样应制作三个芯样抗压试件。

3) 抗压强度试验

芯样抗压强度试验应按《混凝土力学性能试验方法标准》(GB/T 50081—2019)中有关规定执行。一般情况下,桩的工作条件比较潮湿,芯样试件宜在潮湿状态下进行试验。芯样试件抗压强度试验应按下列公式计算。

$$f_{cu}^c = \frac{4\xi P}{\pi d^2} \tag{7-29}$$

式中:f_{cu}^c——混凝土芯样试件抗压强度换算值(MPa),精确至0.1MPa;

P——芯样试件抗压强度试验测得的破坏荷载(N);

d——芯样试件的平均直径(mm);

ξ——混凝土芯样试件抗压强度折算系数,宜考虑芯样尺寸效应、钻机扰动和混凝土成型条件的影响,通过试验统计确定;当无统计试验资料时宜取1。

7.4.3.4 检测资料分析与判定

(1) 桩端持力层岩土性状应根据持力层芯样特征,结合岩石芯样单轴抗压强度检测值进行综合判定或鉴别;当持力层是强风化岩或土层时,应结合动力触探或标准贯入试验结果进行综合判定或鉴别。

(2) 因场地地层的复杂性和施工中的差异,成桩后的差异较大。为保证工程质量,应按单桩进行桩身完整性和混凝土强度评价。

(3)应根据桩的钻芯孔数、混凝土芯样特征及抗压试验结果,参照表 7-8 对桩身完整性进行分类。

桩身完整性分类表　　　　　表 7-8

混凝土芯样特征	完整性类别
混凝土芯样连续、完整、表面光滑、胶结好、集料分布均匀、呈长柱状、断口吻合,仅见少量气孔	Ⅰ
混凝土芯样连续、完整、胶结较好、集料分布基本均匀、呈柱状、断口基本吻合,局部见蜂窝、麻面、沟槽	Ⅱ
大部分混凝土芯样胶结较好,无松散、夹泥、严重离析或分层现象,但有下列情况之一: ①局部混凝土芯样破碎且破碎长度小于 100mm; ②集料分布不均匀; ③多呈短柱状或块状; ④蜂窝、麻面、沟槽连续	Ⅲ
局部混凝土芯样破碎且破碎长度大于 100mm: ①混凝土芯样任一段松散、夹泥、严重离析或分层; ②钻进困难或无法钻进	Ⅳ

当出现下列情况之一时,应判定为该桩不满足设计要求:
(1)桩身完整性类别为Ⅳ类。
(2)受检桩混凝土芯样试件抗压强度代表值小于混凝土设计强度等级。
(3)桩长、桩底沉渣厚度不满足设计或规范要求。
(4)桩端持力层岩土性状(强度)或厚度未达到设计或规范要求。

7.4.3.5　钻探取芯法存在的问题

钻探取芯法虽然具有直观、可靠、精确度高的优点,但也存在如下问题:
(1)钻探取芯法和芯样加工比较笨重,操作不便,成本也高,普遍使用受到限制。
(2)取芯只能反映钻孔范围内的小部分混凝土质量,对桩身的整个断面来说,以点代面容易造成误判或漏判。
(3)对局部缺陷和水平裂缝等判断不够准确。
(4)钻孔取芯后,桩身结构局部受到损坏,孔洞需进行修补。

7.5　现役基桩(有承台)检测

现役基桩(有承台)如图 7-24 所示。

7.5.1　检测意义

基桩在运营过程中由于地质灾害、受力变化、流体侵蚀、地震、撞击等,桩基础将会出现各种形式的病变,如应力破坏、钢筋锈蚀、混凝土老化等。对这样的病变应及时发现和处理,对基桩完整性应及时评估并排除隐患。此外,码头桩由于受到波浪、海水的侵蚀以及船舶的撞击等,在运营过程中老化较快,对其进行检测、评估就显得更为重要。

目前所有的基桩检测方法,无论是动测还是静测,都需要在桩顶无附属物的情况下进行,所以现在的基桩检测多数都是针对新桩,只在工程施工过程中对成桩进行检测。而现役基桩不能满足这样的条件。因此,寻求一种快速无损检测现役基桩完整性的方法是极其必要的。

图 7-24　现役基桩(有承台)

7.5.2　检测方法和原理

对于在役高桩码头等现役基桩,采用低应变法检测基桩完整性是比较理想的。然而,相对于新建基桩,在役基桩激振后有效信号受干扰严重,明显的三维效应也使一维波动理论误差增大,因此如何激发信号、减轻上部结构的影响是该技术的关键所在。

7.5.2.1　信号激振与接收

由于顶部承台等结构的影响,现役基桩激发、接收的信号远比新建基桩复杂,采用单点激发、单点接收的方式难以对有效反射信号进行分离和处理。因此,应采用多点激振、多点接收的方式。

从理论上讲,激振与接收存在以下几种组合(图7-25):

(1)桩顶敲击,桩顶接收;

(2)桩顶敲击,桩侧接收;

(3)桩侧敲击,桩顶接收;

(4)桩侧敲击,桩侧接收。

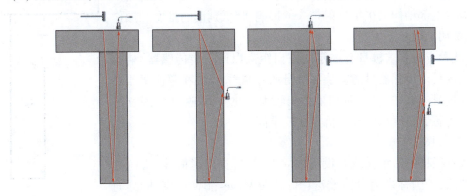

图 7-25　现役基桩完整性低应变法检测激振与接收组合

不同的组合情形中激振与接收的特点如表 7-9 所示。

激振与接收的特点 　　　　　　　　　　　　　　　表 7-9

激振	接收	激振信号	接收信号	承台干扰	作业空间
桩顶	桩顶	信号强、质量高	强	大	需要露出桩中心投影位置
桩顶	桩侧	信号强、质量高	较强	较大	需要露出桩中心投影位置
桩侧	桩顶	信号弱、振动大、质量较差	很弱	较大	需要侧壁露出一定距离
桩侧	桩侧	信号弱、振动大、质量较差	较弱	较小	需要侧壁露出一定距离

可以看出,在承台上桩顶投影部位激振、桩侧接收是最为理想的。然而,承台上部通常有柱、墩等上部结构,往往不具备桩顶激振的条件。此时,应选择桩身激振。

7.5.2.2　检测方法

根据上述的激振和接收特点,提出以下检测方法:

1) 双速度法(图 7-26)

对于既有结构下基桩,弹性波在结构交界面处或桩顶处会产生极为复杂的反射和透射,不仅产生下行波,而且产生上行波。在基桩低应变检测技术中,上行应力波最为重要,因为只有上行应力波才能反映桩身阻抗或土阻力发生变化的信息,是有效波。对于既有结构下的基桩完整性检测来说,应尽可能获取上行应力波,识别上部结构产生的次生反射波,避免与桩身阻抗变化或桩底引起的上行反射波混淆。为解决既有基础下基桩检测的分离干扰波的问题,M. Johnson 在 1996 年提出沿桩身布置两个加速度传感器,如图 7-26 所示,同时测量两点加速度时域曲线。可以利用两点间的距离和时差得到桩身波速,更重要的是可以分离出有效的上行波。根据 B. Lundberg 和 A. Henchoz 在 1977 年提出的理论,桩身的上、下行波可通过实测两点应变得到分离。

图 7-26　双速度法示意图

双速度法具有如下优缺点:

优点:通过分离,得到和缺陷信息紧密相关的上行速度波,从而在一定程度上减少上部结构的次生反射带来的影响,降低判读的难度。操作相对容易,费用低廉。

缺点:此种方法要求桩身有一定的露出距离以便安装传感器,某些条件下无法满足。传感器只能安装在桩身的外侧面,当桩在两传感器之间不均匀或桩身不够平整时,对结果影响较大。此外,双速度检测方法对实际测试传感器精度和信号分析方法要求高。

2) 横波法(图 7-27)

针对大直径桩中一维纵波假设不成立的问题,提出了横波法,也称扭转剪切波法,美国称之为弯曲波法(Bending Waves,BW)。在桩侧通过横向激励产生一个扭转波,被安装在桩身同一侧的传感器记录并

图 7-27　横波测试方法

分析。

横波法具有如下优缺点：

优点：不同频率的扭转剪切波都以相同的波速传播，不会发生速度频散。另外，剪切波速远低于纵波波速，容易获得更小的盲区半径和更高的分辨率。此外，扭转波测桩所采用的平面假设将减弱桩径的影响，因此，对于大直径桩，扭转波一般也能够满足一维波动方程，从而能较好地解决大直径桩的小应变测试问题。

缺点：本方法最大的问题就是如何获取正确的信号，开发出简单实用的激振设备以激发和接收高质量的剪切波。我们对此进行了一定的研究和尝试，结果表明激振方式和信号对测试结果影响很大，稳定性较差。

3）超震波法（图 7-28）

从形式上看，超震波法具有反射波法和平行震测法的综合特征。测试中将多个接收器沿桩身外侧放置（一般共线等距）。在桩顶或桩身敲击，测量质点速度随时间变化曲线。变换深度，重复上述过程即可获得直达波和反射波的到达时间图（图 7-29），直达波到达的波峰点连线和反射波的波峰点连线交点即为桩底或缺陷点。

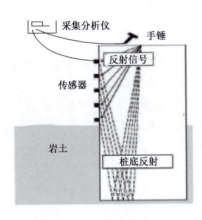

图 7-28　超震波法示意图　　图 7-29　超震波法实测曲线

超震波法具有如下优缺点：

优点：实践表明，超震波法对于单基础测量效果较理想，比反射波法可信度高。

缺点：桩身需要较大的暴露距离以安置多组传感器。

7.5.2.3　推荐较为合理的检测方法

结合双速度法和超震波法的优点，同时参考《既有建筑地基基础检测技术标准》（JGJ/T 422—2018）第 6.4.6 条关于传感器的安装方式的规定提出弹性波侧壁法。

其基本原理（图 7-30）与新设基桩的完整性检测相同，所不同的是：

(1) 传感器安装在桩身的侧壁；

(2) 解析信号为多频道信号；

(3) 激振在桩身侧壁或承台上面桩头投影位置。

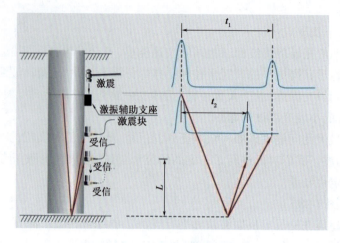

图 7-30　现役桩基检测基本原理

7-1　桩基作为建筑结构物基础的一种形式,与其他基础相比,具有哪些突出特点?
7-2　基桩按成桩方法分类有哪些?
7-3　在基桩的岩土地层钻孔过程中,一般都要采取护壁措施,泥浆都有哪些作用?
7-4　针对新设基桩(桩头露出)桩身完整性检测方法有哪些?
7-5　为什么现役基桩(有承台)与新设基桩(桩头露出)相比较,检测难度较大?

本章参考文献

[1] 国家铁路局.铁路工程基桩检测技术规程:TB 10218—2019[S].北京:中国铁道出版社,2019.
[2] 中华人民共和国交通运输部.公路桥涵施工技术规范:JTG/T 3650—2020[S].北京:人民交通出版社股份有限公司,2020.
[3] 中华人民共和国住房和城乡建设部.建筑基桩检测技术规范:JGJ 106—2014[S].北京:中国建筑工业出版社,2014.
[4] 中华人民共和国住房和城乡建设部.既有建筑地基基础检测技术标准:JGJ/T 422—2018[S].北京:中国建筑工业出版社,2018.
[5] 何玉珊,程崇国,章关永,等.公路水运工程试验检测专业技术人员职业资格考试专用书:桥梁隧道工程(2018年版)[M].北京:人民交通出版社股份有限公司,2018.
[6] 吴佳晔.土木工程检测与测试[M].北京:高等教育出版社,2015.

第8章 上部结构专项检测

本章主要介绍了铁路桥梁检测中上部结构检测内容及意义:主要包括检测使用的方法、桥梁支座相关检测、梁板的孔道灌浆密实度检测、梁体孔道预应力检测、现浇梁零号块内部缺陷检测、钢管混凝土脱空检测等。这些检测方法既可以检测施工期质量问题,也可以对运营期的病害进行排查。

8.1 概述

在桥梁上部结构的专项检测项目中,主要包括对桥梁的支座、孔道灌浆密实度、锚下有效预应力、零号块、钢管混凝土质量等的检测。目前常见的检测媒介主要有电磁波、超声波、X射线、冲击弹性波等,各种媒介各有其适用范围及特点。

1)电磁波

(1)电磁波对金属非常敏感,通常用于检测混凝土结构中与金属相关的内容,同时,由于受金属屏蔽,其不适合于铁皮波纹管的孔道灌浆密实度的检测。

(2)电磁波在检测混凝土的缺陷时,会受到水层的影响,且对缺陷相对不敏感,在大体积钢混结构的缺陷检测中存在一定局限性。

2)超声波

(1)超声波的频率较高,能量衰减较快。

(2)需要从板的两侧面对测,而且需要耦合,因此作业性差。

3) X 射线
(1) 测试设备复杂。
(2) 具有放射性。
(3) 需要底片等,检测成本高,国内基本无应用。
4) 冲击弹性波
(1) 波长较大,因此受钢筋的影响较小,适用于大体积混凝土结构。
(2) 对缺陷较敏感,非常适用于混凝土的缺陷检测。
(3) 可通过频域、时域进行分析,对结构的适应能力较强。

因冲击弹性波在大体积混凝土结构中应用具有优越性,所以本章主要介绍冲击弹性波在桥梁上部结构检测中的应用。

8.2 支座检测

8.2.1 桥梁支座检测的重要性

作为铁路桥梁工程五大部件之一,支座不仅与铁路桥梁的结构使用安全有着密切的关系,而且直接影响铁路桥梁的使用寿命。桥梁支座的功能主要包括以下几个方面:支座可以帮助桥梁整体更好地适应桥梁结构,能缓冲桥梁因环境温度、湿度等影响而导致的结构胀缩和变形。桥梁支座能够适应因为风力或者地震等不可抗拒因素导致的桥梁结构的位移现象,防止桥梁结构的破坏。因此,对铁路桥梁支座检测的重要性不言而喻。对铁路桥梁支座的检测可参考《铁路桥涵工程施工质量验收标准》(TB 10415—2018)。

8.2.2 一般规定

(1) 支座安装前,应检查桥梁跨距、支座位置及预留锚栓孔位置、尺寸和支座垫石顶面高程、平整度,其均应符合设计要求。支承垫石和锚栓孔应清理干净。
(2) 桥梁支座砂浆应根据强度等级、耐久性要求、环境条件、施工工艺等进行配合比设计。
(3) 桥梁支座砂浆分自流平和干硬性两类,不同种类的支座砂浆应采用相应的施工工艺和质量控制措施。
(4) 桥梁支座砂浆冬期施工时应进行专门的工艺试验。
(5) 预制箱梁架设完成后,应保证每个支座反力与四个支座反力的平均值相差不应超过±5%。
(6) 支座防尘罩应及时安装,并应做到严实、牢固、栓钉齐全,防尘罩开启不应与防落梁装置或梁端限位装置相抵触。
(7) 支座锚栓的埋置深度应留存影像资料。

8.2.3 支座砂浆检测

(1) 自流平砂浆材料的流动度、泌水率、膨胀率、抗压强度、抗折强度、弹性模量等应符合设计要求及相关技术标准的规定。

检验数量:同厂家、同品种、同编号的干粉材料,每50t为一批,不足50t时应按一批计。施工单位每批抽样试验一次;监理单位按施工单位抽检次数的10%进行平行检验,但不少于1次。

检验方法:施工单位全部检查质量证明文件并进行试验检验;监理单位全部检查质量证明文件、试验报告并进行平行检验。

(2) 干硬性砂浆的水泥、砂、减水剂、膨胀剂及拌合用水的技术要求和检验应符合《铁路混凝土工程施工质量验收标准》(TB 10424—2018)的相关规定。

(3) 干硬性砂浆配合比应根据原材料性能和设计要求的强度等级通过试配、试验确定。

检验数量:施工单位对同类型的砂浆至少进行一次砂浆配合比设计;监理单位应全部检查。

检验方法:施工单位进行砂浆配合比选定试验。砂浆试件养护符合《铁路混凝土工程施工质量验收标准》(TB 10424—2018)附录 G 的规定,试件尺寸为40mm×40mm×160mm,每组3块,抗压和抗折强度取值采用水泥胶砂强度试验取值方法;监理单位检查确认配合比选定报告。

(4) 桥梁支座砂浆施工时,混凝土表面温度和环境温度不应低于5℃,当气温高于35℃时,应采取降温措施;砂浆入模温度不应低于5℃且不应大于30℃。

检验数量:施工单位每工作班至少测温3次并填写测温记录;监理单位至少测温一次。

检验方法:温度测试。

(5) 桥梁支座砂浆施工完毕后,应及时采取有效的养护措施,养护时间不应少于3d。

检验数量:施工单位、监理单位全部检查。

检验方法:观察。

(6) 桥梁支座砂浆的强度等级应符合设计要求。强度等级评定标准条件:养护试件的试验龄期为28d(其他早期龄期强度根据工程需要确定),并应在砂浆的浇筑地点随机抽样制作,其试件的取样与留置频率应为每工作班取样不应少于一次,每次取样不少于一组试件。

检验数量:施工单位按规定的取样与留置频率所需数量制作试件。

检验方法:施工单位、监理单位检查试件留置情况,龄期满足要求后进行试验检验。

(7) 桥梁支座砂浆表面应密实平整,不应有蜂窝、孔洞、疏松、麻面和缺棱掉角等缺陷。

检验数量:施工单位、监理单位全部检查。

检验方法:观察。

8.2.4 支座安装

8.2.4.1 主控项目

(1) 支座品种、规格、质量、调高量等应符合设计要求和相关标准的规定。

检验数量:施工单位、监理单位全部检查。

检验方法:观察和检查质量证明文件。

(2) 支座的安装位置及方向应符合设计要求。

检验数量:施工单位、监理单位全部检查。

检验方法:观察。

(3) 固定支座上下座板应互相对正,活动支座上下座板横向应对正,纵向预偏量应根据支座安装施工温度与设计安装温度之差和梁体混凝土未完成收缩徐变量及弹性压缩量计算确定,并在各施工阶段进行调整,当体系转换全部完成时梁体支座中心应符合设计要求。

检验数量:施工单位、监理单位全部检查。

检验方法:观察、尺量。

(4)支座锚栓应拧紧,其埋置深度和外露长度应符合设计要求。

检验数量:施工单位、监理单位全部检查。

检验方法:观察、尺量。

(5)支座与梁底及垫石之间应密贴无空隙。

检验数量:施工单位、监理单位全部检查。

检验方法:观察。

(6)支座的螺栓、防尘罩等部件应齐全。

检验数量:施工单位、监理单位全部检查。

检验方法:观察。

8.2.4.2 一般项目

支座安装允许偏差和检验方法应符合表 8-1 的规定。

支座安装允许偏差及检验方法 表 8-1

序号	项目			允许偏差（mm）	检验方法
1		支座中心纵向位置偏差		20	测量
2		支座中心横向位置偏差		10	
3		T 梁同端支座中心横向距离		+15,−10	
4	盆式橡胶支座	支座板四角高差		1	
		固定支座上下座板的纵、横错动量		1	
		活动支座中线的纵、横错动量（按设计气温定位后）		3	
5	钢支座	下座板中心十字线偏转	下座板尺寸小于 2000mm	1	
			下座板尺寸大于或等于 2000mm	0.1% 边宽	
		固定支座十字线中心与全桥贯通测量后墩台中心线纵向偏差	连续梁或跨度 60m 以上简支梁	20	
			跨度小于 60m 简支梁	10	
		固定支座上下座板中线的纵、横错动量		3	
		活动支座中心线的纵、横错动量（按设计气温定位后）		3	
		支座底板四角相对高差		2	
		活动支座的横向错动量		3	
		上下座板及摇轴、辊轴之间的偏转		1	
6	板式橡胶支座	同一梁端两支座相对高差		1	
		每一支座板的边缘高差		2	
		上下座板十字线扭转		2	
		活动支座的纵向错动量（按设计温度定位后）		±3	

检验数量：施工单位全部检查。

8.3 孔道灌浆密实度检测

8.3.1 灌浆密实度的检测意义及检测技术现状

在后张法预应力混凝土梁的制作中，对孔道灌浆密实度的质量保证是非常重要的。否则，会加速结构的劣化并降低结构承载力，严重时甚至造成安全隐患和垮桥等恶性事故，带来巨大的经济损失。此外，在建筑行业中，装配式混凝土结构的应用日益广泛，其中的钢筋套筒连接以及浆锚搭接连接的灌浆密实度也会直接影响结构的承载力。

8.3.1.1 灌浆不密实的危害

预应力钢绞线要在铁路桥梁使用过程中确保长期发挥作用，达到设计要求，孔道灌浆的质量效果是重要的影响因素之一。预应力孔道灌浆的目的主要有两个：一是排除孔道内的水和空气，防止预应力钢绞线被腐蚀，保证构件的耐久性；二是通过灌浆体使得预应力钢绞线与周围混凝土形成一个整体，改善应力分布并提高构件的承载力。若孔道灌浆不密实，水和空气的进入使得处于高度张拉状态的预应力钢绞线材料易发生腐蚀，造成有效预应力降低。严重时，预应力钢绞线会发生断裂，从而极大地影响桥梁的耐久性、安全性。此外，灌浆质量缺陷还会导致混凝土应力集中，进而改变梁体的设计受力状态，从而影响桥梁的承载力和使用寿命。

1) 预应力钢绞线腐蚀的影响

预应力钢绞线的腐蚀分为一般腐蚀和应力腐蚀，其中应力腐蚀是特别危险的腐蚀形式。所谓应力腐蚀是指钢材处于受拉状态下，同时受到腐蚀时发生的腐蚀的结果，这将引起钢材急剧的脆性破坏。

应力腐蚀断裂是金属材料在应力和腐蚀介质联合作用下产生的一种特殊破坏形式。不存在应力时腐蚀非常轻微，当应力超过某一临界值后金属会在腐蚀并不严重的情况下发生脆断。预应力钢绞线的直径相对较小，强度较高，对腐蚀尤其是应力腐蚀更敏感。而且预应力筋发生的应力腐蚀不易从构件的外表察觉，其破坏又呈高度脆性，就使构件的破坏呈现突然性，这是由于预应力构件本身的性质及预应力筋的性质造成的。

2) 预应力钢绞线腐蚀的机理

钢筋锈蚀是电化学腐蚀过程，必须有水分和氧气的参与，而预应力管道灌浆不实造成管道中存在气、水或气水混合物，在一定条件下就会发生预应力筋应力腐蚀。

预应力筋的腐蚀会导致混凝土结构的破坏，破坏的形成机理为：

(1) 冻胀

孔道中的游离水在低温冻胀后，沿预应力孔道方向出现裂缝，这种裂缝是不可恢复的，如果此游离水不被排除，则裂缝会越来越大，裂缝的存在增加了混凝土的渗透性，使钢筋产生锈蚀；另一方面预应力钢筋腐蚀后，腐蚀产物体积膨胀，又会进一步加剧顺筋裂缝的扩展。如此恶性循环，带有极大的危险性，从而影响结构耐久性。

当有二氧化碳和水气侵入混凝土内部，与混凝土中的碱性物质中和，导致混凝土的 pH 值降低,造成全部或部分预应力钢绞线表面钝化膜破坏。因此在潮湿环境下,由于氧气和水的参与,预应力筋就有可能发生电化学反应,电化学反应使预应力钢绞线表面的铁不断失去电子而溶于水,预应力钢绞线逐渐被腐蚀,反应生成的氢氧化铁进一步氧化形成铁锈。同时,铁锈膨胀还将引起混凝土开裂,从而导致水分、空气的进入,进一步加剧锈蚀。对于预应力钢绞线而言,因应力对腐蚀的敏感性大,可能使得构件表面还未出现裂缝,构件就会因应力腐蚀造成预应力钢绞线断裂而突然断裂。

(2)离子侵入

若预应力筋无固化灌浆料包裹物,直接与孔道中的水接触,则会发生电化腐蚀。当孔道中水的 pH 值小于 4 或由于氯离子由裂缝处进入孔道,到达钢筋表面,并吸附于局部钝化膜处时,可使该处的 pH 值迅速降低,破坏预应力筋表面的钝化膜,从而引起预应力筋的腐蚀。

预制装配式混凝土结构,是以预制混凝土构件为主要构件,经装配、连接,结合部分现浇而形成的混凝土结构。装配式混凝土结构在当今世界建筑领域中,作为新兴的绿色环保节能型建筑已得到较普遍运用。其中,钢筋套筒连接以及套筒连接的灌浆密实度也直接影响结构的承载力,是最关键的质量要点之一。《装配式混凝土结构技术规程》(JGJ 1—2014)要求对其进行全数检测。

8.3.1.2 灌浆密实度的分级

结合国外经验,根据对预应力钢绞线的危害程度,可将灌浆密实度分为如下 4 级(图 8-1)。

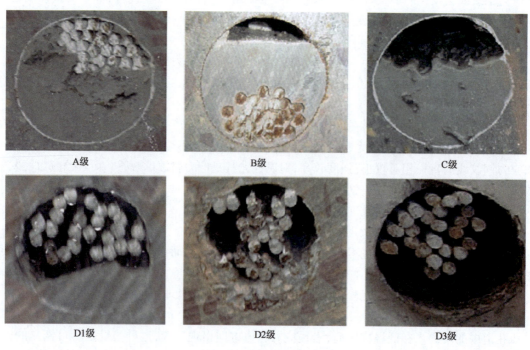

图 8-1 灌浆密实度分级

A 级:注浆饱满或波纹管上部有小蜂窝状气泡、浆体收缩等,与预应力钢绞线不接触。

B 级:波纹管上部有空隙,与预应力钢绞线不接触。

C 级:波纹管上部有空隙,与预应力钢绞线相接触。

D 级:波纹管上部无砂浆,与预应力钢绞线相接触并严重缺少砂浆。D 级又可细分为 D1、D2 和 D3 级,分别对应于大半空、接近全空和全空。

其中,C 级和 D 级对预应力钢绞线的危害很大。而 A 级和 B 级尽管对预应力钢绞线的锈蚀影响较小,但会对应力传递和分布产生不利影响。另外,在实际检测中,由于检测技术的限制,对 A 级、B 级、C 级的明确区分尚有一定的难度。

8.3.1.3 现有检测技术

长期以来,研究人员开发了多种检测方法。按测试所采用的媒介大致可以分为:

(1)基于电磁波的检测方法(如电磁雷达)。许多学者对该方法进行了研究。目前,一致的观点是:

①由于受金属屏蔽,该方法不适合于铁皮波纹管。

②即使是塑料波纹管或者无管状况,该方法也不适合钢筋密集状况。

③电磁雷达受钢筋影响大、适用范围窄、对缺陷不敏感、测试精度低。

(2)基于超声波的检测方法。从理论上,利用灌浆缺陷对波速的影响,采用对测的方法可以检测灌浆缺陷,国内也有学者从事这方面的研究和实践。但需要从板的两侧面对测,而且需要耦合,因此作业性差,效率很低,难以应用于实际。

(3)基于放射线(X 光、伽马射线、铱 192 等)的检测方法。该方法的检测精度较高,但由于存在以下明显的缺点,在国内基本上没有得到应用。

①测试设备复杂。

②具有放射性。

③需要底片等,检测成本高。

(4)基于冲击弹性波的检测方法。该方法被认为是最有前景的方法,可分为两类:

①基于孔道两端穿透的方法,可应用于孔道灌浆密实度定性检测;

②基于反射的冲击回波法(IE 法),可应用于孔道灌浆密实度及套筒灌浆密实度检测。

灌浆密实度的检测方法是以冲击弹性波为检测媒介,综合国内外多种技术,其最大的特点在于既可以快速定性测试,也能够对有问题的管道进行缺陷定位,从而达到测试效率和精度的最优化,在检测套筒灌浆时也具有明显优势。

8.3.2 检测方法及原理

基于冲击弹性波的多种检测方法(表 8-2)既可以准确测试纵向预应力梁管道(双端锚头露出)的灌浆缺陷,也可以兼顾测试效率。

灌浆密实度测试方法一览表　　　　表 8-2

	方　　法	检测方案	备　　注
定性检测	全长衰减法(FLEA 法)	在锚索两端激振与受信	对预应力孔道全体进行定性检测
	全长波速法(FLPV 法)		
	传递函数法(PFTF 法)		确定锚头附近 0.5~2m 范围内有无缺陷
定位检测	冲击回波等效波速法(IEEA)	在每个管道上沿间距为 0.2m 处进行检测,孔道正上方激振(参考图 8-3)	定位检测,确定缺陷的具体位置

(1)定性检测(图8-2):利用露出的钢绞线,在一端激发信号,另一端接收信号。通过分析传播过程中信号的能量、频率、波速等参数的变化,从而定性地判断该孔道灌浆质量的优劣。该方法测试效率高,但测试精度和对缺陷的分辨力较差,一般适用于对漏灌、管道堵塞等灌浆事故的检测。

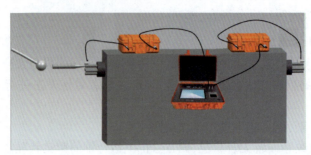

图8-2 定性检测示意图

(2)定位检测(图8-3):沿孔道轴线的位置,以扫描的形式逐点进行激振和接收信号。通过分析激振信号从波纹管以及对面梁侧反射信号的有无、强弱、传播时间等特性,来判断测试点下方波纹管内缺陷的有无及形态。该方法检测精度高、分辨力强,适用范围较广,是目前使用最多的方法。但该方法耗时较长,且受波纹管位置影响较大。

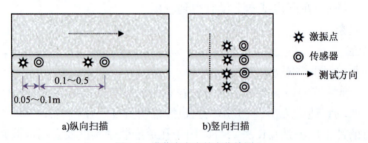

图8-3 灌浆密实度的定位检测

由于空洞等缺陷通常发生在孔道的上方,因此通常只需测试最上方的钢绞线即可。在一次测试过程中,可同时完成上述三种方法(FLEA法、FLPV法、PFTF法)的检测。为了提高检测精度,需要在钢绞线的两端分别激振和受信。

8.3.3 定性检测

1)全体灌浆性能检测

采用全长衰减法(FLEA法)和全长波速法(FLPV法)进行检测。

(1)全长衰减法(FLEA法)。

如果孔道灌浆密实度较高,能量在传播过程中逸散较多,衰减大,振幅比小。反之,若孔道灌浆密实度较低,则能量在传播过程中逸散较少,衰减小,振幅比大,如图8-4所示。

因此,通过精密地测试能量的衰减,可推测灌浆质量。

(2)全长波速法(FLPV)。

通过测试弹性波经过锚索的传播时间,并结合锚索的距离计算出弹性波经过锚索的波速。通过波速的变化来判断预应力管道灌浆密实度情况。一般情况下,波速与灌浆密实度有相关性,随着灌浆密实度的增加波速逐渐减小,当灌浆密实度达到 100% 时,测试的锚索的 P 波波速接近混凝土中的 P 波波速,如图 8-5 所示。

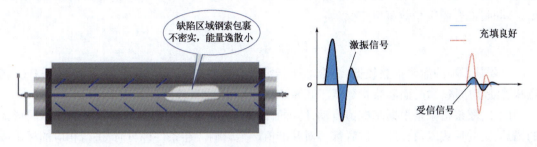

图 8-4　全长衰减测试示意图

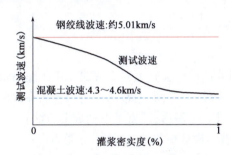

图 8-5　全长波速法测试示意图

2) 端部灌浆性能

端部灌浆性能主要采用传递函数法(PFTF 法)进行检测(图 8-6)。

在孔道的一端钢绞线上激振,另一端接收时,如果端头附近存在不密实情况,振动的频率会发生变化。因此,通过对比接收信号与激发信号相关部分的频率变化,可以判定锚头两端附近的缺陷情况。

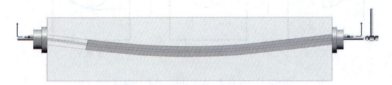

图 8-6　传递函数法的测试概念图

该方法检测的区域(锚头附近的钢绞线),恰恰是定位检测(IEEV)法应用较为困难的检测区域。

上述各定性测试方法各有特色,尽管测试原理不同,但测试方法完全一样。因此,根据一次测试数据可以同时得到 3 种方法的测试结果,见表 8-3。

灌浆密实度定性测试方法比较　　　　　　　　　　　　　　　　　表 8-3

方　　法	优　　点	缺　　点
全长衰减法(FLEA)	测试原理明确,对灌浆缺陷较为敏感	测试结果离散性较大,影响因素多
全长波速法(FLPV)	测试结果较为稳定,适合测试大范围缺陷	对缺陷较为钝感
传递函数法(PFTF)	能够测试锚头附近的灌浆缺陷,解析方便	测试范围较小

为了使定性检测的结果定量化,引入了综合灌浆指数 I_f。当灌浆饱满时,$I_f = 1$,而完全未灌时,$I_f = 0$。因此,若在此区间采用线性插值,则可得到上述各方法相应的灌浆指数 I_{EA}、I_{PV} 和 I_{TF}。同时,综合灌浆指数可以定义为:

$$I_f = (I_{EA} \cdot I_{PV} \cdot I_{TF})^{1/3}$$

只要某一项的灌浆指数较低,综合灌浆指数就会反映较明显。通常,灌浆指数大于 0.95 意味着灌浆质量较好,而灌浆指数低于 0.80 则表明灌浆质量较差。

此外,灌浆指数是根据基准值自动计算的,因此,基准值的选定是非常重要的。不同形式的锚具、梁的形式以及孔道的位置都会对基准值产生影响。在条件许可时,进行相应的标定或通过大量的测试并结合数理统计的方法确定基准值是非常理想的。

8.3.4 定位检测

1)概述

定位检测即基于冲击回波法(IE 法),通过侧壁或者顶(底)面激振、受信的方式,对灌浆缺陷的位置、规模等进行定位测试。然而,通常的冲击回波法在检测灌浆密实度时存在严重的不足,因此,在进行了大幅改进和扩展后,开发了下列成套方法:

(1)改进 IE 法:通过改进频谱分析方法,提高了分辨力。

(2)冲击回波等效波速法(IEEV 法),测试原理如图 8-7 所示。

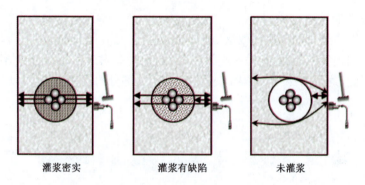

图 8-7 改良 IE 法及 IEEV 法测试原理

2)基本原理

根据在波纹管位置反射信号的有无及梁底端反射时间的长短,即可判定灌浆缺陷的有无和类型(图 8-8)。当管道灌浆存在缺陷时,有:

(1)激振的弹性波在缺陷处会产生反射(IE 法的理论基础)。

(2)激振的弹性波经过缺陷时,从梁对面反射回来所用的时间比灌浆密实的地方长,其等效波速(2 倍梁厚/来回的时间)变慢(IEEV 法的理论基础)。

基于这两点,即使灌浆缺陷仅存在于局部,或者测线不在缺陷的正上方也可适用。

3)特点

(1)IEEV 法测试精度高,但相对速度较慢。

(2)测试精度与壁厚/孔径比(D/ϕ)有关,D/ϕ 越小,测试精度越高。

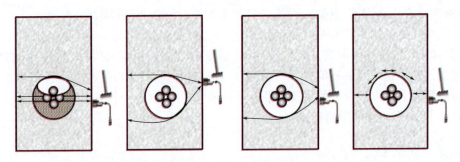

图 8-8　IEEV 法的概念图

（3）当边界条件复杂（拐角处）或测试面有斜角（如底部呈马蹄形）时，测试精度会受较大的影响。马蹄形部位的检测方法见图 8-9。

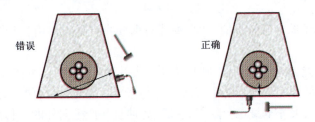

图 8-9　马蹄形部位的检测方法

（4）对于孔道两端，锚垫板喇叭口内的灌浆质量，由于该区域钢筋密集，且喇叭口对定位检测的效果影响很大。此时，需要用传递函数法（PFTF 法）进行测试。

8.4　锚下有效预应力检测

8.4.1　概述

埋入式锚索在岩体支护、预应力结构中得到了极其广泛的应用。然而，在施工过程中，由于种种原因，普遍存在着张力不足的问题。例如，有时可能存在钢绞线不连续的状况（图 8-10），造成埋入式锚索张力严重不足，从而极大地威胁桥梁的安全。

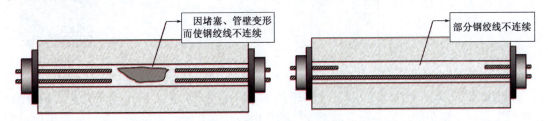

图 8-10　钢绞线不连续的状况

造成钢绞线不连续的原因主要有：

（1）在反弯点、管壁变形，以及因管壁破损造成混凝土浆液流入硬化处时，钢绞线难以穿过。因此，有的施工人员会采取从两端伸入钢绞线的方法进行违规操作。

(2) 有时存在人为因素,导致在两端设置了钢绞线,而在中间则减少了钢绞线。

由于钢绞线的有效截面不够,所以无法张拉到设计张力,甚至完全不张拉。其造成的危害很大,严重时会导致桥梁的断裂。因此,如果能够准确地测出锚索/杆的现有张力(有效预应力),也可以推断出钢绞线的连续性,从而有效地杜绝这类恶性事件的发生。

目前检测锚下有效预应力的手段主要有反拉法和等效质量法,这两种方法适用条件不同,各具优缺点,可根据不同情况进行选择。

8.4.2 反拉法

8.4.2.1 基本原理

(1) 对露在结构体外的钢绞线进行单根张拉,同时测试张拉力和钢绞线伸长量,也可以对锚头本身进行拉拔。

(2) 在拉拔力小于原有有效预应力时,夹片对钢绞线有紧固作用,能够自由伸长的钢绞线为露出的自由长度。

(3) 在拉拔力超过原有有效预应力时,锚头与夹片脱开,能够自由伸长的钢绞线除了露出的自由长度以外,一部分位于锚下的钢绞线也参与张拉。此时,自由伸长的钢绞线长度就会有较明显的增加。另外,夹片本身也会随着钢绞线的伸长而产生向外的位移。

因此,通过量测拉拔力-钢绞线或者夹片的位移关系,即可推算出锚下有效预应力。

单根反拉法的基本概念图如图 8-11 所示,在外露单根钢绞线上安装工具锚,并在工具锚和原锚头(工作锚)之间设置千斤顶及位移传感器、力传感器。其中,位移传感器量测夹片的位移。张拉钢绞线,当反拉力小于原预应力时,夹片对钢绞线有紧固力,不产生位移。而当反拉力大于原有预应力时,夹片与钢绞线一起参与伸长。此时,夹片的位移急剧增加,因此,测量夹片的位移趋势即可判定锚下有效预应力。

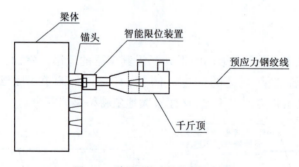

图 8-11 单根反拉法的基本概念图

反拉法检测
锚下预应力

从理论上讲,只要夹片产生相对于锚头的位移,即可判定张拉力已大于原有有效预应力,夹片产生相对于锚头的位移与孔道内钢绞线的自由段长度有密切的关系。典型的单根反拉的钢绞线位移-力关系曲线如图 8-12 所示。

反拉法检测过程,基本可分为 4 个阶段:

第一阶段:反拉法检测开始时,反拉力慢慢增大,各个结构部件间空隙进一步被排除,此阶段反拉力增加较小,在 F-T 预应力曲线上斜率较小,如图 8-12 中的 OA 段。

第二阶段：OA 段结束后，各个部件间空隙全部被压紧，此阶段随着反拉力的增加，位移增量为工作段钢绞线的弹性变形，曲线的斜率趋于稳定，如图 8-12 中的 AB 段。

第三阶段：反拉力达到平衡锚下有效预应力与静摩擦力之和后，反拉力持续作用，完成克服摩擦力，此时，预应力体系将进行一个调整，如图 8-12 中的 BC 段，此阶段夹片与锚具之间的摩擦消失，夹片将随着钢绞线向外移动，直至被智能限位装置限制住。

第四阶段：当夹片松动后，此时系统进入保压状态，并使得张拉力持续稳定。此阶段反拉力为锚下有效预应力，如图 8-12 中的 CD 段。

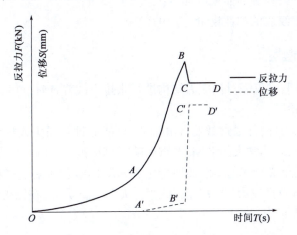

图 8-12　单根反拉的钢绞线位移-力关系曲线

因此，C 点以后的张拉可以认为已经克服了夹片摩阻力，一般也可将 C 点作为锚下有效预应力的判据。

8.4.2.2　注意事项

在此特别需要说明的是，反拉法的不当操作对夹片的损伤以及对于梁极限承载力的影响几乎无法复原。在进行反拉法检测时，如果控制不严会造成锚具极限承载力的损失。其原因在于二次张拉时，夹片会随着钢绞线的位移而产生与锥口间的相对位移。此时，由于夹片、锥口产生的塑性变形，以及夹片在位移过程中不可避免地产生转动，从而在放张时夹片无法完全回缩到原来的位置。该位置与原位置差异越大，对该钢绞线（及锚固）的极限张力一般就越小，对结构极限承载力的不利影响也就越大。

为了将二次反拉锚固回缩量控制在不大于 1mm，可通过在反拉设备前端加设位移传感器，对夹片的位移进行简单且可靠的控制（通常限制在 1mm），从而尽可能减少检测作业对夹片的损伤以及对极限承载力的影响。同时，根据夹片位移等参数，还可对测试值进行修正，以进一步提高测试精度。

随着张拉的进行，当进入力的平衡状态后，夹片开始向外产生位移。当移动到预设距离（1mm）后，油泵自动停止工作，夹片也即不再向外产生位移。

当油泵停止工作，压力达到稳定状态后，通过力值传感器进行读数，测出当前有效预应力值 F_0。钢绞线的原有效预应力 F 则由下式计算：

$$F = F_0 - \Delta F$$

式中：ΔF——张力修正值；

$$\Delta F = \frac{\Delta L - K}{L} A E_s$$

式中：ΔL——夹片位移量，设置为1mm；

K——夹片解除咬合时的位移量，可通过试验确定；当无试验数据时，可取为0.5mm；

L——张拉端至锚固端之间的距离（mm）；在实际测试中，可取近似直线自由段的长度；

A——钢绞线的公称截面面积（mm²）；

E_s——预应力钢绞线的弹性模量，为193GPa。

8.4.3 等效质量法

在反拉法无法适用，或仅需对预应力结构进行张拉事故普查时，可尝试采用等效质量法对锚下有效预应力进行检测。

因埋入式锚索无法对内部锚索激发自由振动，只能通过对锚头或露出锚索激振，所以，单纯依靠频率的测试方法有非常大的缺陷，严重影响了测试范围和测试精度。为此，将锚头与垫板、垫板与后面的混凝土或岩体的接触面模型化成如图8-13的弹簧支撑体系。该弹簧支撑体系的刚性K与张力（有效预应力）有关，张力越大，K越大。另外，在锚头激振诱发的系统基础自振频率f可以简化表示为：

$$f = \frac{1}{2\pi}\sqrt{\frac{K}{M}}$$

式中：M——振动体系的质量。

在上式中，如果M为一常量，那么根据测试的基频f即可较容易地测出张力。

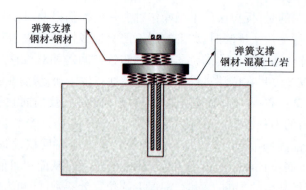

图8-13 等效质量法的基本理论

然而，通过试验发现，埋入式锚索在锚头激振时，其诱发的振动体系并非固定不变，而是会随着锚固力的变化而变化。锚固力越大，参与自由振动的质量也就越大。

在此基础上，基于"等效质量"原理的有效张力测试理论和测试方法（图8-14、图8-15），可利用激振锤（力锤）敲击锚头，并通过粘贴在锚头上的传感器拾取锚头的振动响应，从而能够快速、简单地测试锚索（杆）的现有张力。

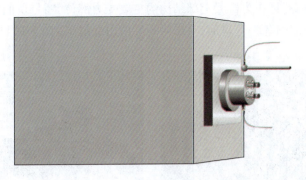

图 8-14 等效质量法的测试示意图

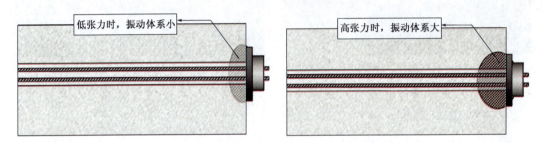

图 8-15 有效预应力与振动质量的关系

8.4.4 反拉法与等效质量法的对比

反拉法与等效质量法均可实行锚下有效预应力的检测,但也存在不同之处,见表 8-4。

反拉法与等效质量法的对比　　　　　　　　　　　表 8-4

检测方法	反 拉 法	等效质量法
基本原理	基于平衡定律与胡克定律的有损检测技术	基于冲击弹性波振动响应的无损检测技术
精度	检测精度可达 ±1%	相对反拉法较低
工况条件	非黏结状态(未灌浆)、有张拉段(端头钢绞线外露 70cm 以上)	锚具外露,无黏结条件限制
时间窗	存在检测时间窗(张拉后 24h 内)	无检测时间窗要求
抽检比例	因效率较等效质量法低,抽检比例不宜过高	可广泛使用,可用于张拉事故普查

反拉法与等效质量法互补,两种方法结合使用更有利于预应力施工质量监管。

8.5　零号块内部缺陷检测

8.5.1　概述

在悬臂施工法中,先在桥墩上浇筑零号块,待强度达到设计值后,就可以以零号块为操作平台,在其上安装施工机械、挂篮等进行对称浇筑或装配 1 号块、2 号块等。因此,零号块可以说是悬臂现浇梁的基础,且作为桥梁上部结构的主要受力部位,零号块的质量关乎着整个桥梁在施工及运营过程中的耐久性。目前,对桥梁零号块内部缺陷(图 8-16)的检测主要使用弹性波 CT 法。

图 8-16　常见的零号块存在的缺陷情况

8.5.2　基本原理

当检测区域中存在软弱区域或缺陷时,弹性波信号在混凝土中传播时会产生绕射,传播时间变长,通过计算机层析扫描技术反算测试区域内的波速会降低。因此,通过波速分布及评判标准即可检测得知混凝土结构内部质量。

计算机层析扫描技术采用有约束的同时迭代重构法(简称 RSIR 法)反演混凝土结构内部波速分布。其检测示意图如图 8-17 所示,将测试对象分成若干小块(网格),目的是求出每个网格内的波速,达到检测结构物内部孔洞的目的。

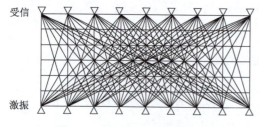

图 8-17　弹性波 CT 法的检测示意图

8.5.3　注意事项

弹性波 CT 法检测时,需要注意以下问题:

(1)尽管能够找出内部缺陷,但其数值往往较实际值有偏大的倾向。

(2)由于测试条件的限制,不能进行 360°全断面观测,则对平行于测线的缺陷的分辨力会大幅降低。

(3)当激振方向与接收方向夹角过大时,测试得到的弹性波 P 波波速有减小的倾向。因此,该夹角不宜超过 45°。

(4)对于板形结构,在其表面激振和接收时,P 波成分很少,而板波又会受到多种因素的影响。

图 8-18 所示为现场弹性波 CT 法的检测结果图(粗实线框内为低波速区,即缺陷区域)。

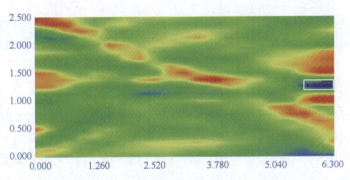

图 8-18　现场弹性波 CT 法的检测结果图

8.5.4　弹性波 CT 法检测内部缺陷的优势

弹性波 CT 法应用在大体积混凝土结构的内部缺陷检测中,相对于其他常用方法有以下明显优势:

(1)采用双面对测的方式,需要有两个临空的检测面,而零号块刚好具备两个临空的检测面。

(2)因采用激振锤激振产生信号,激发产生的弹性波波长相较于超声波、雷达等更长,受钢筋的影响更小,更适用于大体积钢混结构,且可更换不同尺寸的激振锤以适应不同厚度的检测对象,一般检测厚度区间可达 1 米至数十米。

(3)采用波速评价缺陷情况,更易拾取,可通过反演测区内的波速分布,达到精准定位缺陷的位置、大小、规模等。

8.5.5　传统弹性波 CT 的延伸——三维 CT

传统的弹性波 CT 扫描技术仅能显示出一维平面的混凝土缺陷情况,而三维 CT 进行了进一步的延伸。

三维 CT 仍然是以冲击弹性波为检测媒介,结合现代信号分析和图像处理技术,依据"走时成像原理"将速度函数信号处理为图像数据,通过对弹性波测试所得的数据信号进行反演、重建,能真实反映其结构内部的弹性波速度分布图像,以色块填充展示方式直观地反映出结构物内部缺陷,使检测结果精准、直观地体现出结构的内部情形(图 8-19)。

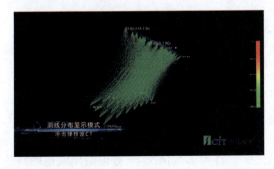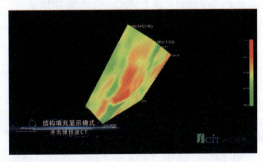

图 8-19　三维 CT 的测线分布及检测结果图

8.6 钢管混凝土脱空检测

8.6.1 概述

由于钢管对混凝土提供围压,从而提高了混凝土的抗压强度,所以钢管混凝土的抗压承载力大大优于普通混凝土。因此,钢管混凝土在高层建筑、大跨度桥梁中得到了广泛的应用。但钢管与混凝土间可能产生的脱空(图8-20)使得混凝土的围压下降,从而降低了混凝土的抗压强度,严重时可能造成混凝土的压碎,也可能导致钢管本身发生压屈,进而大幅降低结构的承载力。

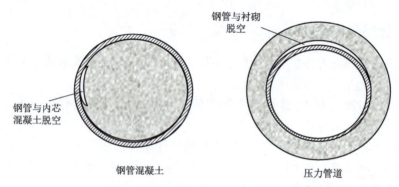

图8-20 钢管混凝土及压力管道剥离示意图

针对钢管混凝土脱空检测,可参考本书第一篇第4章"4.3 混凝土结构脱空"一节内容,本节对相关原理不再赘述。

8.6.2 手机声频检测钢管脱空原理

结合敲击法,利用手机的声频录音和分析功能可以简单地对隧道衬砌表层、钢管混凝土的脱空等进行检测。该方法称为手机声频敲击法(Knocking Acoustic test by Smartphone,KAS法)。

锤击钢管结构表面时,在表面会诱发振动,该振动还会压缩/拉伸空气形成声波。因此,该声波的声学特性与诱发的结构振动特性有密切的关系。通常,在产生脱空的部位,振动特性会发生以下变化:

(1)弯曲刚度显著降低,卓越周期增长。
(2)弹性波能量的逸散变缓,振动的持续时间变长。

由于振动法测试脱空涉及多个参数,如持续时间、卓越周期等(图8-21),而且缺乏绝对性阈值。为了归一化相关参数,引入脱空指数,某点 i 的脱空指数 S_i 的定义如下:

$$S_i = (S_{i1} \cdot S_{i2} \cdots S_{iN})^{1/N}$$

其中,S_{ik} 即表示根据第 k 个参数得到的分项指数。理论上讲,健全部位的脱空指数为0,脱空指数越大,表明脱空的可能性越大。

在脱空检测中,脱空与否的阈值是关键问题之一。在大多数情况下,难以给出阈值的理论计算方法,因此只能采用统计方法确定。

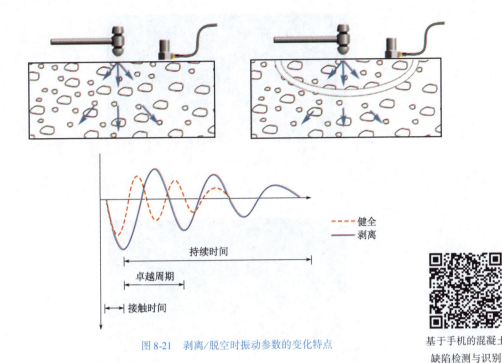

图 8-21　剥离/脱空时振动参数的变化特点

基于手机的混凝土缺陷检测与识别

8.6.3　钢管混凝土案例

本案例的检测对象为四川交通职业技术学院升拓共建基地内钢管脱空模型,模型上部为预设脱空缺陷(1、6、11、2、7、12),中部为渐变疑似缺陷位置(3、8、13),下部密实(4、9、14、5、10、15),如图 8-22 所示。

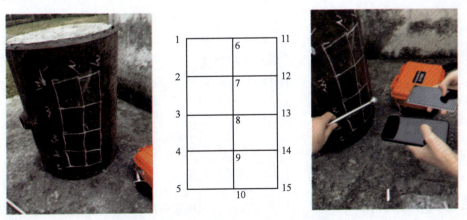

图 8-22　钢管脱空模型(测区布置/现场测试图)

采用手机声频及使用传感器的混凝土多功能仪器对该模型进行了测试,测试方法采用振动法,测试结果如图 8-23 所示。

结果表明,采用非接触式手机声频无损检测与采用接触式传感器测试相比,两种方法对脱空位置的检测基本一致。

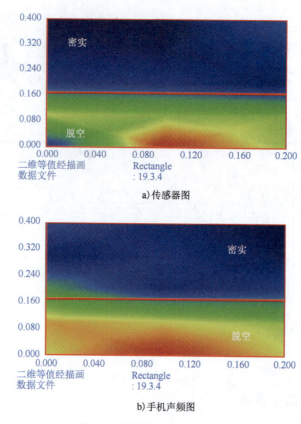

a) 传感器图

b) 手机声频图

图 8-23 钢管脱空模型测试结果图

8-1 铁路桥梁自流平砂浆的主控项目包括哪些?

8-2 孔道灌浆密实度的检测方法有哪些?分别采用什么方法进行计算?

8-3 锚下有效预应力的检测方法有哪些?

8-4 简要概括零号块内部缺陷检测的原理。

本章参考文献

[1] 国家铁路局. 铁路桥涵工程施工质量验收标准: TB 10415—2018[S]. 北京: 中国铁道出版社, 2019.

[2] 国家铁路局. 铁路混凝土工程施工质量验收标准: TB 10424—2018[S]. 北京: 中国铁道出版社, 2019.

[3] 中华人民共和国住房和城乡建设部. 装配式混凝土结构技术规程: JGJ 1—2014[S]. 北京: 中国建筑工业出版社, 2014.

第9章 桥梁荷载试验检测

本章主要介绍了检验桥梁实际承载能力的两种试验方法和相应的实施手段。学习中要详细了解静载试验、动载试验中需测试的具体参数和现场注意事项,以及试验出现异常时的处理方法,掌握其检测手段与评定方法。

9.1 概述

对桥梁进行荷载试验是检验桥梁实际承载能力和工作情况的一种技术手段,荷载试验的具体工作内容根据桥梁实际的工况而不同。

一般的桥梁荷载试验的检测目的包括:

1)检验桥梁结构设计理论

随着社会的发展,各种新的结构设计理念、新的制造方法、工艺及新建筑材料不断涌现,我们需要大量的桥梁荷载测试数据,在实际工程中对新工艺、理论和材料进行验证。

2)评判桥梁结构实际的承载能力

当已建成的大桥出现比较明显的结构损伤时,需要对桥梁的实际承载能力进行检测,旧桥、老桥经过改建、加固后,有必要通过荷载试验来确定其实际承载能力。

3)检测桥梁的设计和施工质量

一些新建成的大中型桥梁或特殊结构设计的桥梁,在竣工时需要进行相应的荷载试验来确保桥梁的建设质量,将桥梁荷载试验的测试数据和试验结果作为评判桥梁建筑施工质量的标准。

对于在役的铁路桥梁,当存在以下情况时,宜进行相关的荷载试验:
(1)遭受重大的自然灾害或意外事件。
(2)计划提高桥梁荷载承受能力等级。
(3)采用其他的方法难以准确判断其能否承受计划的荷载。
(4)准确判断桥梁实际承载能力。

9.2　铁路桥梁静载试验

铁路桥梁静载试验是评估铁路桥梁工程质量及其结构承载能力的一种比较成熟稳定的方法,如图9-1和图9-2所示。

图9-1　铁路预制梁静载试验现场

图9-2　铁路桥梁静载现场

铁路桥梁预制梁静载弯曲试验通过对梁体直接施加静荷载,进行相关的测试、记录与分析工作,主要包括试验准备、理论准备、现场静载试验、对试验结果分析整理等一系列内容,以达到了解梁体在试验荷载作用下的实际工作状态,进而评定梁体的施工质量以及使用状况,为竣工验收和深入探索提供科学依据。对于一些理论上难以计算或者无法计算的部位,也可以通过静载弯曲试验了解其受力状态。

9.2.1 试验目的

检验预应力混凝土铁路桥梁简支梁刚度和抗裂性能,为发放生产许可证、成品出厂等质量评定提供相应的依据。

9.2.2 试验设备

试验设备见表 9-1。

试 验 设 备 表   表9-1

名 称	规 格	用 途	备 注
静载试验架	一般有箱梁式、组合式和配重式	静载试验时为梁体加载提供反力	可根据现场实际情况进行静载试验台座设计,购买静载试验专用配件
静载试验台座	试验台座应有足够的承载力承受静载试验架、梁体、加载设备等的重量且无较大沉降量	静载试验台座能保证试验梁支承方式、梁跨度及加载状态符合试验加载要求	—
千斤顶、油泵、油压表或压力传感器等	防震型压力表,精度不低于 0.4 级,压力传感器精度不低于 C 级	荷载加载和计量设备	加载设备工作能力控制在 1.5～2.5 倍最大试验荷载区间内,千斤顶校验系数控制在 1～1.05 之间
位移计或百分表	精度不低于 1.0 级,最小分度值不宜大于所测总挠度值的 1.0%,百分表最小分度值不大于 0.05mm	测量梁体挠度变化	—
钢卷尺	最小分度值不大于 1mm	测量梁体跨度	—
放大镜(普通、刻度放大镜)	放大镜倍数不低于 10 倍,直径 50mm,其中刻度放大镜最小分度值不大于 0.02mm	观察裂缝状态、测量裂缝宽度	—

注意事项:

(1) 当采用油压表控制荷载试验荷载时,在试验开始前应将压力表和相应的千斤顶配套放到精度不低于三级的试验机上进行标定;当使用压力传感器时,试验前应将压力传感器和配套的读数设备放到精度不低于三级的试验机上进行校准。

(2) 对各传感器标定数据应进行线性回归,回归相关系数不小于 0.9999。

(3) 试验所需要的计量设备、仪器仪表和钢卷尺等须经正规的计量检定部门检定合格,且在其有效期内使用。

9.2.3 试验前准备工作

(1) 在试验开始前将试验梁体表面清理干净。采用放大镜对梁体跨中两侧 1/2 跨度范围内的底面和下缘进行外观检查,对表面的收缩裂缝、损伤裂缝和局部缺陷用记号笔标注。

(2) 梁体挠度测量位置在跨中和支座中心两端,固定挠度测量装置的支架必须牢固稳定且在加载时不受台座变形的影响。

(3)试验开始前需将梁体的临时联结板拆除,保证梁体无明显刮伤痕迹。

(4)为方便退顶,试验开始前,试验用千斤顶宜伸长一段距离(2cm 为宜),百分表预压缩 2mm 左右。

9.2.4 试验加载

铁路试验梁的加载主要分两个循环进行,加载的等级是试验中梁体跨中所承受的弯矩和设计弯矩的比值,可用加载系数 K 表示;在试验准备工作完成时,梁体承受的荷载状态为初始状态,全预应力梁各循环的加载等级如下:

1)第一加载循环

初始状态→基数级(静停 3min)→0.60(静停 3min)→0.80(静停 3min)→静活载级(静停 3min)→1.0(静停 20min)→静活载级(静停 1min)→0.60(静停 1min)→基数级(静停 1min)→初始状态(静停 10min)。

2)第二加载循环

初始状态→基数级(静停 3min)→0.60(静停 3min)→0.80(静停 3min)→静活载级(静停 3min)→1.0(静停 5min)→1.05(静停 5min)→1.10(静停 5min)→1.15(静停 5min)→1.20(静停 20min)→1.10(静停 1min)→静活载级(静停 1min)→0.60(静停 1min)→基数级(静停 1min)→初始状态。

3)验证加载循环

当在第二加载循环中不能判断是否出现受力的裂缝时,应进行受力裂缝验证加载,验证加载从第二加载循环卸载至静活载级后进行。

验证加载如下(基数级若大于 0.6 级,取消 0.6 级):

静活载级(静停 5min)→1.0(静停 5min)→1.05(静停 5min)→1.10(静停 5min)→1.15(静停 5min)→1.20(静停 5min)→1.10(静停 1min)→静活载级(静停 1min)→0.60(静停 1min)→基数级(静停 1min)→初始状态。

9.2.5 测试内容

1)变形测量

测量出支座中心截面两侧及在跨中位置的下沉和相应的变形。

梁体的变形测量主要采用两种测试方法,一是百分表法,二是光电挠度仪法,两者相互印证。

2)裂缝观测

裂缝观测主要采用一般的放大镜对跨中 8m 范围内的梁体内外侧和底板裂缝情况进行观测,如果发现裂缝,则需使用刻度放大镜测量对应裂缝的宽度,准备好手电筒以应对现场光线不好的状况。

9.2.6 试验现场注意事项

(1)正式加载前,按最大加载值预加载,以检验加载装置的安全性和功能是否满足要求。

(2)必须确保所有的千斤顶同时加载,且加载、卸载速率不得过快,油压控制不超过

0.1MPa/s,各千斤顶应同速、同步达到同一级荷载,各千斤顶加、卸载速率不大于3kN/s,荷载在各加、卸载等级持荷时间内以及在两个20min持荷时间内需稳定、准确。

(3)梁体的荷载试验要一次连续完成,且严格按照加、卸载持荷要求进行,不得中途长时间持荷。

(4)每级荷载加载完成后须检查梁体下缘和梁体底部是否有裂缝出现,若出现裂缝或原有的裂缝扩大了,应用记号笔注明当前荷载等级,并记录裂缝宽度。

(5)应反复复核每级荷载下实测的挠度值,有异常情况应停止试验,查明原因后方可继续试验。

(6)千斤顶加载时只允许由低到高加压到荷载值,不允许油压超过规定荷载值后再减压到规定值。

(7)在持荷时间内,现场人员随时密切关注油泵油压变化情况,随时补油进行校正。

(8)在试验过程中,若出现整个液压系统某个环节出现漏油情况,应立即停止试验,按照卸载程序分级卸完压后方可进行处理,待问题解决后按照加载程序要求重新进行试验。

9.2.7 试验分析及评定

9.2.7.1 试验数据分析和整理

(1)计算第一循环各测点的实际变形值。

每个分级加载后梁体跨中位置和各支座中心截面两侧位移变化,将同一截面的两侧平均值作为相应截面竖向位移、支座沉降位移,跨中截面竖向位移与支座沉降位移相减即为该级荷载下的实际挠度。

(2)计算第一循环静活载时跨中实测挠度值和挠跨比(跨中实测挠度值/跨距)。

(3)计算第二循环各测点的实际变形值。

(4)计算第二循环静活载时环跨中实测挠度值和挠跨比(本循环的挠跨比是评定梁体刚度合格与否的依据)。

9.2.7.2 评定标准

1)梁体刚度合格的评定

实测活载挠度值$f_{实测}$为静活载级下实测挠度值减去基数级下实测挠度值。实测静活载挠度值合格评定标准:$f_{实测} \leq 1.05(f_{设计}/\omega)$($\omega$为等效荷载加载挠度修正系数),具体如表9-2所示。

评定标准表　　　　　　　　　　　表9-2

名　称	荷　载　图　示	中-活载修正系数ω	ZK活载修正系数ω
五集中力四分点等效荷载		1.0409	单线箱梁0.9957
五集中力10/3分点等效荷载		1.0640	单线箱梁0.9760 双线箱梁0.9760

续上表

名　称	荷 载 图 示	中-活载 修正系数 ω	ZK 活载 修正系数 ω
三集中力四分点等效荷载		1.0526	T 形梁 0.9858
三集中力六分点等效荷载		1.0613	T 形梁 0.9728
三集中力四分点等效荷载		1.1289	—

注:1. T 形梁单排加载为 P,箱梁双排加载为 $2P$。
　　2. 对于箱梁,加载时为双排加载,$P = 2P'$。
　　3. 表中非中-活载等效荷载加载挠度修正系数需另行计算。
　　4. 表中未包含的修正系数由设计方提供。

2)梁体刚度不合格的评定

在第二循环加载时,实测活载挠度 $f_{实测} \geq 1.05 \cdot f_{设计}/L$,则梁体刚度不合格。

3)预应力梁抗裂合格的评定

在 $K = 1.20$ 加载等级下持荷 20min,若梁体底面未出现新的裂缝或侧面(包括倒角、圆弧过渡段)的初始状态裂缝未出现延伸的情况,则评定预应力梁抗裂合格。

4)预应力梁抗裂不合格的评定

(1)当在某加载等级下的持荷时间内(最大加载等级除外),梁体下缘底面发现受力裂缝或下缘侧面受力裂缝延伸至梁底边,按加载程序规定加至后一级荷载后,受力裂缝延长或在同样部位又发现新的受力裂缝,即评定在该加载等级与前一级加载等级的平均加载等级为抗裂等级,梁抗裂不合格。

(2)当在某加载等级加载至后一级的过程中,梁体下缘底面发现受力裂缝或下缘侧面受力裂缝延伸至梁底边,按加载程序规定加至后一级加载等级后,受力裂缝延长或在上述部位又发现新的受力裂缝,即评定该加载等级为抗裂等级,梁抗裂不合格。

(3)当在最大加载等级的持荷时间内,梁体下缘底面发现受力裂缝或下缘侧面受力裂缝延伸至梁底边,应在持荷后,分级卸载至静活载级,按加载程序规定重新加载至最大加载等级,重新加载至最大加载等级过程中裂缝张开,即评定该加载等级为抗裂等级,梁抗裂不合格。

5)梁体静载弯曲抗裂试验合格的评定

对于全预应力、混凝土简支箱梁,只有当梁体的竖向刚度以及梁体的抗裂性全部合格,才可以认为该梁体静载弯曲抗裂试验合格时,当梁体的竖向刚度以及梁体的抗裂性有一项不合格或者两项都不合格时,则该梁体静载弯曲抗裂试验应视为不合格。

9.2.8 试验报告编写

静载弯曲试验报告主要内容包括:
(1)试验梁的型号和规格。
(2)检验单位和受检单位名称。
(3)检验日期。
(4)检验类别。
(5)抽检数量和抽检实施办法。
(6)检测项目和检测依据。
(7)检测结果、评定标准和检测结论。
(8)加载图式和加载程序。
(9)试验设备、器具和仪表。
(10)检测报告审批盖章。

9.3 桥梁动载试验

对桥梁结构运营状态进行安全诊断评估时,需要测试列车荷载作用下桥梁的动力响应参数,评估桥梁结构的承载能力和整体工作性能,作为桥梁安全与否的重要依据,同时为桥梁加固提供依据。

9.3.1 动载试验测试方法

桥梁动载试验的目的是了解桥梁在动载作用下的特性。在进行桥梁动载试验(图9-3)时,首先要设法使桥梁产生一定的振动,然后应用测振仪器加以测试和记录,通过对记录的振动信号进行分析得到桥梁的动力特性和响应。用于铁路桥梁动载试验的激振方法包含下列三种:

图 9-3 动载试验示意

(1)自振法,自振法又可以分为突加荷载法、突然卸载法。

(2)共振法,即强迫振动法。

(3)脉动法。脉动可以理解为微小振动,可以由外界引起的微小而不规则的振动确定结构的动力特性,桥梁动载试验主要测试以下几个关键参数。

①自振频率。

采用脉动法进行自振频率测试,由加速度传感器做拾振器,经电荷放大到计算机内,然后进行信号回放处理。

②动力系数。

用动应变等测试得到桥梁动力系数。实测主桥最大应变动力系数及最大挠度动力系数,如与设计值比较接近,则表明桥梁振动冲击效应满足设计要求。

③振动加速度。

桥跨结构测点振动加速度测试,采用伺服加速度传感器配伺服放大器,由计算机记录其输出信号,通过对拾振器及加速度传感器记录的位移及加速度时程曲线进行峰值的扫描分析,求出桥梁结构的最大位移及加速度振幅。

④振幅(峰值)。

测量桥梁各测点在各种速度过车及制动时的振动幅值,并绘制典型的振动时程曲线。桥梁在列车作用下的横向水平振幅,直接反映了桥梁上、下部结构的横向刚度,通过实测的横向振幅来评价桥梁上、下部结构的横向刚度是目前唯一可靠的评价尺度。

9.3.2 动载试验内容

根据《铁路桥梁检定规范》(铁运函〔2004〕120号)第11.3.7条的规定,铁路桥梁动载试验的试验荷载可选用单机、双机联挂、三机联挂、重车或空重混编列车、特种大型车辆等。

试验用动荷载来源,根据现场实际情况选择相应的列车,根据桥梁具体情况选择单列火车或多列火车行驶。

(1)脉动试验:测定主桥桥跨结构的振型、固有频率、阻尼比等参数。脉动试验又称环境微振动试验,在桥面无任何交通荷载以及桥址附近无规则振源的情况下,测定桥跨结构由于桥址处风荷载、地脉动、水流等随机荷载激振而引起的桥跨结构微小振动响应,以了解结构的自振特性,包括自振频率、模态振型、阻尼比。

(2)行车试验:又称动载试验,测试当有列车荷载以不同速度作用于桥跨结构时的动态响应。

(3)制动试验:测试桥跨结构在列车制动时的动态响应。试验荷载以特定速度运行,在桥上进行紧急制动,以测定荷载制动时产生的构件应力和位移,据此检验结构在制动力作用下的工作状态。

9.3.3 铁路桥梁动载试验测点布置

现有铁路专运线大多数采用单线,截面形式以板梁、低高度T形梁、T形梁和π梁为主,且结构形式大多数为简支梁,跨度多为16m、24m、32m。以14m×24m简支T形梁桥为例,根据桥跨结构和截面形式进行测点布置。动应变、动挠度以及振幅和加速度测点布置如图9-4所示,自振频率测点布置如图9-5所示,测试断面在跨中和$L/4$处。

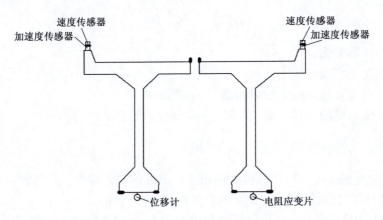

图 9-4　动力响应测点布置

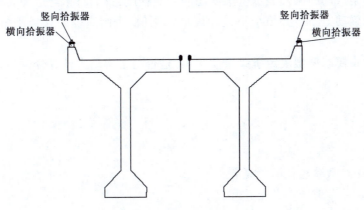

图 9-5　自振频率测点布置

9.3.4　铁路桥梁动载试验参数计算

1) 结构自振频率

结构自振频率 f 与振动周期 T 成倒数关系,振动周期通过直接读取时程曲线获得,结构自振频率 f 为:

$$f = \frac{1}{T}$$

2) 结构动力系数

动力系数 μ 通过下式得到:

$$1 + \mu = \frac{2\omega_{dmax}}{\omega_{dmax} + \omega_{dmin}} = \frac{2\xi_{dmax}}{\xi_{dmax} + \xi_{dmin}}$$

式中:ω_{dmax}、ξ_{dmax},ω_{dmin}、ξ_{dmin}——分别为实测挠度和应变的最大值、最小值。

3) 结构阻尼比

桥梁结构的阻尼比可以根据行车试验时测点余振相应信号(振动衰减曲线),按下式计算:

$$D_r = \frac{1}{2m\pi} \ln \frac{A_i}{A_{i+m}}$$

式中：D_r——测点阻尼比；

　　　m——从振动衰减曲线上量取的波形数；

　　　A_i——从振动衰减曲线上量取的第i个波形的幅值；

　　　A_{i+m}——从振动衰减曲线上量取的第$i+m$个波形的幅值。

9.3.5　铁路桥梁动载试验评定标准

实际测得的不同指标可以反映桥跨结构不同方面的动力特性。具体评定标准如下：

(1)实测桥梁的自振频率决定桥梁的总体刚度和整体性。

(2)实测桥梁阻尼比大小直接影响动态响应大小，并可判断桥梁结构振动状态。

(3)实测桥梁振动的振幅表示桥梁振动的剧烈程度，影响行车舒适和安全。

(4)实测桥梁动力系数必须小于设计规范采用值，否则应提高轨道平整度或者进行行车限速。

(5)实测桥梁模态振型决定桥梁振动形态，是否与结构动力计算分析结果相符。

习题

9-1　做桥梁荷载试验的目的是什么？

9-2　静载试验加载分为几个循环？

9-3　静载试验评定标准包括哪些？

9-4　动载试验现场要测试的主要参数有哪些？

本章参考文献

[1] 付兆岗,安文汉.铁路工程试验与检测　第四册　桥隧工程试验检测[M].成都:西南交通大学出版社,2016.

[2] 潘木森.大跨度钢桁拱桥荷载试验研究[D].成都:西南交通大学,2009.

[3] 马万良.铁路专运线简支桥梁动载试验分析[J].兰州工业学院学报,2019,26(4):1-6.

[4] 马迪.高速铁路预应力混凝土简支梁施工及静载试验分析[D].石家庄铁道大学,2012.

第 10 章　铁路桥梁检测案例

10.1　下部结构工程案例

10.1.1　低应变法基桩完整性检测

表 10-1 所示为一些典型的基桩检测案例,供读者参考学习。

工程实例表　　　　　　　　　　　表 10-1

桩　概　述	测试波形	波形解读
长螺旋灌注桩、φ500mm、C30、9.164m		桩底同向反射明显,缺陷反射不明显,表明桩身完整
长螺旋灌注桩、φ1000mm、C30、11.5m		桩底同向反射明显,缺陷反射不明显,表明桩身完整

续上表

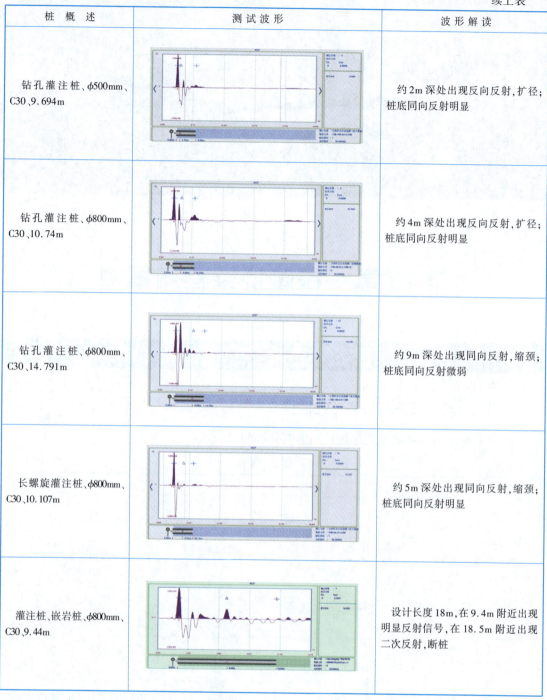

桩概述	测试波形	波形解读
钻孔灌注桩、ϕ500mm、C30、9.694m		约2m深处出现反向反射,扩径;桩底同向反射明显
钻孔灌注桩、ϕ800mm、C30、10.74m		约4m深处出现反向反射,扩径;桩底同向反射明显
钻孔灌注桩、ϕ800mm、C30、14.791m		约9m深处出现同向反射,缩颈;桩底同向反射微弱
长螺旋灌注桩、ϕ800mm、C30、10.107m		约5m深处出现同向反射,缩颈;桩底同向反射明显
灌注桩、嵌岩桩、ϕ800mm、C30、9.44m		设计长度18m,在9.4m附近出现明显反射信号,在18.5m附近出现二次反射,断桩

10.1.2 声波透射法工程案例

图10-1所示为声波透射法成果图,该桩桩径1m,孔深13m,采用声波透射法对三个剖面(1—1剖面、1—2剖面、1—3剖面)进行检测。由图分析可知,在孔深2m处和7.1m处,声速、

声时和幅值靠近或超过临界值,出现异常反应;桩头声学参数明显超过临界值。该桩为某学院教学桩,在2m附近预设夹泥缺陷,在7.1m附近预设混凝土离析缺陷,桩头附近存在水耦合不足现象。

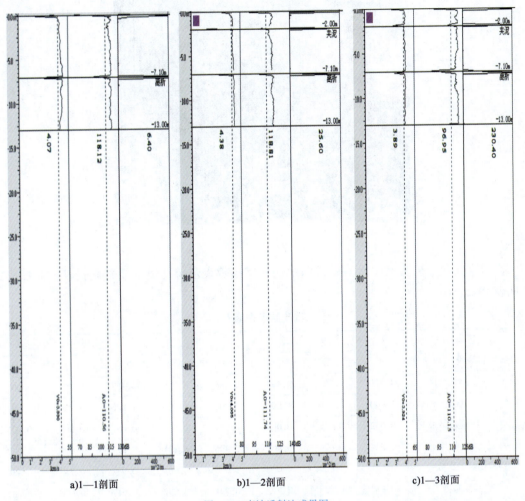

图 10-1　声波透射法成果图

10.2　上部结构工程案例

10.2.1　桥梁孔道灌浆密实度定性检测

图 10-2 所示为对一片试验梁[设计尺寸为 10.0m×0.4m×0.9m(长度×宽度×高度),设计强度为 C50]进行的现场定性测试。试验梁内部固定有不同大小的人工设计缺陷。同时试验梁内部布置有 4 根外径为 70mm 的 SBG 塑料波纹管,波纹管内部有 5 束预应力钢绞线,灌浆料为不低于 40MPa 的水泥浆。

图 10-2 试验对象

检测原理参考 8.3.3,本次测试采用平均灌浆指数表示每孔道的灌浆质量情况。试验结果见表 10-2。

试验结果一览表　　　　表 10-2

波纹管编号		N1		N2		N3		N4	
钢绞线		1 号	2 号	1 号	2 号	1 号	2 号	1 号	2 号
全长波速法	测试结果	4.321	4.351	4.398	4.386	4.360	4.387	5.023	5.009
	灌浆指数	1.000	1.000	1.000	1.000	1.000	1.000	0.000	0.001
全长衰减法	测试结果	0.052	0.078	0.063	0.111	0.052	0.051	0.005	0.003
	指数	0.824	0.676	0.762	0.496	0.821	0.827	1.000	1.000
传递函数法指数		0.651	1.000	1.000	1.000	0.864	0.932	0.757	0.430
综合灌浆指数		0.812	0.878	0.913	0.791	0.892	0.917	0.000	0.081
平均灌浆指数		0.845		0.852		0.905		0.041	

由表 10-2 可以看出:

(1) N4 管的平均灌浆指数最低,因此判定该管灌浆极不密实,经验证为空管。

(2) N3 管灌浆质量最好,N2 管、N1 管有局部缺陷,与模型缺陷布置情况基本一致。

10.2.2　桥梁孔道灌浆密实度定位检测

某施工方在自检过程中发现了桥梁孔道存在灌浆不密实的情况,特对预制箱梁进行孔道灌浆密实度检测,本次测试采用灌浆密实度定位检测。现场检测如图 10-3 所示。

为了更准确地测试孔道缺陷,测点布置间距为 0.1m,激振及信号拾取装置采用 PB17 + S21C,图 10-4 和图 10-5 所示为实测等值线图形。

图 10-3 现场测试及问题孔道

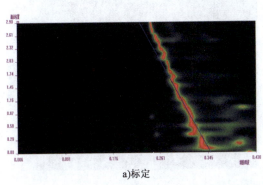 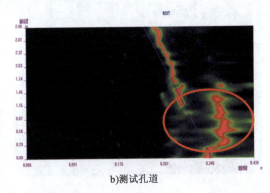

a) 标定　　　　　　　　　　　　　　　b) 测试孔道

图 10-4 小里程右端 N1 孔道等值线图

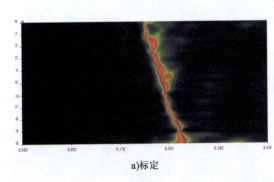 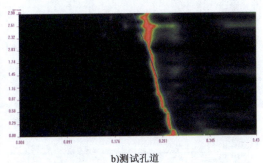

a) 标定　　　　　　　　　　　　　　　b) 测试孔道

图 10-5 大里程右端 N1 孔道等值线图

定位检测使用的方法为冲击回波等效波速法,即将孔道上方测试的波速等效为无孔道位置(纯混凝土位置)标定波速,通过软件计算孔道上方测试的梁腹板厚度与实际厚度的差值,若存在孔道上方测试的梁腹板厚度相比实际厚度有明显的延迟,即可判定存在缺陷情况。因此定位检测需首先做波速标定。

测试结果显示,小里程右端 N1 孔道最高位置处存在明显延迟,由此判断该孔道内部无灌浆料或仅有少量灌浆料,如图 10-4 所示;为验证结果的准确性,现场随即对其孔道进行了从端头插入钢丝验证,验证情况如下:

(1) 现场小里程右端 N1 孔道可直接插入钢丝约 60cm,而大里程孔道无法插入钢丝。

(2) 现场采用矿泉水瓶对该孔道进行了灌水验证,可灌入的水大部分直接流入孔道,未溢出;可见判定结果与测试结果基本相符。

10.2.3　桥梁孔道预应力检测——等效质量法

某铁路大桥桥梁预应力结构为无黏结预应力,每预应力束设计力值为 5000kN,共 35 根钢绞线,外部防护方式为金属罩,钢绞线外露长度约 25cm,预应力筋表面涂抹防锈油脂。为了解该墩竖向预应力实际情况特进行预应力检测。根据现场情况,选择采用等效质量法[参照《公路混凝土桥梁预应力施工质量检测评定技术规程》(DB35/T 1638—2017)]对该结构的锚下有效预应力进行检测。现场检测场景及检测对象如图 10-6 所示,检测结果如图 10-7 所示。

图 10-6　现场检测场景及检测对象

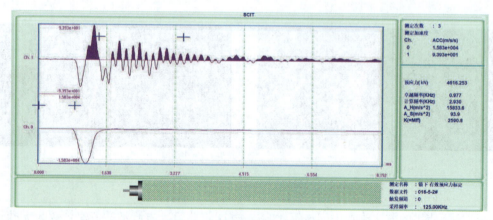

图 10-7　预应力检测典型结果图

检测结果显示,该孔道剩余锚下有效预应力约为 4616kN,相较设计力值仅差 7.68%(<10%),根据《公路混凝土桥梁预应力施工质量检测评定技术规程》(DB35/T 1638—2017)判定该孔道预应力满足设计要求。

通过本次检测,也发现部分预应力束的预应力存在不同程度的损失,为相关单位对结构进行处理提供了可靠的依据。

10.2.4 桥梁孔道预应力检测——反拉法

北京某铁路桥梁预应力结构梁长 32m，共 14 束钢绞线。设计张拉控制应力为 2543.8kN，标准有效预应力为 2391.2kN，单根设计预应力为 181.7kN，标准有效预应力为 170.8kN。为对名称为 N1B 的孔道进行锚下有效预应力检测，结合现场钢绞线的外露情况，特采用反拉法进行检测。现场检测场景如图 10-8 所示，现场检测曲线图如图 10-9 所示。

通过检测可知，该孔道锚下有效预应力总力值满足设计要求，且有效预应力偏差仅为 0.5%，见表 10-3。

图 10-8 现场检测场景

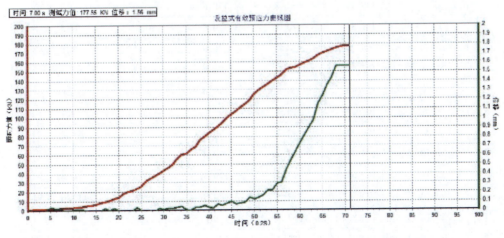

图 10-9

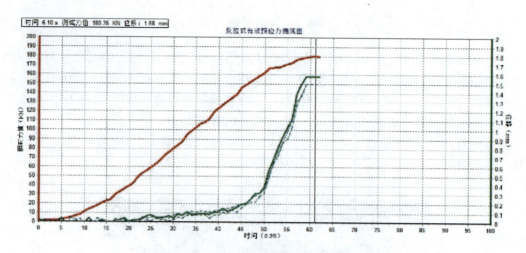

图 10-9 现场检测曲线图

锚下预应力检测结果　　　　　　　　　　　　　　表 10-3

孔道编号及钢绞线束	有效预应力检测值（kN）	设计张拉控制应力（kN）	锚下有效预应力标准值（kN）	差值（kN）	有效预应力允许偏差
N1（14 束）	2405.06	2543.8	2391.2	13.86	±0.5%

表 10-4 为测试得到的单根钢绞线锚下有效预应力与锚下有效预应力标准值对比结果。由表可以看出，虽然总力值满足设计要求，但是测试各单根锚下有效预应力与标准值仍有部分偏差超过 5%，且同束不均匀度达到了 12.7%。

锚下预应力检测结果一览表　　　　　　　　　　　　表 10-4

孔道编号	钢绞线编号	有效预应力检测值(kN)	设计张拉控制应力(kN)	有效预应力标准值(kN)	差值(kN)	有效预应力偏差(%)	同束不均匀度(%)
N1B	L1-1	177.55	181.7	170.8	6.75	3.95	12.7
	L1-2	180.35	181.7	170.8	9.55	5.59	
	L1-3	169.47	181.7	170.8	−1.33	−0.78	
	L1-4	181.31	181.7	170.8	10.51	6.15	
	L1-5	168.23	181.7	170.8	−2.57	−1.50	
	L1-6	163.44	181.7	170.8	−7.36	−4.31	
	L1-7	159.42	181.7	170.8	−11.38	−6.66	
	L1-8	167.12	181.7	170.8	−3.68	−2.15	
	L1-9	169.34	181.7	170.8	−1.46	−0.85	
	L1-10	174.47	181.7	170.8	3.67	2.15	
	L1-11	169.65	181.7	170.8	−1.15	−0.67	
	L1-12	179.68	181.7	170.8	8.88	5.20	
	L1-13	177.86	181.7	170.8	7.06	4.13	
	L1-14	167.17	181.7	170.8	−3.63	−2.13	

经向施工方了解,该梁采用整束张拉控制施工,且未进行严格的梳编穿束,这就可能导致在总力值满足要求的情况下,个别孔道均匀性稍差,同束不均匀度超过设计要求。

通过本次检测,对施工单位的施工质量进行了有效的评价,同时也对施工单位提高施工水平提供了数据支撑。同时,该设备的检测效率、力值准确度、操作便捷性,也均得到了客户认可。

10.2.5 桥梁零号块内部缺陷检测——弹性波 CT 法

图 10-10 所示为对安徽某铁路桥梁的零号块进行内部缺陷检测的现场检测场景。

本次检测使用的是弹性波 CT 法,主要是利用被测结构断面中测线的弹性波传播时间来进行检测。由于弹性波中的 P 波成分在混凝土中传播时间最短,走时判断相对最准,因此,弹性波 CT 法一般利用 P 波来反演该断面上弹性波速的分布情况。原理详见 4.4.2.2 相关内容。

经反演,形成等值线图形,通过设定的阈值,即可反映出检测区域内波速的分布情况(等值线图中,低波速区即缺陷区域)。

本次主要检测了 21 号墩零号块中横梁及支座上部结构两个部位,在中横梁部位共检测出

图 10-10 现场检测场景

24 处缺陷,在支座上方部位共检测出 2 处缺陷。在业主及现场监理的共同见证下,在提交的检测报告中选取了 3 处缺陷位置进行开孔验证,开孔验证结果见表 10-5。

开孔验证情况汇总　　　　　　表 10-5

检测位置	检测结果图	开孔图片	芯样描述
右中横梁 F 剖面	（钻孔位置）		经开孔验证:芯样表面有较为密集的小气泡及不密实情况
右中横梁 I 剖面	（钻孔位置）		经开孔验证:芯样表面混凝土集料松散,严重不密实,且伴有掉渣的情况

续上表

检测位置	检测结果图	开孔图片	芯样描述
支座上方 C 剖面	(钻孔位置)		经开孔验证：芯样表面混凝土集料松散，呈疏松状态，该位置严重不密实

第三篇

隧 道 篇

第 11 章 概 述

  本章主要介绍了铁路隧道检测的意义,施工期主要质量问题,运营期主要病害和一般性检测及评定。在学习过程中,需要了解常见铁路隧道施工问题,正确认识各种阶段隧道的问题病害,掌握其检测手段及评定,学习时注意加强理论与实践的结合。

11.1 检测意义和目的

  据《隧道建设》关于中国铁路隧道工程情况统计,截至 2018 年底,我国铁路运营里程达131000km,其中投入运营的铁路隧道 15117 座,总长 16331km。另外,新增铁路隧道 550 座,总长 1005km;在建铁路隧道 3477 座,总长 7465km;规划铁路隧道 6327 座,总长 15634km。
  隧道结构的主体属于隐蔽工程,隧道质量检测技术作为隧道质量管理的重要手段越来越受到人们的重视。隧道的主体是人工地下结构,处于岩土天然介质和环境中,由于勘察、设计、施工、运营等方面的原因,会产生渗漏水、衬砌冻害、衬砌腐蚀、震害、洞内空气污染和火灾等病害和危害。这些病害和危害对隧道的安全、正常运营产生巨大影响和威胁。因此,防治隧道病害是保障铁路隧道安全、畅通的基础和关键。铁路隧道如图 11-1 和图 11-2 所示。
  铁路隧道工程质量检测的重要意义体现在:
  (1)是隧道施工质量控制的需要。
  (2)是隧道工程竣工验收评定工作中的重要环节。
  (3)是隧道运营过程中土建结构安全评估的重要环节。

隧道工程大部分为隐蔽工程,很多检测工作必须在施工过程中进行,检测和预报是确保隧道工程施工和运营安全不可缺少的技术措施,在隧道施工质量控制和运营过程的安全监控中发挥重要作用。因此隧道工程质量检测的目的在于:①提高工程质量;②加快工程进度;③降低工程造价;④推动隧道施工技术进步;⑤提高养护水平;⑥及时反映隧道运营过程中土建结构的安全性。

图 11-1　铁路单线隧道

图 11-2　铁路双线隧道

本篇的后文将对以下相关检测技术进行着重介绍:
(1)施工期掘进阶段的超前预报、断面测量。
(2)支护阶段的锚杆检测、初支及衬砌检测。
(3)验收阶段的地质雷达、强度、IAE(冲击回波声频法)、敲击法检测等。
(4)运营期的相关检测。

11.2　隧道施工期主要质量问题

我国地域自然条件差异较大,隧道穿越山体的工程地质及水文地质条件复杂多变,受施工技术条件的限制,隧道在施工过程中存在不同程度的质量问题和病害,常见的施工期存在的质量问题主要分为隧道洞身开挖质量问题、喷锚衬砌施工质量问题、隧道衬砌质量问题,具体如下。

11.2.1　隧道洞身开挖质量问题

针对隧道洞身开挖,常见的质量问题有:
(1)暗洞开挖欠挖,导致断面尺寸不足,直接导致挖方量减少。
(2)超挖不按要求回填,超挖回填片石更有甚者用编织袋装洞渣回填。
(3)开挖过程中设计的预留沉降量一点都没有开挖,导致二次衬砌时到处是欠挖。
(4)加大进尺。可增大一次开挖长度,减小工序交接次数。
(5)随意改变开挖方法,如双侧壁导坑开挖变成了三台阶七步开挖,或者台阶法开挖变成了全断面开挖。

11.2.2 喷锚衬砌施工质量问题

喷锚衬砌是喷射混凝土支护、锚杆支护、喷射混凝土＋锚杆支护、喷射混凝土＋锚杆＋钢筋网支护、喷射混凝土＋锚杆＋钢筋网＋钢架支护的统称,是一种加固围岩、控制围岩变形、能充分利用和发挥围岩自承能力的衬砌形式,具有支护及时、柔性、紧贴围岩、与围岩共同工作等特点。

隧道喷锚衬砌施工过程中常见的质量问题有：
(1) 支护锚杆长度及灌浆密实度不足。
(2) 喷射混凝土的厚度不足。
(3) 衬砌中钢筋网缺失。
(4) 钢架数量不足。

11.2.3 隧道衬砌质量问题

隧道衬砌质量问题有：
(1) 衬砌厚度不足(图11-3)。在施工过程中,由于施工管理不当容易导致衬砌厚度不足的问题。衬砌厚度包括初期支护厚度和二次模筑混凝土衬砌厚度。
(2) 衬砌背后空洞及不密实现象(图11-4)。衬砌背后空洞形成的常见原因主要有施工开挖时超挖,而进行混凝土衬砌浇筑时未对超挖量进行严格控制;另在混凝土浇筑后,混凝土振捣不够或对某些部位(拱顶、拱腰等)欠振捣等。

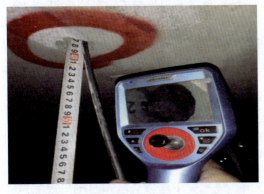

图11-3　隧道衬砌厚度不足(设计厚度55cm)

图11-4　衬砌背后空洞

(3) 混凝土劣化、强度不足。包括喷混凝土强度不足,模筑混凝土强度不足;混凝土在腐蚀性环境作用下产生劣化。

11.3　铁路隧道运营期主要病害

针对运营期的铁路隧道,其衬砌现状有如下几点：
(1) 在列车风压、围岩地压、冻融等因素作用下,隧道衬砌老化迅速。
(2) 衬砌的掉块对高速列车的运营安全危害极大。

(3)国内外已有大量的衬砌掉块乃至脱落事故。

以往修建隧道设计标准偏低或隧道施工未严格按规范要求进行,造成遗留病害多。且由于各种自然和人为因素的影响,隧道常常出现不同类型和不同程度的病害和缺陷,如:隧道拱顶开裂、边墙开裂、拱顶空洞、衬砌裂损、隧道渗漏水、围岩大变形、衬砌厚度薄、衬砌混凝土强度低、隧道内空气污染等,如图11-5所示。

图11-5 隧道内衬砌缺陷

一些隧道在交付运营后,由于病害整治与运营存在矛盾,病害整治施工质量不能保证,加上受资金限制,病害难以得到有效的控制,导致运营中多次发生突发事故,危及行车安全。英国杂志 Tunnels&Tunnelling 曾经报道,1999年6月27日,日本山阳新干线(Sanyo Shinkansen)福冈县境内的一座隧道发生边墙上质量约200kg的混凝土块脱落砸在正在高速行驶的列车上的事故。为此,日本运输省下令对全国4826座总长度约3360km的铁路隧道进行了安全检查。日本西铁公司还对山阳新干线上发现的不安全衬砌进行了初步加固。可是1999年10月9日,即山阳新干线北九州隧道通过安全检查两个月后,这座隧道边墙上质量约226kg的5块混凝土脱落到地上。然而,在1999年6月12日和17日的检查中,并未发现北九州隧道边墙有任何问题,喜帖公司曾于1999年8月4日通过了北九州隧道的安全检查,认为该隧道在十年之内是安全的。据初步分析,事故可能的原因主要为施工期间由于工期紧张,造成混凝土结合不良,以及混凝土的碱-硅反应引起衬砌裂损。

下面主要介绍最常见的运营铁路隧道病害:隧道渗漏水及衬砌裂损。

11.3.1 隧道渗漏水

1)隧道衬砌渗漏水

隧道衬砌渗漏水发生的主要原因是隧道的排水系统遭到了堵塞且隧道衬砌出现了裂缝。按渗漏发生的部位分为:拱部有渗水、滴水、漏水成线和成股射流四种,边墙有渗水和淌水两种,少数有涌水灾害。

其主要危害:隧道渗水对隧道稳定、洞内设施、行车安全、地面建筑和隧道周围水环境产生诸多不利影响甚至威胁。

2)衬砌周围积水

隧道施工过程中发生了塌方,或超挖现象严重然而回填不密实,同时隧道开挖影响了原来地下水的排泄途径,这些不密实的地方就成了地下水的储存空间。

其主要危害:水压过大时会导致衬砌破裂;软化围岩,从而加大衬砌压力,导致衬砌破裂;膨胀性围岩体积膨胀,导致衬砌破裂;寒冷地区引发冻胀病害。

3) 隧道路面冒水

路面冒水的原因,一方面是隧底围岩含水率大、水压较高,另一方面是路面以下隧底结构(仰拱填充和仰拱结构)松散,透水性强,排水能力差,导致地下水容易渗入而无法排出。路面冒水会冲毁路面,同时对隧道路面的结构稳定性造成不良影响,产生不均匀沉降,从而影响行车安全。

11.3.2 衬砌裂损

造成衬砌裂损的主要原因有:

(1)衬砌混凝土施工质量不佳,出现离析、气泡、麻面、不密实等缺陷,导致承载能力不满足要求,引起衬砌裂损。

(2)隧道施工质量不佳,引起衬砌厚度不足、初期支护与二次衬砌不密贴、新旧混凝土结合不良等问题,导致衬砌结构受力特性不良,最终引起衬砌裂损。

(3)受地下水影响,隧道基底软化,导致隧道结构出现沉陷、底鼓或收敛等变形现象,由于混凝土结构变形而导致衬砌裂损。

11.4 铁路隧道检测与评定

11.4.1 检测制度

根据检查工作的任务不同,隧道检查工作可分为初次检查、定期检查和专项检查。定期检查又分为日常检查(经常检查)、春季检查及秋季检查、周期性检查、临时检查(不定期检查)、详细检查(个别检查)。隧道检查制度体系如图11-6所示。

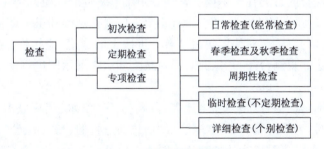

图11-6 隧道检查制度体系

11.4.1.1 初次检查

新建隧道竣工交付运营前,应对整座隧道的初始技术状态进行全面检查。对于既有现运营隧道,如验收交付时未进行上述检查工作,或者出现严重劣化、损伤现象但已实施过修补对策,亦应尽早安排初次检查。初次检查的目的是掌握结构物的初始状态,查明有无初期缺陷存在。掌握隧道结构的初期状态是极为重要的,可根据初次检查到的初期状态,建立隧道结构状态的原始档案,绘制隧道结构的状态纵向展示图,作为隧道运营管理的基础资料。如运营过程中隧道发生劣化、损伤,有新的缺陷和病害出现时,应与初次检查结果进行比较分析,并纳入隧道管理档案,修正隧道结构状态纵向展示图。据此推定劣化机理,评估结构状态,进行劣化预测,制订管理养护对策。

初次检查原则上对整座隧道实施。对运营后进行局部加固的隧道,可只检测其加固段。

初次检查通常采用目视检查、触及检查及地质雷达检查相结合的方法进行,必要时采取钻孔验证。

通过初次检查确认存在严重缺陷的隧道,应根据缺陷的种类及严重程度采取相应的对策。

11.4.1.2 定期检查

1) 日常检查

日常检查又称经常检查。日常检查的目的是确保行车安全。检查的部位为隧道结构物内变化较快和对行车有直接影响的部位。

检查一般以目视观察和触击声检查相结合的方法进行。

检查的实施方式因隧道的重要性或长度而异,设有巡守工的隧道由巡守工按巡回图检查,不设巡守工的隧道由维修工区组织进行。

2) 春季检查及秋季检查

春季检查是针对隧道所在地区的气候条件和容易发生病害的特点进行的检查。严寒地区应针对有冻害隧道的春融病害进行检查,南方多雨地区应对隧道仰坡天沟、排水沟等进行防洪检查。秋季检查是对隧道各部分的技术状态进行的全面检查,据以安排次年的大修和维修。春季检查及秋季检查一般由工务段组织进行。检查采用目视观察和触击声检查相结合的方法进行。

3) 周期性检查

在初次检查的基础上,应按维修周期的要求进行周期性检查。检查的部位为日常检查中难以进行的部位。检查的目的在于掌握日常检查中难以掌握的部位的劣化、损伤等状况,获得结构物和部位、构件的系列数据。周期性检查主要采用目视观察和触击声检查,必要时采用仪器检查和取样相结合的方法。对使用年久及有严重病害的隧道,应按规定指定人员进行定期观测,并做好记录,建立观测台账,并据此对隧道缺陷和病害展示图进行修正。

4) 临时检查

临时检查又称不定期检查,是当发生地震、台风、火灾、洪水、车辆撞击及相关因素可能引发隧道有严重变异时,为及时得到结构物状态的信息而进行的检查;隧道有异常变形或修理加固后,维修部门认为有必要时进行的检查。临时检查以特定项目进行的临时检查,应限定在该项目范围内进行。临时检查由临时工务段组织进行,必要时由铁路局组织进行。

5) 详细检查

详细检查又称个别检查,是在日常检查、春季检查及秋季检查、周期性检查及临时检查之外,为了详细掌握结构物的状态和产生的劣化状况而进行的检查。

在进行详细检查时,一般以检测仪器为主要检查手段,如以净空位移计量测净空变形值,以冲击回波仪、探地雷达检测衬砌厚度、衬砌后的回填状况,以探地雷达(必须是空气耦合天线)或瞬变电磁检测隧底的状态。将相关检测结果纳入隧道登记簿,并对隧道缺陷和病害展示图进行修正。

11.4.1.3 专项检查

专项检查是指对隧道界限、纵横断面、洞内有害气体及洞内照明进行的检查。

不同类型的隧道，施工方法不同，在检测内容及方法上有一定的差别。本书主要介绍以钻爆法为主要开挖手段的铁路隧道的检测。

由于隧道工程大部分为隐蔽工程，很多检测工作也必须在施工过程中进行，检测和预报是隧道工程施工及运营安全不可缺少的技术保障措施，在隧道施工质量检测控制和运营过程的安全监控及信息化管理中发挥着重要作用。

铁路隧道检测技术涉及面广且内容多，其主要包括：材料检测、开挖断面检测、超前地质预报、衬砌支护检测、衬砌结构质量检测、结构几何尺寸检测、防排水检测、施工环境检测等。检测项目不同，所使用的检测方法也不同。有的检测方法可同时检测多个项目，有的检测方法只能检测一个或两个项目。为了便于介绍和理解，后文对隧道常用的检测方法及其原理、适用范围等逐一进行介绍。

11.4.2 铁路隧道工程质量验收

11.4.2.1 验收单元划分

铁路隧道工程施工质量验收单元应按单位工程、分部工程、分项工程和检验批划分。

1）单位工程

单位工程应按一个完整工程或一个相当规模的施工范围划分，并按下列原则确定：

（1）一座隧道宜作为一个单位工程，长隧道和特长隧道可按施工合同段划分为若干个单位工程。

（2）斜井、平行导坑、竖井或独立明洞可作为一个单位工程。

2）分部工程

分部工程应按一个完整部位或主要结构及施工阶段划分。

3）分项工程

分项工程应按工种、工序、材料、施工工艺等划分。

4）检验批

检验批应根据质量控制和施工段需要划分，其检验项目分为主控项目和一般项目。

11.4.2.2 验收内容和要求

（1）检验批质量验收内容。

①实物检查：对原材料、构配件和设备等检验，应按进场的批次和《铁路隧道工程施工质量验收标准》（TB 10417—2018）等标准规定的抽检方案执行。

②资料检查：原材料、构配件和设备等的质量证明文件（质检合格证、规格、型号及性能检测报告等）和抽样检验报告、工序的施工记录、自检和交接检验记录、平行检验报告、见证检验报告等。

③质量责任确认：对施工作业人员质量责任登记进行确认。

（2）检验批合格质量应符合如下规定：

主控项目的质量经抽样检验全部合格；一般项目的质量经抽样检验全部合格；其中，有允许偏差的抽查点,除有专门要求外,80%及以上的抽查点应控制在规定允许偏差内,最大偏差不得大于规定允许偏差的1.5倍。

(3)分项工程质量验收合格应符合如下规定:

所含的检验批均符合合格质量的规定,其质量验收记录完整。

(4)分部工程质量验收合格应符合如下规定:

①所含分项工程的质量均验收合格。

②质量控制资料完整。

③隧道衬砌内轮廓、衬砌厚度和强度、衬砌背后回填及防水等涉及安全和使用功能的检验和抽样检验结果符合设计要求及有关标准规定。

(5)单位工程质量验收合格应符合如下规定:

①所含分部工程的质量均验收合格。

②质量控制资料完整。

③实体质量和主要功能应符合相关标准、规范的规定和设计要求。

④观感质量验收符合要求。

(6)当检验批工程质量不符合要求时,应按如下规定进行处理:

①经返工重做或更换构配件、设备的检验批,应重新进行验收。

②当对试块的试验结果有怀疑时,或因试块试件丢失损坏、试验资料缺失等无法判断实体质量时,应由有资质的法定检测单位对实体质量进行检测鉴定,凡达到设计要求的检验批可以予以验收。

(7)通过返修或加固处理仍不能满足结构安全和使用功能要求的分部工程、单位工程,严禁验收。

11.4.3 检验结果评定

11.4.3.1 铁路隧道工程质量检验评定标准的要求

隧道土建工程分项、分部、单位工程划分及评定标准应严格执行《高速铁路隧道工程施工质量验收标准》(TB 10753—2018)、《铁路隧道工程施工质量验收标准》(TB 10417—2018)、《铁路混凝土工程施工质量验收规范》(TB 10424—2018)。

11.4.3.2 铁路隧道建筑物状态评定标准的要求

1)铁路隧道建筑物状态划分

铁路隧道建筑物状态划分为轻微(C)、较严重(B)、严重(A1)、极严重(AA)四个等级,见表11-1。

铁路隧道建筑物状态等级划分　　　　　表11-1

等级	严重程度	对行车安全的影响	采取措施
AA	极严重	已对行车安全构成威胁	采取限速、限载或停运措施,而后进行整修、加固或技术改造
A1	严重	病害发展较快,可能上升为AA级	对病害进行监视,根据病害发展情况,分别采取限速、限载等措施,而后进行整修或加固

续上表

等级	严重程度	对行车安全的影响	采取措施
B	较严重	病害发展较慢,可能影响行车安全	对病害进行监视
C	轻微	病害停止发展,对行车安全无影响	正常维修

2) 状态评定标准

(1) 衬砌裂损等级评定标准如表 11-2 所示。

衬砌裂损等级评定标准　　　　　　表 11-2

劣化等级	劣化类别		
	变形或移动	开裂、错动	压溃
AA	山体滑动使衬砌移动、变形、下沉发展迅速,危及行车安全	(1) 开裂或错台长度 $L>10m$,宽度 $\delta>5mm$,且继续发展; (2) 拱部开裂成块状,危及行车安全	拱顶压溃范围 $F>3m^2$,或衬砌剥落最大厚度大于衬砌厚度的 1/4,危及行车安全
A1	变形或移动速率 $v>10mm/年$	开裂、错台长度 $5m \leqslant L \leqslant 10m$,但开裂或错台宽度 $\delta>5mm$,开裂或错台使衬砌成块状,且有发展	压溃范围 $3m^2>F>1m^2$,可能掉块
B	变形或移动速率 $10mm/年 \geqslant v \geqslant 3mm/年$,而且有新的变形出现	开裂或错台长度 $L<5m$,且宽度 $3mm \leqslant \delta \leqslant 5mm$	拱顶压溃范围 $F<1m^2$,剥落块体厚度为 3cm
C	有变形,但变形或移动速率 $v<3mm/年$	(1) 开裂或错台长度 $L<5m$,且宽度 $\delta<3mm$; (2) 一般龟裂或无发展状态	压溃范围很小

(2) 隧道结构渗漏水等级评定标准如表 11-3 所示。

隧道结构渗漏水等级评定标准　　　　　　表 11-3

劣化等级	劣化程度
AA	(1) 水、沙突然涌入隧道,淹没轨面,危及行车安全; (2) 电力牵引区段,拱部漏水直滴接触网
A1	隧底冒水,拱部滴水成线,严寒地区边墙淌水,造成严重翻浆冒泥,道床下沉,不能保持正常轨道几何状态,危及列车正常运行
B	隧道滴水、淌水、渗水及排水不良引起洞内局部翻浆冒泥
C	漏水使基床状态恶化,钢轨腐蚀,养护期缩短,继续发展将会升至 B 级

(3) 隧道冻害等级评定标准如表 11-4 所示。

隧道冻害等级评定标准 表 11-4

劣化等级	劣化程度
AA	(1)冰溜、冰柱、冰锥等不断发展,侵入限界,危及行车安全; (2)接触网及电力、通信、信号的架线上挂冰,危及行车安全及洞内作业人员安全; (3)道床结冰(冰柱、冰锥),覆盖轨面,严重影响行车安全
A1	冰楔和围岩冰胀的反复作用,使衬砌变形、开裂并构成纵横交错的裂缝
B	(1)冻害使洞内设备破坏; (2)冻融使道床翻浆冒泥、轨道几何尺寸恶化; (3)冻害造成衬砌变形、开裂,但未形成纵横交错的裂缝
C	冻融使线路的养护周期缩短

(4)衬砌腐蚀等级评定标准如表 11-5 所示。

衬砌腐蚀等级评定标准 表 11-5

劣化等级	劣化类别	
	混凝土衬砌腐蚀	砌块衬砌腐蚀
AA	衬砌厚度小于原衬砌厚度的 3/5,混凝土强度下降	拱部衬砌可能掉落大块体(与砌块大小一样)
A1	(1)腐蚀深度大于 10cm,面积大于 $0.3m^2$; (2)衬砌有效厚度小于设计厚度的 2/3	(1)接缝开裂,其深度大于或等于 10cm; (2)砌块错落大于 1cm,剥蚀深度大于或等于 4cm
B	衬砌厚度减小,混凝土强度降低	(1)接缝开裂,但深度小于 10cm; (2)砌块有剥蚀,但剥蚀深度小于 4cm
C	衬砌有腐蚀	接缝开裂深度较小,砌块有风化剥落

(5)隧道限界、通风、照明劣化等级评定标准如表 11-6 所示。

隧道限界、通风、照明劣化等级评定标准 表 11-6

劣化等级	劣化类别		
	隧道限界	通风	照明不良
A1	实际限界不能满足最大级超限货物的装载限界加 70mm 的要求(曲线上按规定加宽)	(1)有害气体浓度超过容许浓度值但未设通风机械; (2)通风机械不能使用	(1)未按规定设置照明; (2)照明设备不能使用
B	实际限界尚能满足上述要求(曲线上按规定加宽)	通风机械不能正常使用	照明设备不能正常使用

(6)隧道内外排水设施损坏,洞口仰坡塌方落石,整体道床、仰拱变形损坏及底板损坏影响线路稳定等,评定为 A1 级。

习题

11-1 隧道喷锚衬砌施工过程中常见的主要质量问题有哪些?

11-2 隧道检查工作可分为哪几类?

11-3 简述施工期的主要施工质量问题。

本章参考文献

[1] 铁道部运输局基础部.铁路隧道检测技术手册[M].北京:中国铁道出版社,2007.

[2] 中华人民共和国行业标准.铁路隧道衬砌质量无损检测规程:TB 10223—2004[S].北京:中华人民共和国铁道部,2004.

[3] 赵勇,田四明.截至2018年底中国铁路隧道情况统计[J].隧道建设,2019,39(02):158-169.

[4] 谭太昌.客运专线隧道衬砌施工质量常见问题分析及处理措施[J].铁道标准设计,2007(4):14-16.

[5] 中华人民共和国行业标准.铁路隧道工程施工质量验收标准:TB 10417—2018[S].北京:中国铁道出版社,2019.

[6] 中华人民共和国行业标准.高速铁路隧道工程施工质量验收标准:TB 10753—2018[S].北京:中国铁道出版社,2019.

[7] 中华人民共和国行业标准.高速铁路隧道工程施工技术规程:Q/CR 9604—2015[S].北京:中国铁道出版社,2015.

[8] 中华人民共和国行业标准.铁路隧道衬砌质量无损检测规程:TB 10223—2004[S].北京:中国铁道出版社,2004.

[9] 国家铁路局.铁路工程结构混凝土强度检测规程:TB 10426—2019[S].北京:中国铁道出版社,2019.

[10] 国家铁路局.铁路隧道超前地质预报技术规程:Q/CR 9217—2015[S].北京:中国铁道出版社,2015.

[11] 国家铁路局.铁路隧道监控量测技术规程:Q/CR 9218—2015[S].北京:中国铁道出版社,2015.

第 12 章　隧道开挖质量检测

本章主要介绍了铁路隧道开挖过程中的一些常见问题,相关的解决手段及检测方式。在学习过程中,需要了解常见铁路隧道开挖的几种方式,超前地质预报的相关原理及检测技术,以及断面形状检测技术及要求,正确认识隧道开挖过程中常见的问题病害,掌握其检测手段及评定。

12.1　隧道开挖质量

铁路隧道的开挖方法应根据其地质条件、断面大小、施工装备、工期等条件的变化,在施工过程中进行适当的调整。其中,钻爆开挖应采用光面爆破或预裂爆破技术,控制循环进尺,减少对围岩的扰动,并不得对初期支护、衬砌结构和施工设备造成损伤。

采用钻爆法开挖时,主要开挖方法有全断面法、台阶法、分部法开挖等。

两座平行的隧道开挖时,其两个同向开挖工作面应保持合理的纵向距离;间距小的隧道,必须采取措施防止后行洞开挖对先行洞产生不良影响。隧道双向开挖接近贯通面时,两端施工应加强联系与统一指挥,当隧道两个开挖工作面距离接近 15m 时,必须一端掘进、另一端停止作业并撤走人员和机具,同时在安全距离处设置禁止入内的警示标志。

隧道开挖是控制隧道施工工期和造价的关键工序。超欠挖是隧道开挖过程中的普遍现象,超挖不仅会增加出渣量、衬砌工程量和额外增加回填工程量,导致工程造价提高,而且,局部的过度超挖会引起应力集中,影响围岩稳定性。而欠挖因侵占了结构空间,直接影响支护结构厚度,带来工程质量问题,产生安全隐患。对欠挖的处理费工、费时,影响工期,且欠挖处理时开挖轮廓不易控制,容易引起更大的超挖。因此为确保围岩的稳定和为支护创造良好条件,必须保证隧道开挖质量。

隧道开挖质量主要受超欠挖控制,需通过对开挖断面大量实测数据的统计分析,做出正确的评价。其实质是要准确地测出隧道实际开挖轮廓线,并与设计轮廓线纳入统一坐标体系中进行比较,从而十分清楚地获悉超挖或欠挖的大小和部位,及时指导下一步施工。

12.2 超前地质预报

12.2.1 超前地质预报的重要性

2007年8月5日凌晨1时左右,宜万铁路野三关隧道(湖北省恩施州境内)Ⅰ线DK124+602掌子面爆破后,在组织出渣过程中发生突水突泥事故,如图12-1所示,一个半小时内突水量15.1万m^3,泥石量5.35万m^3,正在隧道中作业的52名施工人员被困。事故共造成2人死亡,7人失踪。

图12-1 野三关隧道突水突泥事故图

经初步分析,这起事故发生的主要原因是当地连续降雨,事故发生地段地表雨水与地下岩腔及断层水系相通,并存有大容量承压水体,地质构造复杂。在设计和施工过程中,由于认知水平有限,工作措施不到位,未能发现不明承压水体;加之对岩层变化及实测出主要发育岩溶裂隙水超压先兆分析判断不够,未能采取有效措施,当隧道岩体揭露后,岩溶水压承载失衡,最终导致突水突泥重大事故的发生。

因此应加强隧道超前地质预报、判释工作。对复杂地质隧道施工,要根据不同类型的地质问题和施工地质分级,选择不同方法和手段,严格按照规范要求,开展超前地质预报,做到有疑必探、有水(泥)必治、强化探测、先探后掘。尤其是对于岩溶隧道,要引进专业队伍,提高探测和预报水平。要加强对岩溶隧道的监测,若发现重大事故隐患和地质异常情况,必须认真分析,科学判断,及时采取有效的工程安全技术防范措施。

隧道超前地质预报是一项复杂的系统性工作,是设计阶段地质勘察的补充和延伸,是保证隧道施工安全的重要环节和重要技术手段。其主要工作是在分析既有地质资料的基础上,采用地质调查、物探、超前地质钻探、超前导坑等手段,对隧道开挖工作面前方的工程地质与水文地质条件以及不良地质体的工程性质、位置、产状、规模等进行探测、分析、判释,并做出预报和提出技术建议,以求减少或避免由于地质不明造成的工程事故以及由此带来的不必要的人力、物力、财力浪费。

1)施工中隧道超前地质预报目的

(1)进一步查清隧道开挖工作面前方的工程地质、水文地质条件,指导工程施工的顺利进行。

(2)降低地质灾害发生的概率和危害程度。

(3)为优化工程设计提供地质资料。

(4)为编制竣工文件提供地质资料。

2)隧道超前地质预报要求

(1)应列为隧道施工的必要工序并贯穿施工全过程。

(2)预报前应进行地质复杂程度分级,确定重点预报地段。

(3)应采用综合预报手段(两种以上预报方法),长距离与短距离预报相结合,并对各种方法预报结果进行综合分析,相互印证,提高预报准确性。

(4)应充分利用平行超前导坑、正洞超前导坑、先行施工的隧道开展隧道超前地质预报工作。

12.2.2 超前地质预报的基本知识

12.2.2.1 超前地质预报的主要内容

超前地质预报主要包括以下内容:

(1)地层岩性预报,包括对地层岩性、软弱夹层、破碎地层、煤层及特殊岩土体等的预测预报。

(2)地质构造预报,包括对断层、节理密集带、褶皱等影响岩体完整性的构造等的预测预报。

(3)不良地质条件预报,包括对岩溶、采空区、人工洞室、瓦斯等的预测预报。

(4)地下水状况,特别是对岩溶管道水及断层、裂隙水等的发育情况进行预测预报。

(5)对围岩级别变化的判断。

12.2.2.2 超前地质预报的注意事项

超前地质预报的注意事项如下:

(1)考虑工作面坍塌、找顶不彻底、高处作业台(支)架失稳、安全防护失效、突水突泥等主要危险源及危害因素。

(2)对处于复杂区域地质条件下的隧道,应根据区域地质勘测资料,选择以钻探法为主,结合物探法、地质调查法等多种不同原理的预测预报方法,并对所测得的资料进行综合分析,相互补充,相互印证,从而提高预报准确率。

12.2.3 超前地质预报方法介绍

铁路隧道工程设计、施工各阶段均应进行超前地质预报设计,预报方法应与施工方法相适应。隧道超前地质预报实施前,需根据隧道工程地质与水文地质条件、隧道地质复杂程度,对隧道进行分段,针对不同地质情况,选择不同的方法和手段。

铁路隧道超前地质预报常采用地质调查法、超前钻探法、物探法和超前导坑预报法。

12.2.3.1 地质调查法

地质调查法是根据隧道已有勘察资料,利用地质罗盘、地质锤、放大镜、数码相机或摄像机等工具,通过踏勘、现场调查,开展地表补充地质调查和隧道内地质素描,经过地层层序对比,以及地层分界线与构造线在地下和地表相关性分析、断层要素与隧道几何参数的相关性分析、临近隧道内不良地质体的前兆分析等,推测开挖掌子面前方可能揭示的地质情况的一种超前地质预报方法。

1)隧道地表补充地质调查

(1)对已有地质勘察成果的熟悉、核查和确认。

(2)地层岩性在隧道地表的出露及接触关系,特别是对标志层的熟悉和确认。

(3)断层褶皱节理密集带等地质构造在隧道地表的出露位置、规模、性质及其产状变化情况。

(4)地表岩溶发育位置、规模及分布规律。

(5)煤层、含石膏、膨胀岩、含石油天然气、含放射性物质等特殊地层在地表的出露位置、宽度及其产状变化情况。

(6)人为坑洞位置、走向、高程等,分析其与隧道的空间关系。

(7)根据隧道地表补充地质调查结果,结合设计文件、资料和图纸,核实和修正超前地质预报重点区段。

2)隧道内地质素描

在隧道开挖过程中,由专业地质工程师进行全程跟踪地质素描工作,通过对开挖揭露段地层岩性、地质构造、结构面产状、地下水出露点位置及出水状态、出水量、煤层、溶洞等的准确记录,对隧道周边及前方的地质信息进行描述、收集和整理。同时综合各种探测手段获得的地质信息资料,采用作图法、相关性分析法、经验法等方法,对隧道掌子面前方的工程地质情况进行预测预报,根据预报成果,对隧道施工方法、支护参数、安全措施提出建议。

隧道内地质素描包括掌子面地质素描和洞身地质素描,主要内容包括工程地质、水文地质等。

(1)工程地质。

①地层岩性:描述地层时代、岩性、层间结合程度、风化程度等。

②地质构造:描述褶皱、断层、节理裂隙特征、岩层产状等,断层的位置、产状、性质、破碎带的宽度、物质成分、含水情况以及与隧道的关系,节理裂隙的组数、产状、间距、充填物、延伸长度、张开度及节理面特征、力学性质,分析组合特征,判断岩体完整程度。

③有害气体及放射性等特殊地质危害存在的情况。

④人为坑道及岩溶:描述位置、规模、形态特征及所属地层和构造部位,充填物成分、状态、

以及与隧道的空间关系。

⑤特殊地层:煤层、含膏盐层、膨胀岩层和软土层等应单独描述其具体参数。

⑥地应力:包括高地应力显示性标志及其发生部位,如岩爆、软弱夹层挤出、探孔饼状岩芯等现象。

(2)水文地质。

①地下水的分布、出露形态及围岩的透水性、水量、水压、水温、颜色、泥沙含量测定,以及地下水活动对围岩稳定性的影响,必要时应进行长期观测。地下水的出露形态分为渗水、滴水成线、股水(涌水)、暗河。

②水质分析,判定地下水对结构材料的腐蚀性。

③出水点和地层岩性、地质构造、岩溶、暗河等的关系分析。

④必要时进行地表相关气象、水文观测,判断洞内涌水与地表径流、降雨的关系。

⑤必要时应建立涌突水点地质档案。

(3)围岩稳定性特征及支护情况。

记录不同工程地质、水文地质条件下隧道围岩稳定性、支护方式以及初期支护后的变化情况。发生围岩失稳或变形较大的地段,详细分析、描述围岩失稳或变形发生的原因、过程、结果等。

(4)围岩分级。

核查和确认隧道围岩分级。

(5)影像。

隧道内重要的和具代表性的地质现象应进行拍照和录像。

12.2.3.2 超前钻探法

超前地质钻探是在掌子面钻若干个深孔或根据需要钻探取芯,并对钻孔进行地质编录的一种超前地质预报方法。它能直观、精确地探测开挖面前方 30~50m 范围的地层岩性界面、较大节理与构造、富水带、溶蚀通道及地下水等,判断不良地质体的位置及规模,推测地下水的大致富水程度。在富水软弱断层破碎带、富水岩溶发育区、煤层瓦斯发育区、重大物探异常区等地质条件复杂地段必须采用。

1)钻具选用

超前地质钻探主要采用冲击钻和回转取芯钻,为提高预报准确率和钻探速度、减少占用开挖工作面的时间,通常两者交替使用。

冲击钻:不能取芯,可通过冲击器的响声、钻速变化、岩粉颜色、钻杆振动、冲洗液流失变化等粗略探明岩体岩石强度、岩体完整程度、溶洞、暗河及地下水发育情况等。由于冲击钻钻进速度快、耗时少,一般情况下多采用冲击钻。

回转取芯钻:可取芯样,鉴定准确、可靠,地层变化历程可准确确定。由于钻进速度慢、耗时多,一般只在特殊地层、特殊目的地段使用。如煤系地层、溶洞及断层破碎带物质成分的鉴定、岩土强度试验取芯等。

2)钻孔布置

钻孔的布置主要根据物探结果和现场实际情况而定,为了更加准确地探明开挖面前方地质情况,一般应采用三角形布置,使钻探成果具有代表性,避免一孔之见。钻取的岩芯须由专业地质人员编号,并存放在专门的岩芯箱内,以备开挖时对比。超前水平钻孔 5 孔布置如图 12-2 所示。

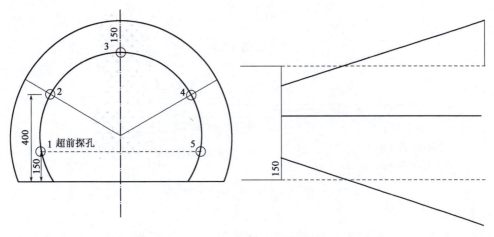

图 12-2　超前水平钻孔 5 孔布置图(尺寸单位:cm)

3)工作要求

(1)超前钻探过程中应在现场做好钻探记录,包括钻孔位置、开孔时间、终孔时间、孔深、钻进压力、钻进速度随钻孔深度变化情况、冲洗液颜色和流量变化、涌沙、空洞、振动、卡钻位置、突进里程、冲击器声音变化等。

(2)超前钻探过程中应及时鉴定岩芯、岩粉,判定岩石名称,对于断层带、溶洞填充物、煤层、代表性岩土等应拍摄照片备查,并选择代表性岩芯整理、保存。

(3)在富水地段进行超前钻探时,必须采取防突措施;可安设孔口管和控制阀等,确保人员和机械设备安全。

(4)超前钻探法的探测报告内容:工作概况、钻孔探测结果、钻孔柱状图,必要时附以钻孔布置图、代表性岩芯照片等。

12.2.3.3　物探法

物探法包括弹性波反射法、电磁波反射法(地质雷达探测法)、高分辨率直流电法、瞬变电磁法、红外探测法等。其中,弹性波反射法是利用人工激发的地震波、声波在不均匀地质体中所产生的反射波特性来预报隧道开挖工作面前方地质情况的一种物探方法,它包括地震波反射法、水平声波剖面法、负视速度法和极小偏移距高频反射连续剖面法(简称陆地声纳法)等方法,目前最常用的为地震波反射法。

1)地震波反射法

(1)探测原理。

地震波反射法是通过小药量爆破所产生的地震波信号在隧道开挖工作面前方不同岩层中以球面波的形式、以不同的速度传播,在地质界面处被反射,并被高精度的接收器接收。通过后处理软件得到各种围岩构造界面、地层界面与隧道轴线相交所呈现的角度及与掌子面的距离,并可初步测定岩石的弹性模量、密度、动泊松比等参数以供参考。然后进一步分析隧道前方围岩性质、节理裂隙密集带分布、软弱岩层及含水状况等。此方法适用于划分地层界线、查找地质构造、探测不良地质体的厚度和范围。地震波反射法(TSP)探测原理见图12-3。

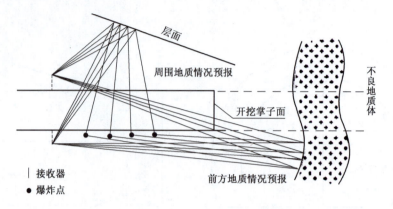

图12-3 隧道地震波反射法(TSP)探测原理示意图

(2)探测仪器。

隧道地震波反射法通常采用TGP或TSP隧道超前地质预报系统,由主机、检波器(探头)、信号线及后处理软件组成。

(3)操作步骤。

①观测系统的设计:根据隧道施工情况及地质条件,确定检波器和炮点的位置。

②现场标志:根据观测系统确定所有接收点和炮点的位置,并设置相应的标志。

③钻孔:按设计要求钻孔(位置、孔深、孔径、倾角等)。

④安装套管:用环氧树脂、锚固剂或不收缩水泥砂浆作为耦合剂,安装接收器套管。

⑤填装炸药:用装药炮杆将炸药卷装入炮孔底部。

⑥仪器安装与测试:安装检波器并确保接收器的方向正确,采集前测试信号及噪声。

⑦数据采集:设置采集参数、背景噪声检查、数据记录。

⑧质量控制:在每炮记录后显示所记录的地震道,通过检查显示地震道的特征,据此对记录的质量进行控制。

2)电磁波反射法

(1)探测原理。

电磁波反射法超前地质预报主要采用地质雷达法(Ground Penetrating Radar,GPR)。地质雷达法探测是利用电磁波在隧道开挖工作面前方岩体中的传播及反射,根据传播速度、反射走时和波形特征进行超前地质预报的一种物探方法。地质雷达法用于探测浅部地层、岩溶、空洞、不均匀体,具有快速、无损伤、可连续可单点方式探测、实时显示等特点。

(2)探测仪器。

地质雷达探测系统由发射单元、接收单元、天线、主控器、专用笔记本电脑、信号线、数据采集软件、后处理软件等组成。

(3)操作要求。

①通过试验选择雷达天线的工作频率,确定相对介电常数。

②测网密度、天线间距和天线移动速度应反映出探测对象的异常,测线宜采用十字或网格形式布设。

③选择合适的时间窗口和采样间隔,并根据采集效果及时调整探测参数。

④掌子面超前地质预报常采用单点探测方式,同时可结合连续探测方式进行比对。

⑤探测区内不应有较强的电磁波干扰,现场测试时应清除或避开探测区附近的金属物等电磁干扰物。

⑥支撑天线的器材应选用绝缘材料,天线操作员应与工作天线保持相对固定的位置。

⑦测线上天线经过的表面应相对平整,无障碍,且天线易于移动;测试过程中,应保持工作天线的平面与探测面基本平行,距离相对一致。

⑧现场记录应注明观测到的不良地质体与地下水体的位置与规模等。

⑨重点异常区应重复探测,重复性较差时应查明原因。

⑩重复探测的记录与原探测记录应具有良好的重复性,波形一致,没有明显的位移。

(4)数据分析与解释。

①参与数据分析与解释的雷达剖面应清晰。

②数据分析包括编辑、滤波、增益等处理。情况较复杂时,还宜进行道分析、FK 滤波、正常时差校正、褶积、速度分析、消除背景干扰等处理。

③数据解释应结合地质情况、电性特征、探测体的性质和几何特征进行综合分析。必要时应考虑影响相对介电常数的各种因素,制作雷达探测的正演和反演模型。

(5)预报距离。

地质雷达工作天线频率越低,波长越大,能量衰减越慢,预报距离就越大,但相应的分辨率会越低。此外,预报距离还取决于介质的衰减系数、接收器的信噪比和灵敏度、发射器发射功率系统总增益目标的反射系数、几何形状及其产状等。因此,地质雷达法在一般地段预报距离宜控制在 30m 以内,在岩溶发育地段的有效预报距离则应根据雷达波形判定。连续预报时前后两次重叠长度宜在 5m 以上。

3)高分辨率直流电法

(1)探测原理。

高分辨率直流电法是以岩石的电性差异(电阻率差异)为基础,电流通过布置在隧道内的供电电极时,在围岩中建立起全空间稳定电场,通过研究地下电场的分布规律,并根据视电阻率分布图预报开挖工作面前方储水、导水构造分布和发育情况的一种直流电法探测技术。现场采集数据时必须布置三个以上的发射电极,进行空间交汇,区分各种影响,并压制不需要的信号,突出隧道前方地质异常体的信号,该方法也称三极空间交汇探测法。

高分辨率直流电法适用于探测地层中存在的地下水体位置如断层破碎带、溶洞、溶隙、暗河等地质体中的地下水。并定性判断含水率。

(2)探测仪器。

高分辨率直流电法探测系统由主机、电极、多道电极转换器、多芯电缆、发射电源、数据采集软件、后处理软件等组成。

(3)探测要求。

①发射和接收电极应布置在同一直线上。

②发射和接收电极接地良好。

③发射和接收电极间距应测量准确。

④数据重复测量应具有良好的重复性,否则应检测电极和电源是否正常、工频干扰是否过大等。

(4)数据处理与解释。

数据处理需采用增强有效信号、压制干扰信号等手段,使视电阻率等值线图能够清晰成像。数据解释时地质异常体(储、导水构造)判断标准应以现场多次采集分析验证的数据为依据,同时总结规律,找出隧址区异常标准值。

(5)预报距离。

高分辨率直流电法有效预报距离不宜超过80m,连续探测时宜重叠10m以上。

4)瞬变电磁法

瞬变电磁法(Transient Electromagnetic Methods,TEM)是一种时间域的电磁探测方法。瞬变电磁法超前地质预报探测原理是,在隧道掌子面布设一定波形电流的发射线圈,向掌子面前方发射一次脉冲磁场,并在掌子面前方低阻异常带产生感应电流;在一次脉冲磁场间断期间,感应电流不会立即消失,在其周围空间形成随时间衰减的二次磁场;通过掌子面接收线圈接收二次磁场的变化,就可以判断前方低阻异常带电性要素,并推断出前方地质异常体位置和规模,进而推断围岩破碎、含水、地质构造等情况。总体而言,前方地质体的导电性越好,二次磁场(瞬变场)的强度就越大且热损耗就越小,故衰减越慢,延迟时间越长。

瞬变电磁法每次有效预报距离宜为100m左右,且由于采用该方法进行预报时会存在20m以上的盲区,因此连续预报时宜重叠30m以上。

5)红外探测法

红外探测法是采用专用的红外探水仪,根据红外辐射原理,即一切物质都在向外辐射红外电磁波的原理,通过接收和分析红外辐射信号,探测局部地温异常现象,判断地下脉状流、脉状含水带、隐伏含水体等所在的位置进行超前地质预报的一种物探方法。红外探测法适用于定性判断探测点前方有无水体存在及其方位,不能定量给出水量等数据。

红外探测法有效预报距离宜在30m以内,连续预报时前后两次重叠长度宜在5m以上。

12.2.3.4 超前导坑预报法

超前导坑预报法是将超前导坑中揭示的地质情况,通过地质理论和作图法预报正洞地质条件的方法。超前导坑预报法可分为平行超前导坑法和正洞超前导坑法。线间距较小的隧道可互为平行导坑,以先行开挖的隧道预报后开挖的隧道地质条件。根据超前导坑揭露的地质情况推测隧道未开挖地段地质条件,预报内容主要包括:

(1)地层岩阻地质构造的分布位置及范围等。

(2)岩溶的发育分布位置、规模、形态、充填情况及其展布情况。

(3)采空区及废弃矿巷与隧道的空间关系。

(4)有害气体及放射性危害源的分布层位。

(5)涌沙、突水及高地应力现象出现的隧道里程段。

(6)其他可以预报的内容。

根据分析预报结果,按1∶500~1∶100比例绘制超前导坑地质与隧道地质关系平面简图、导坑工程地质纵断面图,以及1∶200~1∶100地质横断面图。

12.2.3.5 综合超前地质预报法

对于断层、岩溶、煤层瓦斯等各种不良地质条件，宜综合运用上述两种或两种以上方法进行预报，综合分析，以达到长短结合、取长补短、相互印证、提高预报准确性的目的。

12.2.3.6 超前地质预报法对比

铁路隧道工程设计、施工各阶段均应进行超前地质预报，预报方法应与施工方法相适应。超前地质预报各方法优缺点对比如表 12-1 所示。

隧道超前地质预报方法　　表 12-1

预报方法		优 势	劣 势	备 注
地质调查法		设备简单，操作方便，预报效率高，效果好	容易造成漏报，操作人员专业要求较高	—
超前钻探法		具有更好的直观性、客观性	费用高，占用施工时间长；复杂地质下难以预测小断层及大节理	—
物探法	地震波反射法	适用范围广，预报距离长，施工扰动小	受弹性波波速影响，对小型溶洞反映不明显	物探法速度快，效率高，操作简单，利用不同物探方法的特性可进行长、中、短距离及各种地质条件下隧道的超前地质预报，但宜与其他预报方法结合使用
	电磁波反射法	分辨率高，快速无损，可连续检测实时显示	探测距离短，探测受金属构件影响较大	
	高分辨率直流电法	可探测地下水的位置及含水量	有效预报距离不宜超过 80m	
	瞬变电磁法	无地形影响，找出低阻抗区首选	有效预报距离为 100m 左右，且存在 20m 以上盲区	
	红外探测法	能探测前方水体及其方位	不能探测水量及水压，受外界影响较大	
超前导坑预报法		直接准确；可为施工增加作业面	费用高昂，在构造复杂地区准确度不高	—
综合超前地质预报法		综合分析，适用于各种地质条件	—	—

12.3　断面形状检测

12.3.1　基本知识

隧道开挖断面检测目前最常用的方法为极坐标法，其代表设备为隧道激光断面仪。极坐标法又称为断面仪法，其精度高、速度快、效率高，是一种非接触观测方法。另外，也可采用直接量测开挖断面方法，即以内模为参照物的直接测量法、使用激光束的方法和使用投影机的方法，见表 12-2。

隧道开挖断面检测方法　　　　　　　　　　　　　　表 12-2

测定方法及采用的测定仪		测定方法概要
非接触观测法	极坐标法(断面仪法)	以某物理方向(如水平方向)为起算方向,按一定间距(角度或距离)依次测定仪器旋转中心与实际开挖轮廓线交点之间的矢径(距离)及该矢径与水平方向的夹角,将这些矢径端点依次相连即可获得实际开挖的轮廓线
直接量测开挖断面方法	以内模为参照物直接测量法	以内模为参照物,用钢尺直接测量超欠挖
	使用激光束的方法	利用激光射线在开挖面上定出基点,并由该点实测开挖断面
	使用投影机的方法	利用投影机将基点或隧道基本形状投影在开挖面上,然后据此实测开挖断面

根据《高速铁路隧道工程施工质量验收标准》(TB 10753—2018)的规定:

(1)洞身开挖前,应按超前地质预报方案开展地质预报,不良地质地段隧道洞身开挖应在预加固措施完成后方可进行。

(2)洞身开挖前,应根据地质条件、断面大小等因素对设计文件中的开挖方法进行评估。

(3)高速铁路隧道钻爆开挖应遵循减少围岩扰动和严格控制超欠挖的原则进行爆破设计,爆破设计参数应根据爆破效果进行动态调整。

(4)每循环开挖后,应做好地质编录和核对工作,如所揭示的围岩与设计不符,或隧底承载力不足,应及时申请设计变更。岩溶隧道应根据设计要求对洞身周边岩溶赋存情况进行探测,并应采取相应的工程措施。

(5)高速铁路隧道施工应根据监控量测数据及时回归分析,判定隧道围岩稳定状态,动态调整开挖时围岩预留变形量,及时进行设计变更。

(6)高速铁路隧道施工控制测量、控制网建立、复测及洞内施工测量等应满足《高速铁路工程测量规范》(TB 10601—2009)的要求。

(7)隧道洞门结构、挡(端)墙、明洞基础开挖尺寸允许偏差和检验方法应符合表 12-3 的规定。

开挖尺寸允许偏差和检验方法　　　　　　　　　　表 12-3

序号	项　目	允许偏差(mm)	检查数量	检验方法
1	开挖边缘距线路中线距离	+50 0	全数检查	尺量,每边不少于 5 处
2	开挖长度、宽度	+100 0	全数检查	
3	基底开挖高程	0 −100	全数检查	测量,每边不少于 5 处

12.3.2 激光断面仪检测开挖断面

12.3.2.1 测量原理

激光断面仪采用极坐标法。如图12-4所示,以某物理方向(如水平方向)为起算方向,按一定间距(角度或距离)依次测定仪器旋转中心与实际开挖轮廓线交点之间的矢径(距离)及该矢径与水平方向的夹角,将这些矢径端点依次相连即可获得实际开挖的轮廓线。通过洞内的施工控制导线可以获得断面仪的定点定向数据,在计算软件的帮助下可自动完成实际开挖轮廓线与设计开挖轮廓线的空间三维匹配,最后形成图12-5所示的输出图形,并可输出各测点与相应设计开挖轮廓线之间的超欠挖值(距离、面积)。如果沿隧道轴向按一定间隔测量多个检测断面,还可得出实际开挖方量、超挖方量、欠挖方量。用断面仪测量实际开挖轮廓线的优点在于不需要合作目标(反射棱镜)。

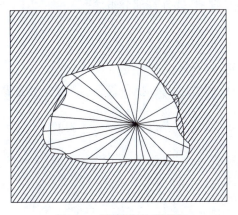

图12-4 断面仪测量原理图

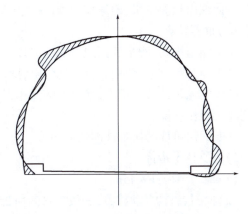

图12-5 断面仪输出效果图形

用断面仪测量开挖轮廓线,断面仪可以放置在隧道内的任意位置,扫描断面的过程(测量记录)可以自动完成。所测的每点均由断面仪发出的一束十分醒目的单色可见红色激光指示,而且可以由人工随时加以干预。如果在断面仪自动扫描断面的测量过程中,发现轮廓线上的某特征点漏测了,还可以随时用断面仪配置的手持式控制器发出一个停止命令(按一个键),然后用控制键操纵断面仪测距头返回预测的特征点,完成该点的测址后继续扫描下去。除此以外,在自动测量过程中,测点的间距还可以根据断面轮廓线的实际凸凹形状,随时动态地加以修正。如果事先在控制器中输入了设计断面形状、隧道轴线、平面和纵面设计参数(可以在室内输入)以及断面仪实测时的定向参数(实测时输入),则在完成某一开挖断面的实际测量后,可以立即在控制器的屏幕上显示图12-5所示的图形。在控制器上操纵断面仪测距头旋转,指向激光所指示的断面轮廓线上的某点,就对应于控制器上图形显示的光标点,并可实时显示该点的超欠挖数值。

如果想获取最后的输出成果,则将断面仪控制器中的数据传输到普通计算机中,运行断面仪配套的后处理软件,则可从打印机、绘图机上自动获得成果。

目前在隧道施工中,激光断面仪不仅可应用于开挖断面检测,也在初期支护(喷射混凝土衬砌)、二次衬砌断面轮廓检测中广泛应用。

12.3.2.2 测量仪器

激光断面仪是把现代激光测距和计算机技术相结合开发出来的硬件、软件一体化的隧道断面测量仪器。我国于 20 世纪 90 年代初,引进瑞士 Amberg 公司生产的断面仪(有 Profi-ler 2000、Profiler 3000、Profiler 4000 等型号),其中 Profile 4000 型断面仪可以利用后方交会的方法来确定断面仪的坐标和方位。不过在隧道中用后方交会来确定测站坐标很不方便,有时很难操作,另外,专用断面仪价格十分昂贵,因此,为了对断面仪进行定位,还需要用经纬仪或全站仪进行测量。

为此,国内外测试仪器厂商经过科研攻关,开发出了众多隧道断面检测仪器。下面以国内开发生产的 BJSD 系列激光隧道多功能断面检测仪为例进行简要介绍。

1)仪器组成及特点

(1)仪器组成。

断面仪由检测主机、测量控制器(掌上电脑)、三脚架、软件等部分组成。

(2)仪器特点。

①检测精度高,测量数据记录简洁,自动记录,存储空间大。

②无须交流供电,使用充电电池供电,携带方便,符合现场使用条件。

③现场无须携带笔记本,掌上电脑操作方便,软件功能强大,操作简便,采用全中文界面,支持多种操作系统。

④断面仪可现场显现被测断面图形。

2)主要技术指标

(1)检测半径:1~45m。

(2)检测点数:自动检测,一般为每断面 35 个点。

(3)测距精度:优于 ±1mm。

(4)测角精度:优于 0.01°。

(5)方位角范围:30°~330°(仪器测头垂直向下为 0°),连续测量 60°~300°。

(6)手动测头转动方位角范围:0°~350°。

(7)定位测量方式:具有垂直向下激光定心标志、测距功能。

3)测量方式

隧道断面检测仪需全站仪配合,其测量方式有以下几种:

(1)手动检测方法。由操作者控制移动检测指示光标随意进行测量和记录。

(2)定点检测法。可设置起止角度及测量点数等参数,仪器将按照所定参数自动测量并记录。

(3)自动量测法。仪器依照内部设定的间隔,自动检测并记录数据。

12.3.2.3 操作步骤

1)检测前准备

(1)根据检测任务要求确定检测断面、单个断面检测点数。

(2)采用经纬仪或全站仪按一定间距放出测量断面中线测点及该测点实际高程和对应法向点,并记录该点的桩号、实际高程和与中线偏位值。

(3)放点要求。检测时虽然无固定检测位置的要求,但为便于后期数据处理,一般要求:

①在条件允许的情况下,检测点应放在隧道轴线上(保证等角自动测量时候各测点间距相等)。

②现场条件受限不能在隧道轴线放置检测点时,可以偏离隧道轴线放检测点,但是应记录下实际高程和与隧道轴线偏位值,并适当加密检测点(避免被检断面离检测点一侧的测点间距过大)。

③直线隧道且检测点距离较短情况下,可以用相邻测量断面的轴线检测点来确定测量断面与隧道轴线垂直的方向,但是在曲线隧道和偏离隧道轴线放点时,须事先放出法向点。

2)隧道断面检测步骤

(1)将隧道激光断面仪置于所需检测断面的测量点上,安装并调整好仪器,使仪器水平且垂直归零后光点在测量点上。

(2)利用该检测点的法向点或者相邻检测点,确定断面仪主机方向,保证所检测的断面在垂直隧道轴线的断面内,且统一按特定旋转顺序检测。

(3)退出仪器手动调试界面进入主界面,选择"测量断面"。

(4)在"测量断面"中选择"等角自动测量",输入所测量断面的桩号并设置好相关参数,最后选择"测量"。

(5)仪器自动开始检测,检测时注意观察掌上电脑上所显示的检测断面曲线,如发现异常测点,及时现场观察,以便确定是否为障碍物遮挡引起。

(6)测量结束,在提示栏中显示检测完的信息时即可退出,数据自动保存在掌上电脑中然后进行下一个断面检测。检测断面数据带回室内进行处理,以减少在隧道内检测的时间,减少对施工的影响。

12.3.2.4 检测分析

现场检测完成后,回到室内将掌上电脑的测量数据传输到计算机上,采用该仪器提供的台式机后处理软件对数据进行分析。分许步骤一般如下:

(1)编辑标准断面。熟悉设计资料中的标准断面,根据检测断面测点选择情况和标准断面情况,并考虑各个断面的超高旋转等因素编制标准断面。

(2)打开标准断面。逐个导入测量曲线(部分新型断面仪导入断面组文件)。

(3)断面数据处理。

①确定水平调整参数。根据测量点的中点偏位和标准断面原点的位置,确定水平偏位调整值 X(测点在标准断面原点右侧为正值,左侧为负值)。

②确定高差调整值。根据测点实际高程 H_1 和标准断面原点设计高程 H_2,确定高差调整值 Δh。

$$\Delta h = H_2 - H_1$$

③计算最终仪器高度值。用测量时的仪器高度值 Z_1 和高差调整值 Δh,计算标准断面仪器高度 Z,即完成断面数据处理过程。

$$Z = Z_1 - \Delta h = Z_1 - (H_2 - H_1)$$

(4)完善断面标记。输入相关测量信息(如测量时间、测量单位和测批人等)和检查断面桩号,如发现检测现场输入断面有误,在断面输出前重新编辑桩号。

（5）输入断面结果。根据检测要求和实际需要输出断面处理结果。最后根据处理的标准曲线和实测曲线对比图像和输出的附表说明，判断隧道断面是否侵入标准断面（初期支护或者二次衬砌）的设计限界，在哪些部位存在侵限并确定侵限值大小。为了便于后期使用，在最后的结果中应标注障碍物等引起的假侵限部位。

以上为利用激光断面仪检测隧道开挖断面的一种方法，但不是唯一方法。

12.4 施工监控量测内容

监控量测的内容较多，通常分为必测量测项目和选测量测项目两类。

必测量测项目是施工过程中的经常性量测项目，通过对围岩及支护状态的观察、变形观测，判断围岩稳定性。这类量测项目量测方法简单、量测密度大、可靠性高，对监视围岩稳定、指导设计、施工有巨大作用。

选测量测项目是必测量测项目的拓展和补充。通过对围岩及支护结构受力、内力、应变、围岩内部位移等进行监测，深入掌握围岩的稳定状态与支护效果。选测量测项目多、测试元件埋设难度较大，费用较高，一般只对特殊地段、危险地段或有代表性的地段进行量测。多数选测量测项目竣工后可以长期观测。

铁路隧道监控量测必测量测项目包括洞内外观察、拱顶下沉、净空收敛、地表沉降、拱脚下沉及拱脚位移等，见表12-4。

监控量测必测项目　　　　　　　　表12-4

序号	监控量测项目	常用量测仪器	备注
1	洞内外观察	现场观察、数码相机、罗盘仪	—
2	拱顶下沉	水准仪、钢挂尺或全站仪	—
3	净空收敛	收敛计、全站仪	—
4	地表沉降	水准仪、钢钢尺或全站仪	隧道浅埋段
5	拱脚下沉	水准仪或全站仪	不良地质和特殊岩土隧道浅埋段
6	拱脚位移	水准仪或全站仪	不良地质和特殊岩土隧道深埋段

本书主要对监控量测必测项目中的净空收敛（周边收敛）做相关简要介绍。

12.5 隧道净空收敛量测

隧道净空收敛可采用收敛计或全站仪进行量测。隧道净空收敛是指隧道两侧壁面测点之间连线的相对位移。

12.5.1 量测仪器

隧道净空收敛量测是在隧道两侧壁面对称埋设测桩，用收敛计进行量测，如图12-6所示。目前隧道施工中常用的收敛计为弹簧式收敛计和重锤式收敛计。

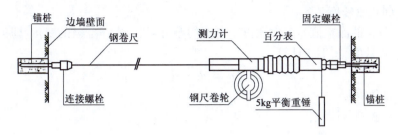

图 12-6　净空收敛量测图

12.5.2　测点布置

　　周边位移量测沿隧道纵向每 5~50m 布置一个量测断面。对于洞口段、浅埋地段、软弱地层段、大变形段,断面布置间距一般不大于 2 倍开挖洞径或 20m。地质条件差或重要工程,应加密布设。周边收敛量测断面和拱顶下沉量测断面应布置在同一断面(桩号)。每个量测断面,一般布置两条水平测线,如图 12-7 所示。三台阶法开挖时,上台阶一条测线、下台阶一条测线;三台阶法开挖的单洞四车道隧道,需设 3 条测线,每台阶至少一条测线。侧壁导坑开挖、双侧壁导坑开挖时,在导坑内按同样的方法布设测线。测线应高出开挖底面不小于 15m。

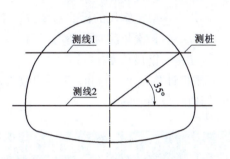

图 12-7　净空收敛测线布置图

12.5.3　测点埋设

　　隧道开挖初期数据变化较大,测点要及时埋设,要求在距开挖面 2m 范围内、开挖后 24h 内埋设,在下一循环开挖或爆破前能读取初始读数。

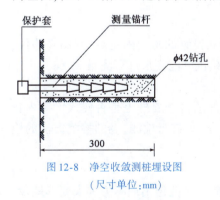

图 12-8　净空收敛测桩埋设图
(尺寸单位:mm)

　　隧道开挖初喷后,在测线布置位置钻直径 42mm、深 300mm 的孔,埋入测桩,测桩杆长大于 300mm,用锚固剂将测桩锚固在钻孔内(测桩不能焊在钢拱架上),测桩外露头需加保护套,如图 12-8 所示。每条测线两端各一个。喷射混凝土复喷时不要把保护套覆盖,可在喷射混凝土前用易凿除的填充物保护测头,待喷射混凝土复喷完成后,凿除覆盖喷层和保护填充物,露出测头,并用红色油漆做好标记。记录测点埋设桩号、测点编号和埋设时间。

12.5.4　数据分析

　　(1)每次测量后 12h 之内,应在室内对所量测的数据进行整理和分析。
　　(2)每条测线每次测取的 3 组读数,计算平均值作为本条测线本次的净空值。

(3)计算周边收敛值。

根据每次测得的净空值与上次测得净空值的差,得到两次净空值的变化,即为两次量测时间段内的周边收敛值,按下式计算:

$$\Delta d = d_i - d_{i-1}$$

式中:Δd——收敛值;
　　　d_i——本次测取读数;
　　　d_{i-1}——上次测取读数。

当隧道内温度变化较大时应对钢尺进行温度修正,按下式计算:

$$\varepsilon_t = \alpha(T_0 - T)L$$

式中:ε_t——温度修正值;
　　　α——钢尺线膨胀系数;
　　　T_0——鉴定钢尺的标准温度,$T_0 = 20℃$,也可以是洞内常温下的鉴定钢尺温度;
　　　T——每次量测时的平均气温;
　　　L——钢尺长度。

根据计算结果,绘制时间-周边收敛曲线。计算过程可用计算机编程完成,并自动生成时间-周边收敛曲线图。

12.6　隧道净空断面变形检测

隧道净空断面变形包括衬砌鼓出、裂缝发展、施工缝错台、衬砌沉降(陷)、电缆沟上翘、边沟下陷和冒出、路面沉陷和上鼓等,检测内容包括高程检测、隧道断面检测、隧道衬砌结构裂缝发展监测、拱顶及边墙沉降检测、路面和电缆沟沉降(陷)检测等。根据检测结果判断隧道整体沉降及隧道断面形状的变化情况,为隧道处治决策和处治设计提供依据。隧道衬砌结构变形监测与隧道施工监测类似,通过长期的定期或不定期观测,了解隧道衬砌结构变形与裂缝发展速度和发展趋势。

1)衬砌高程检测

衬砌高程检测,即通过隧道建设时期高程控制点或独立设置的永久固定点,利用经纬仪、水准仪或全站仪对隧道路面控制点、路沿和衬砌边墙或基础沉降与变形进行测量。

2)净空断面检测

采用激光断面检测仪对隧道净空断面进行检测,检查隧道衬砌混凝土是否侵入设计内轮廓线。也可采用过去采用的隧道净空检测尺和隧道检测(查)车进行检测,老的检测方法的检测过程和程序比较复杂,且精度较低,但比较直观。

3)衬砌结构变形监测

在地质不良地段,隧道上跨、下穿结构物等特殊地段,施工中隧道出现塌方和大变形地段,可对其净空变化进行长期的监测或检测,一般需对衬砌拱顶下沉和衬砌宽度收敛状况进行监测,特殊情况下可依照检测要求特别定制监测方案。衬砌结构变形状况和变形发展的监测方法、检测仪器和操作步骤可参照隧道施工监控量测要求进行,但不得影响车辆通行和行车安全。

习题

12-1 隧道钻爆法开挖时,主要采用的开挖方法有哪些?
12-2 隧道超前地质预报的方法有哪些?
12-3 论述激光断面仪的测量原理。
12-4 论述激光断面仪的测量步骤。

本章参考文献

[1] 张忠泽,骆晓斌.桥梁无损检测及检测信息集成分析技术研究综述[J].湖南交通科技,2004,30(3):61-64.
[2] 刘春艳.混凝土桥梁内部缺损无损检测技术及评定标准研究[D].广州:华南理工大学,2014.
[3] 吴佳晔,安雪晖.混凝土无损检测技术的现状和进展[J].四川理工学院学报(自然版),2009,22(4):73-78.
[4] 冷发光,周永祥,王晶.混凝土耐久性及其检验评价方法[M].北京:中国建筑工业出版社,2012.
[5] 中华人民共和国住房和城乡建设部,中华人民共和国国家质量监督检验检疫总局.混凝土结构现场检测技术标准:GB/T 50784—2013[S].北京:中国建筑工业出版社,2013.
[6] 中华人民共和国住房和城乡建设部,国家市场监督管理总局.建筑结构检测技术标准:GB/T 50344—2019[S].北京:中国建筑工业出版社,2020.
[7] 中华人民共和国住房和城乡建设部,中华人民共和国国家质量监督检验检疫总局.普通混凝土长期性能和耐久性能试验方法标准:GB/T 50082—2009[S].北京:中国建筑工业出版社,2010.

第 13 章　隧道喷锚衬砌施工质量检测

本章介绍了隧道喷锚衬砌施工质量检测相关内容及检测手段，包括锚杆的长度和注浆密实度、钢筋网片的铺设和搭接、钢架的安装、喷射混凝土的强度、厚度和平整度等。在学习过程中，需要了解隧道喷锚衬砌质量的检测内容，以及各检测内容的检测方法。

13.1　锚杆施工质量检测

13.1.1　概述

隧道开挖后，清除表面残渣，初喷混凝土，然后打入锚杆，挂网，立钢架，再喷射混凝土，把所有的支护包裹进去，这样就形成了联合支护。锚杆的作用主要是加固岩土体，控制变形，防止坍塌。隧道锚杆一般采用中空注浆锚杆，杆体中空且带有螺纹，长度 3 ~ 5m 较为常见。隧道锚杆见图 13-1。

锚杆支护是典型的隐蔽工程，锚杆在使用过程中，常常处于地下水的浸泡中。其锈蚀所导致的危害非常严重，不仅会造成支护力损失，严重时还可能造成边坡垮塌。而锚杆锈蚀的最主要原因在于注浆不密实造成水和空气进入，因此，其灌浆质量直接影响支护体系的耐久性和安全。另外，由于施工质量的问题，锚杆长度不足也是一个普遍的问题。

在施工时锚杆容易出现长度不足和注浆不密实等问题，可以通过无损检测的方法进行检查。本章主要介绍基于冲击弹性波的锚杆长度检测及锚杆注浆密实度无损检测技术。

a) 中空注浆锚杆

b) 隧道锚杆施工

图 13-1 隧道锚杆

13.1.2 锚杆长度检测

13.1.2.1 方法介绍

在锚杆中间某处的灌浆出现不密实现象时,相当于出现材料的不连续性,这种不连续性可以用机械阻抗来表示(一般用 z 来表示材料的机械阻抗,$z=\rho CA$,其中 A 是断面截面积)。发生变化的边界面上,传播的弹性波会产生波的反射和透过。

锚杆长度检测利用的是波的反射特性和衰减特性。通过激振杆端外露截面,产生的冲击弹性波在杆内部进行传播,当冲击弹性波到达杆底与空气临界处时,由于介质产生的差异会发生反射,见图 13-2。根据反射波的走时和杆中的应力波传播速度,采用时域或频域分析方法就可以确定出锚杆长度。

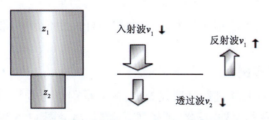

图 13-2 机械阻抗面产生波的反射和透过

锚杆长度检测

在锚杆长度检测中测试得到的反射波具有如下性质:

(1) 在均质杆体中,若机械阻抗相同($z_1=z_2$),不产生反射。

(2) 杆底一般位于岩土或浆料中,由于岩土和浆料的阻抗较低即机械阻抗减少($z_1>z_2$),在杆底就会产生反射,且反射信号的相位与入射信号相同。

(3) 在杆体与浆料、岩体构成的杆系中,注浆缺陷处也会产生相应的反射。

13.1.2.2 数据分析

锚杆长度计算可采用时域反射波法、幅频域频差法等,见图 13-3。

1) 时域反射波法

根据时域反射波法计算锚杆杆体长度应按下式:

$$L = \frac{1}{2} C_m \times \Delta t_e \tag{13-1}$$

式中：L——杆体长度（m）；

C_m——计算波速（也称为杆系波速，一般在 3.8～5.2km/s 之间），可通过锚杆模拟试验得到；

Δt_e——时域杆底反射波旅行时间（s）。

2）幅频域频差法

根据幅频域频差法计算锚杆杆体长度应按式 13-2 计算：

$$L = \frac{C_m}{2\Delta f} \tag{13-2}$$

式中：Δf——幅频曲线上杆底相邻谐振峰间的频差，见图 13-3。

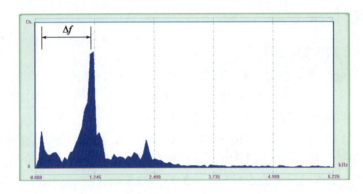

图 13-3　Δf 的说明

需要说明的是，幅频域频差法适用于长度较小的锚杆。用倍频现象可以有效地提高对 Δt_e 的提取精度。

13.1.2.3　检测波形实例

锚杆往往置于岩体（石）中，并且经过灌浆处理，杆底反射信号受灌浆质量等多种因素影响。灌浆越密实，底部反射信号越弱，反之，则越强，如图 13-4～图 13-6 所示。

13.1.3　锚杆注浆密实度检测

13.1.3.1　方法介绍

当锚杆灌浆较差时，在缺陷处容易积水和空气，从而加剧锚杆的锈蚀并降低锚杆的耐久性。由于锚杆注浆密实度的检测设备和检测工作与长度检测完全相同，因此，长度和注浆密实度的检测可以一并进行。

13.1.3.2　检测原理

锚杆注浆密实度检测是基于波的反射（包括反射能量衰减）特性和振动衰减特性对锚杆的灌浆质量进行检测和评估的一种无损检测方法。

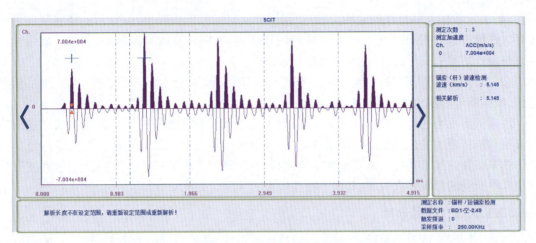

图 13-4　未灌浆的锚杆波形

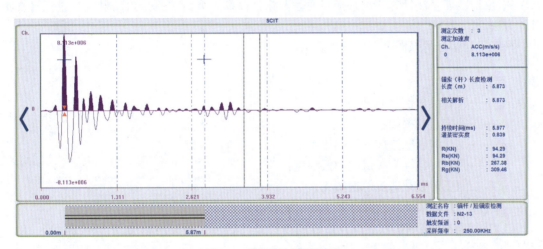

图 13-5　灌浆较好的锚杆波形

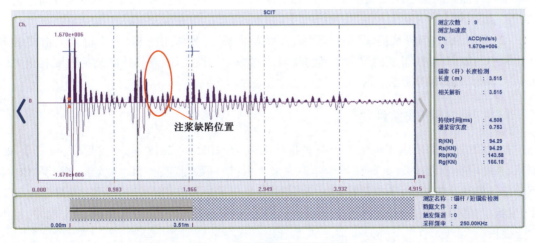

图 13-6　存在灌浆缺陷的锚杆波形

（1）基于波的反射特性的检测方法：根据杆底反射信号的强弱，可以判断锚杆灌浆质量的好坏。在锚杆长度相同的条件下，杆底反射信号越弱，表明注浆密实度越好。此外，如果能够辨别缺陷处的反射信号，据此也可以推断灌浆缺陷。

（2）基于振动衰减特性的检测方法：在锚杆顶端激振后，会在锚杆上诱发振动，灌浆质量越好，激振信号收敛也就越快。

注浆密实度可通过两种方式估算，即有效长度法和反射波能量法。有效长度法通过缺陷的长度和锚杆埋入的比值来衡量注浆密实度；反射波能量法根据杆底反射波的能量占总能量的比例来估算注浆密实度。需要注意的是，两种方法得到的注浆密实度均为估算值，在实际检测工作中所受的影响因素较多，其误差往往较大。

13.1.3.3 数据分析

注浆密实度应该根据激振波形特征、时域反射特性、频域（幅频）反射特征等，并结合有效长度法、反射波能量法计算的注浆密实度等来综合评判。下面主要介绍反射波能量法计算的具体方法。

杆底反射信号的强弱可以用下式表示：

$$A_B = A_0 \cdot \eta_1 \cdot \eta_2 \cdot \eta_3$$

式中：A_B——杆底反射信号的振幅；

A_0——基准点的振幅；

η_1——因几何衰减造成的振幅比；

η_2——因材料黏性衰减造成的振幅比；

η_3——因反射衰减造成的振幅比。

其中，几何衰减和反射衰减是最主要的能量衰减。

（1）几何衰减（又叫扩散衰减）：激发的弹性波伴随传播距离的增加，前锋波面增大，单位面积的能量减小。在灌浆密实的锚杆中，弹性波沿着锚杆与灌浆料的接触面向四周逸散，因此其振幅与传播距离接近反比关系。另外，如果灌浆质量不好，弹性波无法从空腔部分向四周逸散，因此衰减较小。

（2）反射衰减：与杆底前端的岩体阻抗有很大关系，当岩体阻抗越大，反射衰减造成的振幅比越小。如前所述，杆底的反射与其前端岩体的力学特性，以及与岩体的黏结程度有很大的关系。当然，岩体越坚硬，η_3越小。

13.1.4 锚杆质量评定

根据《高速铁路隧道工程施工质量验收标准》（TB 10753—2018）的相关要求，锚杆类型、规格、长度应符合设计要求，每循环检验不少于3根；锚杆数量应符合设计要求，施工单位、监理单位每循环全数检查；各类锚杆的胶结、锚固质量应采用冲击弹性波法检测，并符合设计要求，全长胶结锚杆的锚固长度不应小于设计长度的95%；每循环按设计数量的10%检验，且不少于2根。

13.2 钢筋网及钢架检测

13.2.1 原材料检查

钢筋网片及格栅钢架所用钢筋原材料进场检验数量和检验方法应符合《铁路混凝土工程施工质量验收标准》(TB 10424—2018)的相关规定。

钢筋进场时,应对其质量指标进行全面检查,按批检查其直径、每延米质量并抽取试件做屈服强度、抗拉强度、伸长率和冷弯试验,其质量应符合设计要求和《钢筋混凝土用钢》(GB/T 1499)等的规定。

(1)检验数量:以同牌号、同炉罐号、同规格的钢筋,每60t为一批,不足60t也按一批计。施工单位每批抽检一次;监理单位按施工单位抽检次数的10%进行见证检验,但至少一次。

(2)检验方法:施工单位全部检查质量证明文件,按批抽样测量直径、称量每延米质量并进行屈服强度、抗拉强度、伸长率和冷弯试验;监理单位全部检查质量证明文件、试验报告,并进行见证检验。

成型钢筋进场时,应抽取试件做屈服强度、抗拉强度、伸长率和质量偏差检验,检验结果应符合国家现行有关标准的规定。对由热轧钢筋制成的成型钢筋,当有施工单位或监理单位的代表驻厂监督生产过程,并提供原材钢筋力学性能第三方检验报告时,可仅进行质量偏差检验。

(1)检查数量:同一厂家、同一类型、同一钢筋来源的成型钢筋,不超过60t为一批,每批中每种钢筋牌号、规格均应至少抽取1个钢筋试件,总数不应少于3个。施工单位每批抽检一次;监理单位按施工单位抽检次数的10%进行见证检验,但至少一次。

(2)检验方法:施工单位检查质量证明文件、抽样检验报告并进行质量偏差检验。监理单位检查质量证明文件、抽样检验报告并进行见证检验。

13.2.2 钢筋连接检查

钢筋焊接接头和机械连接接头应按批抽取试件做力学性能检验,钢筋焊接接头质量应符合设计要求和《钢筋焊接及验收规程》(JGJ 18—2012)的规定,钢筋机械连接接头质量应符合设计要求和《钢筋机械连接技术规程》(JGJ 107—2016)的规定。

检验数量:钢筋接头外观质量施工单位、监理单位全部检查。焊接接头的力学性能检验以同等级、同规格、同接头形式和同一焊工完成的每300个接头为一批,不足300个也按一批计。机械连接接头的力学性能检验以同一施工条件下同批材料、同等级、同规格、同接头形式的每500个接头为一批,不足500个也按一批计。施工单位每批抽检一次;监理单位按施工单位抽检次数的20%进行见证检验,但至少一次。

检验方法:钢筋接头外观检验,施工单位、监理单位观察和尺量。施工单位对焊接接头和机械连接接头做拉伸试验,对闪光对焊接头增做冷弯试验;监理单位检查试验报告,并进行见证检验。

受力钢筋的连接方式、接头位置应符合设计要求。钢筋接头应设置在承受应力较小处,并应分散布置。"同一连接区段"内,有接头的受力钢筋截面面积占受力钢筋总截面面积的百分率应符合设计要求。设计无要求时,应符合下列规定:

(1)焊接接头在受弯构件的受拉区不应大于50%,轴心受拉构件不应大于25%。

(2)机械连接接头的受弯构件不应大于50%,轴心受拉构件不应大于25%。

(3)绑扎接头在构件的受拉区不应大于25%,在受压区不应大于50%。

(4)钢筋接头应避开钢筋弯曲处,与弯曲点的距离不应小于钢筋直径的10倍。

(5)在同一根钢筋上应少设接头,同一连接区段内,同一根钢筋上不应超过一个接头。

(6)当施工中分不清受拉区或受压区时,接头设置应符合受拉区规定。

(7)同一连接区段的确定应符合下列规定:

①焊接接头或机械连接接头的同一连接区段长度为$35d$(d为纵向受力钢筋的较大直径),且不小于500mm。

②绑扎接头的同一连接区段长度为1.3倍搭接长度,且不小于500mm。

③凡接头中点位于该连接区段长度内的接头均属于同一连接区段。

检查数量:施工单位、监理单位全部检查。

检查方法:观察和尺量。

13.2.3 钢筋网检测

13.2.3.1 检测方法及要求

钢筋网质量为隧道工程质量主控项目之一,现有检验方法为观察、尺量,留存影像资料。

检查数量:施工单位、监理单位每循环全数检查。

13.2.3.2 铺设质量及外观检查

钢筋网片(图13-7)网格间距允许偏差应为±5mm,相邻钢筋网搭接长度应不少于一个网格,钢筋网片表面应无严重锈蚀、焊点无脱落。

图13-7 隧道钢筋网片

13.2.4 钢架检测

隧道钢架分为型钢钢架和格栅钢架两种。型钢钢架结合隧道开挖方法采用型钢弯制机按照隧道断面曲率分节进行弯制,弯制完成后,先在钢拱架试拼台上进行试拼。格栅钢架在现场设计的工装台上加工,根据不同断面的钢架主筋轮廓放样成钢筋弯曲模型。钢架在胎模内焊接,控制变形。按设计加工好各单元格栅钢架后,组织试拼,检查钢架尺寸及轮廓是否合格。隧道钢架见图13-8。

图 13-8　隧道钢架

根据测设的位置,各节钢架在掌子面以螺栓连接且连接板密贴。为保证各节钢架在全环封闭之前置于稳固的地基上,安装前应清除各节钢架底脚下的虚碴及杂物。

(1)钢架及其连接螺栓的种类和材料规格应符合设计要求。

检验数量:施工单位、监理单位每循环全数检查。

检验方法:观察尺量,留存影像资料。

(2)钢架数量应符合设计要求。

检验数量:施工单位、监理单位每循环全数检查。

检验方法:计数,留存影像资料。

(3)钢架应置于牢固的基础上,钢架锁脚锚杆(管)、钢架节段间连接、钢架纵向间连接应符合设计要求。

检验数量:施工单位、监理单位每循环全数检查。

检验方法:观察,留存影像资料。

(4)钢架安装允许偏差应符合表13-1的规定。

钢架安装允许偏差　　　　　表13-1

序　号	项　目	允 许 偏 差
1	横向位置	±20mm
2	垂直度	±1°
3	钢架间距	±100mm

检验数量:施工单位每循环全数检查。

检验方法:测量,尺量。

13.3 喷射混凝土质量检测

13.3.1 概述

喷射混凝土是一种用压力喷射装置施工的细石混凝土，主要用于隧道初期支护喷锚、路基边坡喷锚、钢结构保护层及其他薄壁结构；掺钢纤维的喷射混凝土还可用于隧道永久衬砌。喷射混凝土按喷射工艺分为干法喷射混凝土和湿法喷射混凝土。

干法喷射混凝土是将水泥、砂、石、粉状速凝剂等材料按一定比例搅拌混合均匀，用混凝土干喷机以松散、干燥、悬浮状态输送至喷枪，再混合一定比例的压力水喷射到受喷面上。干喷工艺简单，设备投入少，易操作，输送距离长，但粉尘大、回弹率高，强度不均匀，不宜采用。

湿法喷射混凝土是将各种原材料按一定比例加水搅拌成混凝土，采用湿喷机输送至喷枪，加入速凝剂后喷射到受喷面上。湿喷混凝土质量稳定，粉尘小，回弹较低，机械化程度高，施工条件较好，但设备投入较大。

隧道工程宜采用湿法喷射混凝土，尤其软弱围岩及不良地质隧道初期支护喷混凝土应采用湿喷工艺，特殊地质条件下需另行设计喷射工艺。

13.3.1.1 原材料质量要求

(1) 水泥应采用硅酸盐水泥或普通硅酸盐水泥，必要时采用特种水泥，如快硬硅酸盐水泥、快硬硫铝酸盐水泥、抗硫酸盐水泥等。

(2) 细集料细度模数应大于2.5，含泥量应不大于3%，泥块含量应不大于0.5%。其他指标应符合铁路混凝土用细集料的技术要求。

(3) 粗集料最大粒径不宜大于16mm，其他指标应符合铁路混凝土用粗集料的技术要求。

(4) 速凝剂按同厂家、同品种、同批号每50t为一批（不足50t也按一批计），检验匀质性、凝结时间、抗压强度比及与水泥适应性等指标。

(5) 拌和用水宜采用饮用水，其他水源的水质应符合铁路混凝土拌和用水的技术要求。

(6) 纤维不得含有妨碍与水泥黏结、妨碍水泥硬化的物质，钢纤维不得有明显锈蚀和油渍。纤维应按批检验，其检验规定和指标应符合《铁路混凝土工程施工质量验收标准》(TB 10424—2018)的要求。

13.3.1.2 喷射混凝土施工质量要求

(1) 喷射混凝土应满足设计的强度等级、初期强度、厚度等要求。设计无明确要求时，3h强度应达1.5MPa，24h强度应达10.0MPa。

(2) 喷射混凝土配合比应根据原材料性能、混凝土设计指标通过试验确定，水胶比不大于0.5，胶凝材料用量不宜低于400kg/m³。同强度等级、同性能混凝土应进行一次配合比试验选定；当原材料、施工工艺发生变化时，应重新进行配合比试验选定。掺入速凝剂通常会降低混凝土28d抗压强度，其降低幅度与速凝剂性能及与水泥相容性有关，配合比设计时应予注意。干法喷射混凝土一般使用粉状速凝剂，湿法喷射混凝土宜使用液态速凝剂。

(3) 进行喷射混疑土厚度检查时，检查点数90%及以上应大于设计要求。

(4)喷射混凝土终凝2h后应进行养护,养护时间不少于14d。冬季施工时,作业区的气温和进入喷射机的混合料温度均不应低于5℃。

13.3.2 喷射混凝土抗压强度检测

13.3.2.1 试验方法

(1)喷大板切割法。应在施工作业时进行,将混凝土喷射至45cm×35cm×12cm(可制成6块试件)或45cm×20cm×12cm(可制成3块试件)的无底模型内,当混凝土达到一定强度后,加工成10cm×10cm×10cm的立方体试件,标准养护至28d进行混凝土抗压强度试验(精确至0.1MPa)。

(2)凿方切割法。当对喷大板切割法所测强度有怀疑时,可采用凿方切割法制作检查试件。在具有一定强度的喷射混凝土支护实体上,用凿岩机打密排钻孔,取出长35cm、宽15cm的混凝土块,加工成10cm×10cm×10cm的立方体试件,标准养护至28d进行混凝土抗压强度试验(精确至0.1MPa)。

(3)钻孔取芯法。当对喷大板切割法所测强度有怀疑时,也可采用钻孔取芯法制作检查试件。在达到28d龄期的支护实体上,用钻芯机钻取并加工成高10cm、直径10cm的圆柱体试件进行混凝土抗压强度试验(精确至0.1MPa)。

13.3.2.2 喷射混凝土强度质量评定

(1)喷射混凝土的24h强度不应小于10MPa。

检验数量:同强度等级、每级连续围岩检验不少于一次。

(2)喷射混凝土强度应符合设计要求。

检验数量:施工单位同强度等级、每级连续围岩12m检验不少于一次,监理单位按施工单位检验次数的10%进行平行试验。

检验方法:符合《铁路混凝土工程施工质量验收标准》(TB 10424—2018)的规定。对实体强度有怀疑时,现场钻芯取样检验。

13.3.3 喷射混凝土厚度及平整度检测

(1)施工单位每作业循环检查一个断面,每个断面每隔2m埋设一个厚度检查钉作为标志,或喷射8h后凿孔检查。

监理单位见证试验或按施工单位检查断面的20%进行平行检验。

喷射混凝土平均厚度应满足设计要求,且90%以上的检测点应不小于设计厚度值。

检验数量:全断面开挖每循环检验一个断面;分部开挖每3~5m检验一个断面。

检验方法:埋钉法或凿孔法,断面检查点间距不大于2m。

(2)喷射混凝土表面应平顺,两突出物之间的深长比(D/L)不应大于1/20。其中,D为初期支护基面相邻两凸面凹进去的深度,L为初期支护基面相邻两凸面之间的距离,L不大于1m。

检验数量:施工单位全数检查。

检验方法:观察,尺量。

习题

13-1 简述隧道喷锚衬砌施工工序。

13-2 简述锚杆质量检测方法及要求。

13-3 喷射混凝土质量检测内容有哪些?

本章参考文献

[1] 吴佳晔.土木工程检测与测试[M].北京:高等教育出版社,2015.

[2] 国家铁路局.高速铁路隧道工程施工质量验收标准:TB 10753—2018[S].北京:中国铁道出版社,2019.

[3] 国家铁路局.铁路隧道工程施工质量验收标准:TB 10417—2018[S].北京:中国铁道出版社,2019.

第14章 隧道衬砌质量检测

本章主要介绍了铁路隧道衬砌质量检测、隧道防排水系统的常规检测及隧道二衬的深部脱空检测。在学习过程中,需要掌握常见铁路隧道衬砌的常见病害及其常用的质量检测与评定方法,了解隧道衬砌的防排水系统。

14.1 衬砌混凝土质量检测

14.1.1 混凝土质量检测指标

混凝土衬砌结构是目前隧道衬砌工程中最主要的结构形式,混凝土质量检测除对原材料进行检测外,还要检测混凝土强度、混凝土衬砌厚度、混凝土密实度、混凝土衬砌外观、混凝土衬砌背后空洞。

1)混凝土强度

混凝土强度包括抗压强度、抗拉强度、抗剪强度、疲劳强度等。由于这些指标之间存在一定的内在联系,在一般试验检测中,只检测混凝土的抗压强度,并由此推测混凝土的其他强度。混凝土抗压强度是其物理力学性能及耐久性的一个综合指标,工程中把它作为检测混凝土强度的主要指标。

2)混凝土衬砌结构厚度

混凝土衬砌结构厚度是发挥混凝土衬砌结构支护作用的重要保障。混凝土衬砌结构厚度检测是控制混凝土施工质量的重要环节。混凝土衬砌结构厚度检测被列为质量等级评定的基本项目，也是保证工程质量的主要检验项目。

3）混凝土密实度

混凝土密实度是指混凝土固体物质部分的体积占总体积的比例，说明混凝土体积内被固体物质所充填的程度，即反映了混凝土的致密程度。衬砌结构混凝土密实度对混凝土强度和耐久性影响较大。在实际检测中通常以混凝土密实性作定性描述。

4）混凝土衬砌外观

混凝土衬砌外观检测包括蜂窝、麻面、裂缝、平整度和几何轮廓、钢筋外露等，混凝土衬砌表面轮廓线应顺直、规整、光滑、色泽一致。每平方米的面积中，蜂窝、麻面和气泡面积不应超过0.5%。蜂窝、麻面深度不应超过5mm。

5）混凝土衬砌背后空洞

混凝土衬砌是隧道围岩的支护结构和维护结构，只有与初期支护密贴接触，才能对围岩起到支护作用。但实际工程中，由于超挖、混凝土收缩或混凝土供料不足等原因，混凝土衬砌与围岩脱离，形成空洞。混凝土衬砌与围岩（初期支护）之间存在空洞时，由于空洞处失去对围岩的约束，混凝土衬砌的受力条件与计算假定条件出现偏差，结构承载能力会受到一定影响，同时也影响隧道围岩的稳定。因此，混凝土衬砌背后空洞检测是控制混凝土施工质量的重要环节。混凝土衬砌背后空洞合格标准与喷混凝土有所不同，一般情况下需满足下列要求。

（1）衬砌背后应无空洞、无回填杂物，超挖部分按设计要求处理。

（2）空洞累计长度不大于隧道总长的3%，单个空洞面积不大于3m²。

14.1.2 混凝土抗压强度试验

混凝土抗压强度是隧道衬砌混凝土的主要性能指标，其质量检查的方法主要有标准试件法、取芯法、回弹法、超声-回弹综合法以及冲击弹性波法（P波法、R波法）等。详细内容请参考本书第2章"2.2 混凝土强度检测"一节。

14.1.3 混凝土衬砌厚度检测方法

14.1.3.1 凿芯法和冲击钻打孔量测法

凿芯法和冲击钻打孔量测法是现场检测的主要方法，是最直观、最可靠和最准确的检测方法。不足之处在于此方法具有破坏性，需要把衬砌凿穿，容易凿穿防水层。此方法仅针对衬砌厚度个别"点"的测量，实测过程中，隧道衬砌厚度值变化较大时，并不能依靠此方法全面反映厚度情况。

1）凿芯法

凿芯法（即钻孔取芯量测法）是通过量测混凝土芯样的长度，以准确地获得该处混凝土衬砌的厚度。钻孔取芯的设备与前述钻芯法检测混凝土强度一样，但多选用小直径钻头。

2）冲击钻打孔量测法

对于普查性检测，采用凿芯法成本高，且费时、费力，可选用冲击钻打孔量测法。具体做法是先在待检测部位用普通冲击钻打孔，然后量测孔深。为提高量测精度，可以采用已知长度为

L_0 的带直角钩的高强度铁丝深入钻孔中至孔底,平移铁丝并缓慢向孔壁移动,使直角钩挂在混凝土衬砌外表面。用铁丝量测衬砌厚度可用下式计算:

$$L = L_0 - L_i \tag{14-1}$$

式中:L_0——铁丝的直段长度;

L_i——量测铁丝外露部分长度。

如果铁丝直钩不能够挂在混凝土衬砌外表面,则表明衬砌背后无孔洞或较大离缝,直接量测铁丝外露部分即可。

14.1.3.2 激光断面仪检测法

激光断面仪检测法是在同一断面位置,将用隧道激光断面仪检测的喷锚衬砌内轮廓线与二次模筑混凝土衬砌内轮廓线对比,即可得出模筑混凝土衬砌的厚度。利用该方法必须满足以下条件:

(1)衬砌浇筑前已有初期支护内轮廓线的实测结果。

(2)衬砌背后不存在空洞或间隙。

(3)初期支护内轮廓线的实测结果与二次模筑混凝土衬砌内轮廓线的测试结果在同一坐标系中的同一断面位置。

14.1.3.3 直接测量法

直接测量法是以二次模筑混凝土衬砌内模为参照物,直接测量。二次衬砌模板台车就位后,在模板台车端头沿台车内模以不大于 2.0m 的间距布置测点,以内模法线方向用直尺直接量取模板与初期支护表面的距离,可得到二次模筑混凝土衬砌厚度。

14.1.3.4 地质雷达法

地质雷达法在混凝土衬砌表面布置纵向连续测线,采用地质雷达设备配合高频天线对衬砌结构进行扫描,得到衬砌结构厚度数据。检测方法与喷射混凝土厚度检测相同。

14.1.3.5 冲击回波法

冲击回波法主要是采用弹性波的反射原理。在隧道衬砌表面向混凝土内部激发瞬态弹性波,当弹性波在传播过程中遇到不同介质时,会造成波阻抗的变化即存在反射界面,弹性波将发生反射,通过接收并分析反射波信号,进而测定混凝土衬砌厚度。

14.1.3.6 IAE 法

IAE 法即冲击回波声频法,其测试原理与冲击回波法相同,但拾振元件为非接触式拾音器。相对而言,冲击回波法的传感器较小,灵敏度高,但易受传感器的安装状态影响,稳定性较差;而冲击回波声频法则相反,拾音器因需要隔音装置而体积变大,灵敏度变低,但其受被测体表面状态影响小,稳定性好。

14.1.4 混凝土衬砌质量检测

14.1.4.1 敲击法测表层脱空

当敲击混凝土结构表面时,在表面会诱发振动。

另外,脱空会引起结构抵抗特性的变化,也就是说,脱空使得参与振动的质量减少,在同样的激振力下,产生的加速度会增加,传感器直接拾取结构表面的振动信号,进而分析结构内部脱空情况。

14.1.4.2 钻孔取芯量测法

可与凿芯法检测混凝土衬砌厚度同时进行,取芯后,在孔内可用直尺量取数据,或用内窥镜观察空洞情况。

14.1.4.3 冲击钻打孔量测法

在采用已知长度为 L_0 的用带直角钩的高强度铁丝量测混凝土衬砌厚度同时,将铁丝直接插入底部,量取外露长度 L_i,将测得的衬砌厚度 L 扣除,即为空洞高度(厚度)L_k。

$$L_k = L_0 - L_i - L \tag{14-2}$$

如果铁丝直钩不能够挂在混凝土衬砌外表面,则表明衬砌背后无孔洞或较大离缝。

14.1.4.4 地质雷达法

检测方法与衬砌厚度检测方法相同,具体方法详参本章 14.1.3。

14.1.4.5 IAE 法

IAE 法主要是采用弹性波的反射原理。IAE 法是在隧道衬砌表面向混凝土内部激发瞬态弹性波,当混凝土内部存在反射界面时,弹性波将发生反射,通过接收分析反射波信号进而测定混凝土厚度并判定内部缺陷。IAE 法也接收直达波,用于测定纵波速度并作为判识缺陷深度的计算依据。

IAE 法适用于检测隧道混凝土衬砌厚度、内部缺陷等。

IAE 法是利用一个短时的瞬态冲击(用一个小球或者小锤轻敲混凝土表面)产生低频的应力波,应力波传播到结构内部,被缺陷和构件底面反射回来,本系统采用声频检测仪拾取被测体的振动信号,并传送到信号处理仪器;将所记录的信号进行分析,从而确定结构的厚度和缺陷的位置,如图 14-1 所示。

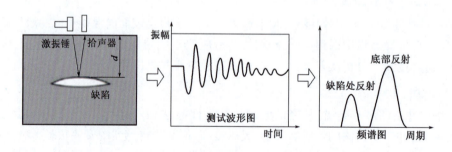

图 14-1 IAE 法检测过程示意图

结构反射面与激振点平面的距离 H 按下式计算:

$$H = (v_p \cdot T)/2 \tag{14-3}$$

式中:v_p——检测用波速,可通过现场标定取得;

T——底部时间,可通过数据分析获取(ms)。

图 14-2 为一典型的 IAE 法检测结果图形。

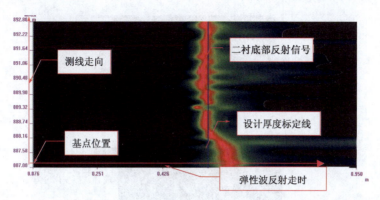

图 14-2 典型的 IAE 法检测结果图形

利用该方法对隧道二衬进行检测时,需要明确检测对象可能存在的缺陷类型,有助于准确的判定缺陷的类型。缺陷可以分为以下几类:

(1)衬砌本身完好(图 14-3)。

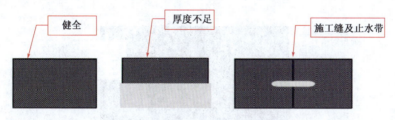

图 14-3 衬砌本身完好的类型示意

①厚度不符合设计要求,过厚或过薄。
②施工缝及止水带附近。

(2)衬砌混凝土材质差、不密实,存在集料离散及大、小空洞等。

(3)衬砌完整性差,存在脱空面、裂缝面等(图 14-4)。

①脱空:二衬内存在与衬砌表面平行的不连续面。根据其所处的深度位置,又可以分为浅层、中层及深层脱空。

②裂缝:二衬内存在与衬砌表面垂直的不连续面。

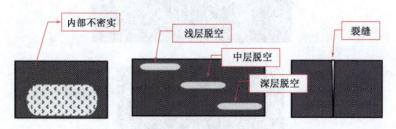

图 14-4 衬砌缺陷的类型示意

1)缺陷类型
(1)健全部位。
①二衬结构材质均匀,二衬厚度一致,与设计厚度标定线(蓝线)重合(图 14-5)。
②板的厚度有变化(图 14-6)。

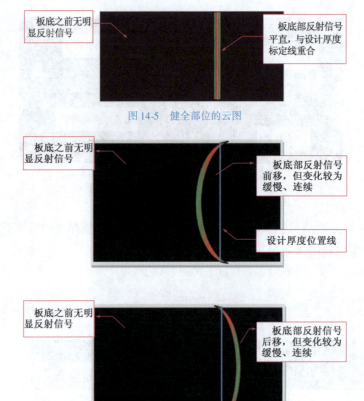

图 14-5　健全部位的云图

图 14-6　厚度变化的云图（上：厚度不足；下：厚度超厚）

（2）衬砌混凝土内部缺陷材质差、不密实（图 14-7）。

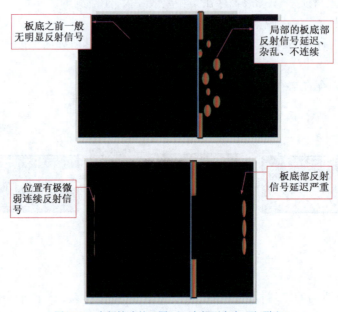

图 14-7　内部缺陷的云图（上：内部不密实；下：脱空）

2）AI 辅助检测

AI 辅助检测（图 14-8）主要包含：

(1) 在检测软件中生成 AI 用参数文件。

(2) 该参数文件可用于 AI 模型的训练，也用于 AI 的预测。

(3) 该参数文件可以由检测人员操作软件生成，也可以由服务器自动生成。

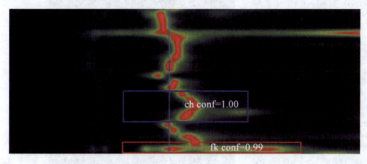

图 14-8　隧道二衬质量 AI 辅助检测图

隧道衬砌 IAE 法 AI 检测

14.1.5　衬砌外观缺陷检测

隧道混凝土衬砌外观缺陷检测包括裂缝、蜂窝、麻面、平整度、几何轮廓等的检测。外观缺陷检测可用人眼观察，也可用有刻度的放大镜、塞尺皮尺等量测，并采用手绘记录、拍照记录。近年来逐步采用了红外成像法连续扫描记录，快速、直观、准确。衬砌平整度和内轮廓线检测的基本要求及检测方法前已述及，这里仅介绍采用手机识别裂缝和塞尺检测衬砌混凝土裂缝宽度及深度。

14.1.5.1　裂缝识别

裂缝识别目前最常用的方法为刻度放大镜法，但是随着现阶段手机的摄像功能逐步强大，现阶段也有采用手机拍照的方式进行识别。

1）刻度放大镜法

刻度放大镜也称裂缝显微镜。操作方法是将物镜对准待观测裂缝，通过旋转显微镜侧面的旋钮可将图像调整清晰，可直接从目镜读出裂缝的宽度值。

部分裂缝显微镜具有自动测读裂缝宽度的功能，具有很高的分辨率，显微镜有一个在任何工作条件下都能提供清晰图像的可调光源。如 Wexham 裂缝显微镜是一种性能优越的产品，用来测试混凝土和其他材料中的裂缝宽度；目镜分度镜可以 360°旋转，以达到与所测裂缝平行的目的。量程为 4mm，被 0.2mm 的刻度格分割，0.2mm 刻度格又被 0.02mm 的小刻度格分割。

2）手机拍照识别法

目前的智能手机都有拍照的功能且有很高的分辨率。利用手机的拍照功能和图像识别技术，可以简单地对混凝土结构的裂缝进行识别和勾勒（图 14-9）。

此外，还可以对多张拍照的裂缝图片进行拼接。手机拍照宽度识别主要是在裂缝的旁边放一个参照物（主要是宽度的参照）进行拍照，再通过软件的一系列算法及图形变换，可以对裂缝的宽度进行检测和统计。同时，直接利用手机也可以实现裂缝深度的检测，如图 14-10

所示。

对混凝土模型的裂缝深度进行了测试,得到的深度为85mm,与设计值一致。

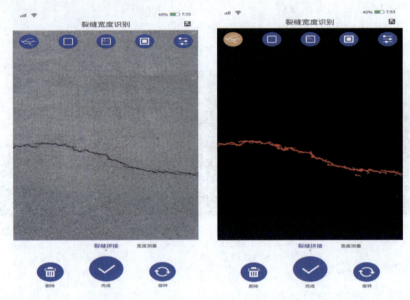

图 14-9　裂缝照片及裂缝识别和勾勒

手机识别裂缝宽度

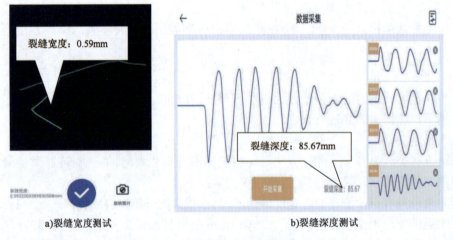

a)裂缝宽度测试　　　b)裂缝深度测试

图 14-10　基于手机的裂缝测试案例

基于手机的裂缝深度测试

14.1.5.2　塞尺检测

塞尺由标有厚度的数个薄钢片组成,可以量测裂缝的宽度和深度。根据插入裂缝的钢片厚度和深度,得出宽度较大的裂缝的宽度和深度。

14.1.5.3　外观合格标准

衬砌混凝土轮廓线顺直、规整,衬砌表面应密实、无裂缝,颜色应均匀一致。混凝土表面每隧道延米中,蜂窝、麻面和气泡面积不应超过0.5%,蜂窝、麻面深度不应超过5mm。

14.1.6 施工冷缝检测

详参第4章的4.2,这里不详细叙述。

14.2 隧道衬砌防排水及渗漏水检测

14.2.1 隧道衬砌防排水检测

隧道开挖改变了地下水径流途径,隧道可能成为地下水新的排泄通道,地下水渗入隧道,将增大隧道的施工难度,影响施工质量。另外,隧道渗漏水的长期作用,将影响隧道结构的耐久性,降低隧道内各种设施的使用效率和寿命,给隧道的运营条件带来不良影响。因此,隧道衬砌结构设计中,均设计了完善的防排水系统,以减少和防止地下水对隧道的危害。良好的防排水,是保证隧道衬砌结构耐久性和行车舒适性的重要条件。

14.2.1.1 隧道防排水的基本原则及要求

隧道防排水应遵循"防、排、截、堵结合,因地制宜,综合治理"的原则。隧道防排水设计应对地下水妥善处理,洞内外应形成一个完整畅通的防排水系统。

铁路隧道防排水应满足下列要求:
(1)拱部、边墙、路面、设备箱洞不渗水。
(2)有冻害地段隧道衬砌背后不积水,排水沟不冻结。
(3)车行横通道、人行横通道等服务通道拱部不滴水,边墙不淌水。

隧道防排水工程,应注意保护自然环境。当隧道内渗漏水引起地表水减少,影响居民生产、生活用水时,应对围岩采取堵水措施,以减少地下水的渗漏。

14.2.1.2 隧道防排水系统组成

1)复合式衬砌防排水系统

复合式衬砌是目前我国隧道工程中采用最多的一种结构形式。其防排水系统基本组成如图14-11所示。

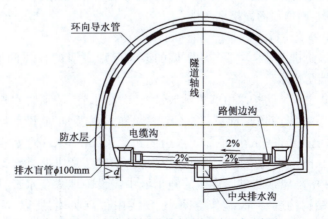

图14-11 复合式衬砌防排水系统基本组成示意图

(1)防水。

复合式衬砌结构的防水,是在初期支护与二次衬砌之间铺设防水层,相当于给二次模筑混凝土衬砌"穿上一层雨衣"。防水层包括无纺布和防水板。无纺布通常采用土工织物,铺设在初期支护与防水板之间,起缓冲、滤水和导水作用。防水板通常采用高分子防水卷材,包括EVA、ECB、PE(含HDPE、LDPE)等,近年来有的也采用预铺反黏类(通常称为自黏式)卷材,它具有防止结构与卷材间水窜流等的特性。

二次衬砌是隧道防水的最后一道防线,二次衬砌混凝土自身的防水性能也有一定要求,规定二次衬砌混凝土的抗渗等级在有冻害地段及最冷月份平均气温低于-15℃的地区不低于P8,其余地区不低于P6。

此外,为防止二次衬砌施工缝渗水,隧道中采用了中埋式止水带、背贴式止水带等施工缝止水材料。

(2)排水。

隧道内水的来源一般是围岩中渗出的地下水和隧道使用过程中产生的污水,需要通过完善的排水系统排出洞外。

①围岩体内渗水通过防水板与初期支护间的土工布(无纺布)及环向排水管,汇入二次衬砌拱脚处沿隧道纵向设置的排水管,再通过与纵向排水管相连的横向导水管,排入路面下方的深埋(中央)水沟排出洞外。

②路基下渗出的地下水通过路面下渗水盲管汇入深埋(中央)水沟或路侧边沟排出洞外。

③隧道内路面污水由路侧边沟排出洞外。

2)明洞防排水

(1)防水。

明洞防水和洞内防水一样,是在衬砌背后铺设防水层,在明洞衬砌混凝土浇筑完成、拆除外模后施作。明洞防水层施工顺序:先用水泥砂浆将衬砌外表面抹平顺,涂上热沥青,铺防水板、无纺布,布设排水盲管,分层进行土石回填(并在靠近防水层300mm范围内用黏土隔水层回填)。要求防水层与拱背粘贴紧密,接头搭接长度不小于100mm。

(2)排水。

明洞衬砌背后排水是在衬砌背后设纵向、横向排水盲沟;明洞槽边坡、仰坡坡面排水,是在开挖线以外设截水沟;回填顶面设排水沟排水。

(3)连拱隧道中隔墙防排水。

连拱隧道中隔墙防排水结构主要与中隔墙的结构有关,常见的有以下两种形式。

①整体式中隔墙防排水。

连拱隧道整体式中隔墙防排水由墙顶排水管、竖向排水管、墙顶防水板及止水带几部分组成。墙顶排水管沿中隔墙顶部铺设,以一定间隔布设的竖向排水管需预埋在中隔墙体内,并与墙顶排水管连通,将中隔墙顶部积水引向边墙脚,并引入深埋水沟或路侧边沟。中隔墙顶面铺设的墙顶防水板与拱墙防水板进行焊接,同时注意纵向排水管穿透防水板的位置需做密封处理,在中隔墙顶与拱墙连接的施工缝中需设中埋式止水带,形成防排水系统。由于整体式中隔墙结构构造特殊,施作空间小,现实中很难实现,所以,一般不采用整体式中隔墙。

②复合式中隔墙防排水。

连拱隧道复合式中隔墙防排水与复合式衬砌完全相同,不需对中隔墙防排水做特殊处理。

14.2.1.3　防水层施工质量检测

1)防水层材料基本要求

防水卷材及无纺布的材料品种、规格、性能必须符合有关标准和设计要求,材质均匀,无破损。

2)防水层质量检测

(1)外观检查。

检查方法:肉眼观察。

①防水层表面平顺,无褶皱、无气泡、无破损,与洞壁密贴,松弛适度,无紧绷现象。

②焊接应无脱焊、漏焊、假焊、焊焦、焊穿,粘贴应无脱粘、漏粘。

③明洞防水层施工前,明洞混凝土外部应平整、圆顺,不得有钢筋和其他尖锐物露出。

(2)充气检查。

①检查方法。

采用双缝焊接的焊缝可用充气法检查防水板焊缝。将5号注射针与压力表相接,用打气筒充气,当压力表达到0.25MPa时,保持15min,压力下降在10%以内,焊缝质量合格。如压力下降超过10%,证明焊缝有假焊、漏焊。将肥皂水涂在焊接缝上,找出产生气泡地方重新补焊,直到不漏气为止。

②检查数量。

每条焊缝均应做充气检查。

③焊缝强度检查。

焊缝拉伸强度不得小于防水板强度的70%,焊缝抗剥离强度不小于70N/cm。

14.2.1.4　排水系统施工质量检测

1)环(竖)向排水盲管检查

检查方法:目测检查、直尺或卡尺(钢尺)测量。

环(竖)向排水盲管布置在防水层与初期支护间,首先应检查其布设间距是否符合设计要求。局部涌水量大时应增加盲管。盲管尽量与岩壁或初期支护紧贴,与初期支护的最大间距不得大于5cm。环向盲管的底部与墙脚纵向排水管通过三通接头连接,接头要牢固。

2)纵向排水盲管检查

检测方法:肉眼观测、直尺或钢尺测量、水准仪、坡度尺等。

(1)外观检查。

①纵向排水盲管材质及规格检查。塑料制品若保存不当,极易发生老化,可目测管材的色泽和管身的变形;轻轻敲击,观察管体是否变脆;用卡尺或钢尺量管径与管壁,检查其是否与设计要求相符。

②管身透水孔检查。纵向排水盲管壁必须有一定规格和数量的透水孔,用直尺检查钻孔直径和孔间距。

③检查纵向排水盲管是否被无纺布包裹严密。

(2)安装检查。

①坡度检查。纵向排水盲管易出现管身高低起伏现象,造成纵向排水不畅。因此,施工中一定要为纵向排水盲管做好基础,坡度与设计路线纵坡一致,用坡度尺检查。

②平面位置检查。纵向排水盲管平面位置常出现忽内忽外的现象,严重时侵占模筑混凝土衬砌空间,造成衬砌结构厚度不足。这种情况通常是由边墙脚欠挖造成的,必须进行欠挖处理后再铺设。

(3)连接检查。

施工中应注意检查纵向排水盲管与环(竖)向排水盲管及横向导水管的连接。一般应采用三通管连接,纵向排水盲管管节之间应用直通导管连接,所有接头应牢靠,并用无纺布及扎丝包裹,防止松动、脱落。

14.2.2 渗漏水检测

渗漏水是隧道最常见的病害之一,渗漏水与衬砌裂缝经常相伴出现,共同影响衬砌结构的安全性和耐久性。隧道衬砌渗漏水出现滴漏、涌流、喷射及路面渗水、冒水,会造成路面湿滑。寒冷地区衬砌渗漏水会引起衬砌混凝土冻胀开裂、拱墙变形,拱墙上悬挂冰柱、冰溜;在路面形成冰层、冰锥。

14.2.2.1 渗漏水检测内容

隧道渗漏水检测可分为简易检测和水质检测两类。结合隧道病害具体状况、隧道重要程度及养护等级、建设单位要求等因素综合决定需要检测的内容。

1)简易检测

简易检测包括:

(1)位置:漏水点的位置或渗水区中心点的位置,用皮尺或钢卷尺测量,一般根据漏水点和渗漏水的起始端与隧道中线或墙底底线的距离进行定位。

(2)范围:渗漏水润湿的面积,或存在渗漏水润湿痕迹的面积,以 m^2 计。

(3)漏水状态和漏水流量检查:根据漏水压力、流量等因素,将漏水状态分为喷射、涌流、滴漏、浸渗四类,如图 14-12 所示。在漏水显著的情况下,可用计量容器收集,用秒表记录时间,即可测得该处漏水流量(V/min)。

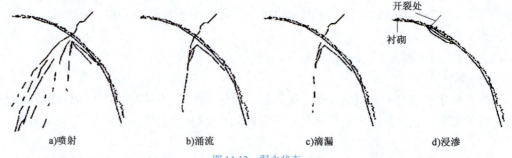

图 14-12 漏水状态

(4)浑浊程度:漏水如果是浑浊的,需检查砂土是否和漏水一起流出,如果是,则需测定每处砂土流失量(如水槽内堆积的砂土量);降雨后隧道出现漏水浑浊或有泥砂析出,则需进行隧道衬砌背后空洞和水流来源的详细勘察,以及地下水渗流规律的长期观测。

(5) pH 值:漏水是助长衬砌材质劣化的原因之一,特别是当漏水显示出强酸性时,混凝土有严重劣化的危险。检查时,一般使用 pH 试纸对漏水的酸碱度进行简易测定。

(6) 冻结检查:主要检查隧道衬砌混凝土上的挂冰、路面堆冰和结冰的位置、分布,并记录温度变化、最低温度值。长隧道需测量隧道洞内沿隧道纵向的温度分布。当冻害可能造成衬砌材质受损时,需对衬砌材质进行检测。

2) 渗漏水水质检测

当渗漏水可能具有腐蚀作用时,应对水质进行检测,主要包括:

(1) 温度检测:通过测量水温,可掌握各处水温的季节性变化规律,便于判定渗漏水与地下水、地表水的关系。

(2) pH 值及水质检测:必要时应利用容器收集水样,利用 pH 测定器精确测定渗漏水 pH 值,或送专业水质检测机构进行详细的水质分析。注意水样收集前应保持容器的干燥,水样收集完毕应保持容器封闭,避免水样污染。

(3) 水样检测:必要时,将收集到的水样交专业机构,利用导电计等仪器对渗漏水溶解物质及数量进行检验,并就渗漏水对衬砌结构的腐蚀性进行评价和推定。

14.2.2.2 渗漏水检查工具

数码相机、卷尺、pH 试纸、量桶或量杯、秒表、水样收集容器、温度计、导电计等。

14.2.2.3 渗漏水检测结果的判定

根据渗漏水是否具有腐蚀性以及渗漏水水量、形态、位置、结冰状态等,评判渗漏水对衬砌结构的安全性及洞内行车安全的影响。

14.3 深部脱空检测

14.3.1 地质雷达法

地质雷达法是一种用于确定地下介质分布的光谱(频率为 1MHz~2GHz)电磁技术,在隧道内通过电磁波发射器向隧道衬砌发射高频宽频带短脉冲,电磁波经衬砌界面或空洞的反射,再返回到接收天线。电磁波在介质中传播时,其路径、电磁场强度与波形将随所通过介质的电性质及几何形态而变化,根据接收到的电磁波传播时间(也称双程走时)、幅度与波形资料推断介质的结构,即可求得反射界面的深度。

实测时将雷达的发射和接收天线密贴于衬砌表面,雷达波通过天线进入混凝土衬砌中,遇到钢筋、钢拱架、材质有差别的混凝土、混凝土中间的不连续面、混凝土与空气分界面、混凝土与岩石分界面、岩石中的裂面等产生反射,接收天线接收到反射波,测出反射波的入射、反射双向旅行时,就可计算出反射波走过的路程长度,从而求出天线与反射面的距离。

14.3.1.1 地质雷达探测系统组成

前已述及,地质雷达探测系统由地质雷达主机、天线、笔记本电脑、数据采集软件、数据分析处理软件等组成。地质雷达天线可采用不同频率的天线组合,低频天线探测距离长、精度低,高频天线探测距离短、精度高,天线频率有 50MHz、100MHz、500MHz、800MHz、1GHz、1.2GHz 等。

1)地质雷达主机的技术指标

(1)系统增益不低于 150dB。

(2)信噪比不低于 60dB。

(3)模/数转换不低于 16 位。

(4)采样间隔一般不大于 0.2ns。

(5)信号叠加次数可选择或自动叠加。

(6)数据的触发和采集模式为距离/时间/手动。

(7)具有点测与连续测量功能。

(8)具有手动或自动位置标记功能。

(9)具有现场数据处理功能。

2)地质雷达天线的选择

根据探测对象和目的不同、探测深度和分辨率要求综合选择。

(1)对于探测深度不大于 1.3m 的混凝土结构(如隧道衬砌结构、路基路面密实性)宜采用 400~600MHz 天线;探测深度小于 0.5m 时宜采用 900MHz 天线;探测深度小于 1.1m 时宜采用 900MHz 加强型天线;1.5GHz 天线探测深度小于 0.25m,宜作为辅助探测。

(2)对于探测深度为 1.3~15m 的混凝土结构(如仰拱深度、厚度等)或存在较大不良地质现象(空洞、溶洞、采空区等)时,宜采用 100MHz 和 200MHz 天线。

14.3.1.2 现场检测

喷射混凝土厚度、二次衬砌混凝土厚度、仰拱深度、混凝土衬砌内部情况及空洞等均可采用地质雷达法检测,其检测和数据处理方法均相同,差别在于各自的反射图像特征不同。

1)测线布置

隧道施工过程中质量检测以纵向布线为主,环向(横向)布线为辅。两车道纵向测线应分别在隧道拱顶、左右拱腰、左右边墙布置,根据检测需要可布置 5~7 条测线;三车道、四车道隧道应在隧道的拱腰部位增加两条测线,遇到衬砌有缺陷的地方应加密;隧底测线根据现场情况布置,一般 1~3 条,有特殊要求的地段可布置网格状测线,主要是探测密实情况或岩溶发育情况,宜在施作完成路基或路基调平层后进行。为将测线名称和编号与隧道实体对应和统一,建议面向隧道出口方向(里程增大方向),各测线从左到右依次编号,并标注各测线高度及其在纵向上的起伏变化。路面中心测线应避开中央排水管及其影响。

环向测线实施较困难,可按检测内容和要求布设测线,一般环向测线沿隧道纵向的布置距离为 8~12m。若检测中发现不合格地段,应加密测线或测点。

2)检测方式

(1)纵向布线采用连续测量方式,特殊地段或条件不允许时,可采用点测方式,测量点距不宜大于 200mm,测线每 5~10m 应有里程标记。

(2)环向测线尽量采用连续方式检测;也可采用点测方式,每道测线不小于 20 个测点。天线的定位方法可采用常用的手动打标定位法和测量轮测距定位法。测量轮测距定位法一般用在表面平整的二次衬砌地段,且应加强定位的误差标定或实施分段标定。

3)现场准备

(1)清理障碍,包括施工障碍、交通车辆或机具、材料堆放等障碍。

(2)确定适当的测线高度,且测线应顺直,高度应统一。

(3)在隧道的同一侧边墙上按5m或10m间距标出里程桩号。

(4)高空作业台架或高空作业车,应安全可靠,使用方便,能使天线密贴衬砌表面。

(5)现场照明、通风、排水应良好。

(6)排除安全隐患,包括未完工的排水检查井、通行车辆等。

4)主要参数设置方法

(1)介质常数标定。

①检测前应对喷射混凝土或二次衬砌的相对介电常数或电磁波速做现场标定,且每座隧道应不少于1处,每处实测不少于3次,取平均值,即为该隧道的相对介电常数或电磁波速。当隧道长度大于3km、衬砌材料或含水率变化较大时,应增加标定处数。

②标定方法:

a. 钻孔实测。

b. 在已知厚度部位或材料与隧道相同的其他预制件上测量。

c. 在洞内、洞口或洞内横洞位置使用双天线直达波法测量。

③求取参数时应具备以下条件:

a. 标定目标体的厚度一般不小于150mm,且厚度已知。

b. 标定记录中界面反射信号应清晰、准确。

④标定结果按本书第4章"4.2.6 冷缝的检测方法"一节三个公式计算。

(2)时窗长度确定。

应根据探测深度和介质速度估算时窗长度,包括理论计算法、实用经验法。

①理论计算法。

时窗长度按式(14-4)计算:

$$\Delta t = \frac{2h\sqrt{\xi_r}}{0.3}k \tag{14-4}$$

式中:Δt——时窗长度(ns);

k——时窗长度调整系数,一般取1.5左右;

h——目标体估计深度;

ξ_r——相对介电常数。

按式(14-4)计算时窗长度,除满足理论时窗长度需要外,还宜适当考虑视觉习惯、数据处理、分析过程的方便和精度。

②实用经验法。

拱墙衬砌混凝土时窗长度一般控制在30~60ns;仰拱衬砌混凝土时窗长度一般控制在60~100ns。

(3)采样率或采样间隔。

应根据仪器性能和要求设置,某些型号仪器无须设置,而是由仪器自动设置或需设置检测时域内的采样点数。衬砌厚度检测时单道信号不宜少于512个采样点。

(4)数据位数。

应根据仪器性能和要求设置,一般8位或16位即可满足精度要求,宜设置为16位,但某些型号的仪器无须设置。

(5)滤波器设置。

在频域上,宜按中心工作频率设置如下:

①垂直滤波器(IIR、FIR)。

a. 垂直低通:取2~3倍的中心(天线)频率,如采用400MHz天线,低通截止频率宜为800MHz。

b. 高通:取1/6~1/4中心(天线)频率。

c. 高通截止频率:如采用400MHz天线,高通截止频率宜为100MHz。

某些型号的仪器在设置天线频率后,可直接自动调试,无须人工设置滤波器。

②水平滤波器(HR滤波器)。

a. 水平光滑滤波:一般宜设为3(扫描线数量)。此值增加则光滑度增加,从记录中滤掉小目标,如果是检测钢筋或管道,此值不应大于5。若检测浅表非常细小的目标(如混凝土中的细钢筋、电线、铁丝),就不应使用该滤波器,而将此值设为0。若寻找地基层位,此值宜适当提高,但不得超过20。

b. 水平背景去除滤波:数据采集时,该滤波器一般不宜使用,而设为0。

(6)数字叠加。

叠加次数不宜过大,太大不仅探测运行速率慢,而且抑制噪声的效果也不太明显,一般以4~32次为宜。

(7)探测扫描速率。

探测扫描速率与车辆行驶速率(天线移动速率)是相对应的。探测扫描速率一般宜设置为50~100scans/s(扫描线/秒),其对应的车辆行驶速率不宜大于5km/h,以易于目标识别、分析为宜,在视觉上单位纵向长度内的图像展布不宜过长或过短。

(8)首波或直达波调试。

分自动调试和手动调试,也包含自动调试找不到信号时的手动调试。现场检测时必须找到直达波以作为深度起点。

(9)显示增益设置和调试。

最大正负波形幅度宜占调试框宽度的50%~70%,避免反射信号微弱或饱和失真。如在彩色显示方式下,数据采集时若能在屏幕上辨认出实时显示的较微弱的反射信号,在后处理软件中一般可通过增益放大(GAINS)使反射信号变得更清晰可辨,更易于处理和异常判定。某些仪器需要设置检测时窗内的增益点数(1~8个),进行自动调试、分点或段手动调试。在50ns时窗长度时宜设为5个增益点。

5)检测工作注意事项

(1)测量人员必须事先经过培训,了解仪器性能及工作原理,并且具备一定的图像识别经验后,才可以进行仪器操作。

(2)正确连接雷达系统,在检测前进行试运行,确保主机、天线及输入和输出设备运行正常。

(3)必须保持天线与被测衬砌表面密贴(空气耦合天线除外),天线不能脱离结构物表面或任何一端翘起。天线未密贴的允许程度以能够较清晰分辨反射目标为基本要求,否则应及时对已检测段落重新进行检测。

(4)天线应能灵活调整高度,使天线与测线位置准确对应。

(5)天线应移动平衡、速度均匀,移动速度宜为3~5km/h。

(6)当需要分段测量时,相邻测量段接头重复长度不应小于1m。

(7)记录测线位置和编号、天线移动方向、标记间隔等。

(8)在衬砌表面准确标记隧道里程桩号,严格控制误差。

(9)应随时记录可能对测量产生电磁影响的物体(如渗水、电缆、铁架、埋管件等)及其位置。

应边检测、边记录、边注意浏览实时回波图像、边观察现场环境和安全状况,对有较大可疑的反射异常应及时记录和复检。当发现由参数设置不当或受到障碍影响或天线没有密贴或受到较强电磁场干扰或紧急情况等而导致检测图像数据质量较差时,应立即停止数据采集,重新设置和重新检测。

14.3.1.3 数据处理与解释

1)数据处理

数据处理或称后处理,主要包括滤波处理、增益调整、色彩变换、显示方式(灰度图、单点方式)变换、复杂情况下的速度分段处理和折算处理等。

(1)处理步骤。

①确定混凝土的电磁波速度。

②混凝土的雷达波相对介电常数和速度若需进行现场标定,则分别按下式计算。

对于收发一体的天线,可按式(14-5)、式(14-6)计算标定:

$$\xi_r = \frac{c^2}{v^2} = \frac{c^2}{\left(\frac{2d}{t}\right)^2} = \frac{t^2 c^2}{4d^2} = \left(\frac{3 \times 10^8 t}{2d}\right)^2 \tag{14-5}$$

$$v = \frac{2d}{t} \tag{14-6}$$

对于收发分离的天线,可按式(14-7)进行计算标定:

$$\xi_r = \frac{c^2}{v^2} = \frac{c^2}{\left(\frac{2d}{t}\right)^2} = \frac{t^2 c^2}{4d^2 + x^2} \tag{14-7}$$

式中:ξ_r——相对介电常数,无量纲;

v——雷达波速度(m/s);

c——真空(空气)中的雷达波速度(光速),3×10^8 m/s;

d——已知目标深度(厚度)(m);

t——雷达波在已知厚度的目标中传播的往返旅行时间(s);

x——发射天线与接收天线之间的距离(m)。

③回波起始点(零点)的确定方法。

根据已在现场采用的探测方式和拟判定的目标性质,可采用彩色灰度图或黑白灰度图、wiggle方式进行处理,或以其混合方式进行数据分析,但建议起始零点宜选定在直达波正波的中心位置。

④数据距离归一化处理。

距离归一化处理是按处理者要求的标记间扫描数对整个数据文件每一个标记间扫描数做等间距的处理方式,通俗理解就是使每个距离标记间数据长度相同。

⑤滤波处理。

在反射波图像不够清晰、有明显干扰时须进行滤波,常用的有效方法有水平光滑滤波、水平背景去除滤波、降低增益,应根据需要选择。

a. 水平光滑滤波:即水平道间叠加,用于压制水平方向上的随机干扰,光滑记录,增强层位的连续性。

b. 水平背景去除滤波:用于改善识别小目标和消除水平干扰(水平干扰条带、强反射条带),如处理后可分辨出被"背景淹没"的钢筋、钢拱架、反射界面等。

c. 降低增益:对采集窗口段的波形降低显示增益,可有效减小干扰或信号幅度过大对波形的影响。

(2)注意事项。

①原始数据处理前应回放检验,数据记录应完整,信号清晰,里程标记准确。对不合格的原始数据不得进行处理与解释。

②数据处理与解释软件应使用正式认证的软件或经鉴定合格的软件。

③应结合现场检测时所注意到的检测环境和条件变化情况进行解释。

④应清晰地看到直达波和反射波,并根据直达波和反射波特征能够分辨出反射波真假异常,提取有效异常,剔除干扰异常或由障碍、天线未密贴或操作不当、天线或仪器缺陷等造成的异常。

⑤分析可能存在干扰的预埋管件等刚性构件的位置,准确区分衬砌内部缺陷异常与预埋管件异常。

⑥数据处理过程中应选择正确的滤波方式,从而根据数据图像对隧道衬砌质量做出正确的分析与解释。

⑦雷达数据解释完后,若有不确定的疑问,应及时进行复检或调查,必要时进行现场钻孔验证。

2)混凝土衬砌厚度分析

雷达数据反映的混凝土衬砌厚度界面为反射波同相轴连续的强反射界面,在确认目标界面后,可借助后处理软件的厚度追踪功能或专用后处理追踪软件,得到间隔一定距离的对应桩号的厚度数据,并按要求绘制出厚度图。需注意的是,点测方式确定厚度位置对数据解释者的能力要求较高,在数据量较小的情况下,不易确定目标位置。

3)混凝土衬砌背后回填密实性分析

采用地质雷达法检测混凝土衬砌背后回填的密实性(密实、不密实、空洞),可进行定性判定,主要判定特征如下:

(1)密实:反射信号弱,图像均一且反射界面不明显。

(2)不密实:反射信号强,信号同相轴呈绕射弧形,不连续且分散、杂乱。

(3)空洞:反射信号强,反射界面明显,下部有多次反射信号,两组信号时程差较大。

4)混凝土衬砌钢架、钢筋、预埋管件判定

采用地质雷达法检测衬砌钢架、钢筋、预埋管件,主要判定特征如下:

(1)钢架、预埋管件:反射信号强,图像呈分散的月牙状。

(2)钢筋:反射信号强,图像呈连续的小双曲线形。

14.3.1.4 典型图例

1)衬砌底界识别

衬砌与围岩的介电常数存在一定的差异,发生电磁波反射,以此识别衬砌底界。通过追踪同相轴的方法可以更好地识别衬砌底界反射波,如图14-13所示。

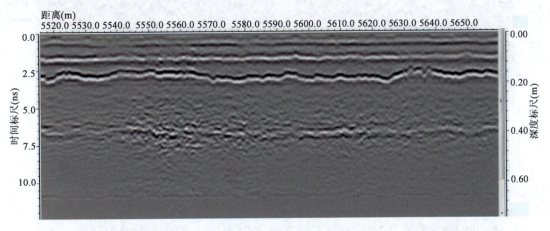

图14-13 衬砌底界图像

2)衬砌脱空及空洞识别

衬砌与空气介电常数差异很大,使得电磁波的振幅、频率也发生很大变化。单个小的空洞在图像中呈双曲线;大面积连续的空洞以衬砌底界为上顶面,形成一条明显的、强振幅的反射条带,如图14-14所示。

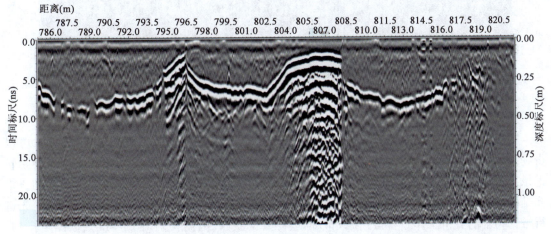

图14-14 二衬脱空及空洞图像

3) 二衬不密实识别

在地质雷达检测图中不密实部位的图像与空区是有区别的,空区的图像是连续的强反射,而不密实部位的图像反射波的频率衰减、同相轴错断,振幅能量明显比两侧基岩信号强,整个图像与左右图像形成较强烈的反差,如图14-15所示。

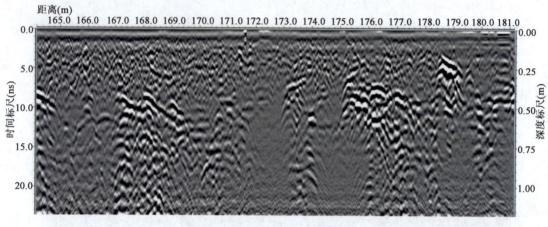

图14-15　二衬不密实图像

4) 钢筋网及拱架识别

在地质雷达图像中,拱架呈双曲线图像,且相互间隔有一定规律。钢筋呈一排等间距的强反射亮点,且大多数情况下都会有明显的多次反射波,如图14-16所示。

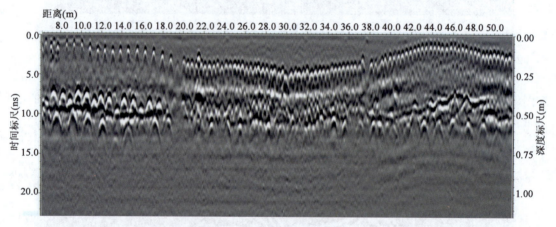

图14-16　钢筋网及拱架图像

5) 地质雷达三维成像技术

如图14-17的布线图所示,以使用测距轮的雷达采集方式,对某混凝土试块采集时,可以得到结构的几何信息(长、宽、高),以及所对应方向的采样次数,如:X方向采样次数＝测距轮记录次数;Y方向采样次数＝布线条数;Z方向采样次数＝雷达采样点数。由此可以得到三维体结构的基本几何信息。但是,由于每条布线的测距仪记录点数不一致等因素的影响,需先进行数据切割的分析工作。将雷达原始数据进行数据获取、数据切割(图14-17)、数据重排列、数据描画等工作,可以得到如图14-18所示的三维雷达数据。

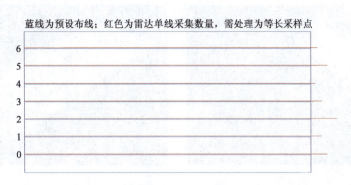

图14-17 雷达采样数据多采样点切割示意图

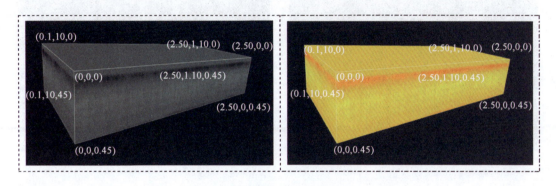

图14-18 雷达原始数据三维结构展示图

在结构体描绘中,实现了对雷达检测布线图(图14-19),便于后续对雷达检测时的布线信息进行回放,雷达三维结构内部体展示(图14-20、图14-21),可以非常直观地观测检测结构的内部信息,相较于二维面图,三维体图极大地优化了数据的分析展示功能。

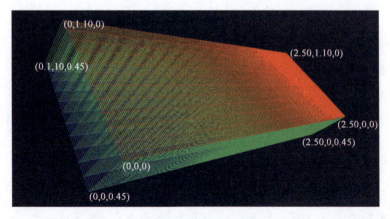

图14-19 雷达检测布线图

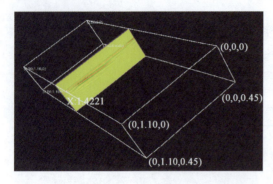 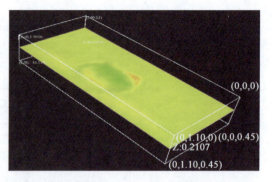

图 14-20　地质雷达三维切片图像（X 轴/Z 轴）

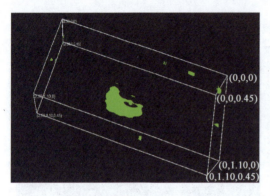 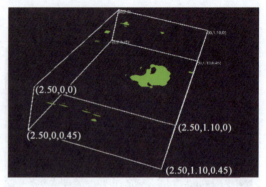

图 14-21　地质雷达三维成图像

对数据进行处理后,利用三维可视化技术,还可将测试对象进行 360°立体及切片观测。

三维雷达
成像技术

习题

14-1　隧道衬砌混凝土质量的检测指标有哪些?

14-2　隧道衬砌的漏水状态有哪几种?

14-3　防水系统的质量检测主要包含哪些?

14-4　简述采用地质雷达法检测衬砌深部脱空时的天线如何选择。

本章参考文献

[1] 吴佳晔. 土木工程与测试[M]. 北京:高等教育出版社,2015.

[2] 付兆岗,安文汉. 铁路工程试验与检测[M]. 成都:西南交通大学出版社.

[3] 国家铁路局. 高速铁路隧道工程施工质量验收标准:TB 10753—2018[S]. 北京:中国铁道

出版社,2019.
[4] 国家铁路局.铁路隧道工程施工质量验收标准:TB 10417—2018[S].北京:中国铁道出版社,2019.
[5] 吴佳晔,安雪晖.混凝土无损检测技术的现状和进展[J].四川理工学院学报(自然版),2009,22(4):73-78.
[6] 中华人民共和国住房和城乡建设部,中华人民共和国国家质量监督检验检疫总局.混凝土结构现场检测技术标准:GB/T 50784—2013[S].北京:中国建筑工业出版社,2013.
[7] 国家铁路局.铁路隧道设计规范:TB 10003—2016[S].北京:中国铁道出版社,2017.
[8] 中华人民共和国铁道部.铁路隧道衬砌质量无损检测规程:TB 10223—2004[S].北京:中国铁道出版社,2004.

第15章 隧道环境检测

本章主要介绍了铁路隧道中一些空气污染的主要来源,隧道空气污染的危害,以及相关的检测方式;同时对隧道光照环境的分类及照明标准进行了介绍。在学习过程中,需要了解常见铁路空气污染的几种污染来源及污染物名称,了解隧道内照明分类及要求,正确认识隧道内空气污染的问题,掌握其检测手段及评定标准。

15.1 隧道内有害气体测定

15.1.1 隧道空气污染的主要来源

隧道空气质量的评价主要依据铁道行业标准《铁路运营隧道空气中机车废气容许浓度和测试方法》(TB/T 1912—2005)。该标准主要是针对内燃机车通过隧道时机车排放的废气提出的。内燃机车牵引通过隧道时,产生以一氧化碳、氮氧化物为代表性指标的有害气体,电力机车牵引通过隧道时,机车受电弓在接触网上高速滑行引起电弧,产生以氮氧化物、一氧化碳、臭氧等为主的有害气体。有些隧道牵引机车排放的废气浓度虽低于铁路运营隧道空气中废气的容许浓度标准值,但仍对隧道养护维修人员具有潜在的影响。有迹象显示,隧道作业工人在长期多种因素联合作用下会引起身体不适,患病率增高。隧道内空气污染不仅来源于机车排放的废气,也有许多其他来源,如电力机车受电弓电火花产生的 O_3、NO_X。空调发电车、轨道车、少量内燃机车牵引产生的 NO_X、CO、HCHO(甲醛);客车发电车产生的 PHA(聚羟基脂肪酸酯)、柴油机废气颗粒物;燃煤餐车、茶炉产生的 SO_2;煤车、水泥车、矿石列车通过隧道因颠簸及活塞风作用,粉尘粒被吹离车体,撒落路面,经后续列车活塞风作用被吹起形成二次扬尘。另外,列车上扔弃的快餐盒、饮料壳等生活垃圾,牲畜列车抛撒的粪便,隧道内灭鼠、牲畜列车丢弃的动物尸体,这些垃圾如不及时清理,部分废弃物的有机组分分解发酵,产生有害气体,滋生大量细菌、霉菌,消耗隧道空气中的氧含量。隧道通过地质条件复杂地段,埋深大或断层涌砂、涌水,隧道空气中可能存在放射性污染,主要为γ射线、α射线、氡及其子体,如通过煤层还会产生甲烷。高海拔、高行车密度,隧道生物性污染可使隧道空气氧含量降低。隧道埋深大、南方多雨,还会造成高温高湿,这些均可使隧道空气质量恶化,增加有害气体危害程度。隧道空气污染来源及污染物名称如表 15-1 所示。

隧道空气污染来源及污染物名称   表 15-1

主 要 来 源		主要污染物名称
机车	内燃机车排放、电力机车受电弓摩擦放电	NO_X、CO、O_3
危险品货车	无机、有机化学物质等跑、冒、滴、漏发生	强酸、强碱、有机溶剂
货车	煤车、水泥车、矿石车抛撒、沉降在隧道地上及墙壁上的粉尘带入空气中	粉尘
客车	快餐盒、饮料壳、垃圾、厕所排便、茶炉、餐车	生活垃圾、微生物、恶臭污染物 NH_3、CO、SO_2、总有机物
垃圾	牲畜粪便、动物尸体、丢弃、生活垃圾堆积腐烂、老鼠等有害生物大量滋生	臭气、恶臭气体 NH_3 和 H_2S、微生物、总有机物
地质	岩层、涌砂、涌水	泥沙、污水、射线

15.1.2　隧道空气污染的危害

隧道废气中主要有害物质对人体健康的危害如表 15-2 所示。

废气中主要有害物质对人体健康的危害   表 15-2

有害物质		致 毒 特 点	危　　害
NO_X	NO	使血液中血红蛋白变为变性血红蛋白,对中枢神经有刺激作用	当 NO_X 浓度达到 200~400mg/m^3 时,30~60min 后出现中毒,6h 后出现死亡征兆;600mg/m^3 及以上,30~60min 致死
	NO_2	对肺脏有刺激作用,严重时引起肺气肿;对上呼吸道刺激稍轻	
CO		与人体中的血红蛋白化合,形成碳氧血红蛋白,造成组织缺氧;直接毒害身体细胞和组织	当浓度达到 200mg/m^3 时,数小时后中毒;500~1000mg/m^3 时,30~60min 后中毒;1000mg/m^3 时,6h 后出现死亡征兆
CO_2		呼吸加深、出现头疼、耳鸣、血压增加	当达到 0.15%~0.2% 时,属于轻度污染;超过 0.2% 时属于严重污染;在 0.3%~0.4% 之间时,呼吸加深,出现头疼、耳鸣、血压增加等症状;达到 0.8% 以上时,就会引起死亡
SO_2		对呼吸道黏膜产生强烈的刺激作用,时间久了可引起慢性结膜炎、鼻炎、咽炎及气管炎、味觉障碍、感冒不易康复等症状	当达到 $5×10^{-6}$ 时,长时间吸入可引起心悸、呼吸困难等心肺疾病。重者可引起反射性声带痉挛、喉头水肿以至窒息
O_3		能引起呼吸道炎症、损伤支气管上皮纤毛,从而削弱上呼吸道的防御功能,易于继发上呼吸道感染。轻病表现为肺活量小,重病表现为支气管炎等	当接触 $0.09×10^{-6}$ 臭氧 2h 后肺活量显著减小;达到 $0.15×10^{-6}$ 时,感到眼和鼻黏膜刺激、头疼和胸部不适;达到 $2×10^{-6}$ 时,短时间接触即可出现呼吸道刺激症状如咳嗽、头疼

15.1.3　隧道空气污染的测定

隧道维修人员应根据隧道空气污染具体情况，依据国家卫生标准，监测运营隧道内各种有害物质的种类、浓度、分布状况和变化规律，对运营长隧道空气有害物质进行监测，准确分析、评价运营隧道空气质量。

15.1.3.1　容许浓度

海拔 3000m 以下地区，铁路内燃机车牵引、电力机车牵引、内燃机车和电力机车混合牵引运营隧道空气中有害气体的浓度应符合以下要求，并以此值进行卫生监督及通风设计。

（1）内燃机车牵引运营隧道内空气污染，以氮氧化物、一氧化碳作为代表性指标，其容许浓度应符合表 15-3 的要求。无机械通风隧道内氮氧化物、一氧化碳浓度不应超过表 15-3 规定的 15min 时间加权容许浓度和日平均容许浓度。若进行机械通风，机械通风停止时隧道内氮氧化物、一氧化碳不应超过表 15-3 规定的机械通风停止时的容许浓度。

内燃机车牵引隧道内有害气体容许浓度　　表 15-3

监测指标	容许浓度（mg/m³）		
	日平均	15min 时间加权	机械通风停止时
氮氧化物（换算成 NO_2）	10	20	10
一氧化碳	30	100	30

（2）电力机车牵引运营隧道内空气污染，以 O_3 作为代表性指标，其容许浓度应符合表 15-4 的要求。电力机车牵引无机械通风隧道内 O_3 浓度不应超过表 15-4 规定的容许浓度。若进行机械通风，机械通风停止时隧道内 O_3 浓度不应超过表 15-4 规定的机械通风停止时的容许浓度。

电力机车牵引隧道内有害气体容许浓度　　表 15-4

监测指标	容许浓度（mg/m³）	
	日平均	机械通风停止时
O_3	0.3	0.3

（3）内燃机车和电力机车混合牵引运营隧道按照表 15-3 要求执行。

15.1.3.2　测试方法

氮氧化物、一氧化碳和臭氧三项代表性指标测试方法应符合表 15-5 的要求。

氮氧化物、一氧化碳和臭氧三项代表性指标测试方法　　表 15-5

监测指标	测试方法
氮氧化物	真空采样 Saltzman 法 检测管法（Draeger-Tube Nitrous Fumes CH31001,6724001）
一氧化碳	NIOSH6604 电化学传感器直读仪器法
臭氧	《工作场所有毒物质测定氧化物》（GBZ/T 160.32—2004） 《工作场所空气有毒物质测定　第 48 部分：臭氧和过氧化氢》（GBZ/T 300.48—2017） OSHASLTC 臭氧膜式半导体传感器直读仪器法

采样点的设置应符合如下要求：

(1) 若无机械通风测试,日平均、15min 时间加权与最高容许浓度,应根据隧道的特点,选择隧道内排烟困难的区段作为采样点,在避车洞口 1.5m 高度采样。

(2) 若有机械通风测试,机械通风停止时浓度,采样点应设在隧道排烟端第一个避车洞处(距隧道排烟端洞口 100~150m),在避车洞口 1.5m 高度采样。

15.1.3.3 计算方法

1) 日均浓度

应在一个工作日内连续测试 6h,不考虑列车通过情况,每 10min 采样一次,计算有害物平均浓度。

$$C_{日均} = (C_1 + C_2 + \cdots + C_n)/n$$

式中： $C_{日均}$——日均浓度(mg/m^3)；

C_1、C_2、$\cdots$、C_n——每次采样浓度(mg/m^3)；

n——采样次数。

2) 15min 时间加权浓度

采样应在列车尾部通过测点后即刻、1min、3min、5min、7min、10min、14min 各采样一次,计算 15min 时间加权浓度。

$$C_{15} = (C_0 + 2C_1 + 2C_3 + 2C_5 + 3C_7 + 4C_{10} + C_{14})/15$$

式中： C_{15}——15min 时间加权浓度(mg/m^3)；

C_0、C_1、C_3、C_5、C_7、C_{10}、C_{14}——列车通过测点后各时间的浓度(mg/m^3)。

3) 最高容许浓度

仪器直读法为列车通过测点后即刻、1min、2min、3min、$\cdots$、15min 每隔 1min 测试一次,连续测试 15min,取 15min 测试中最高浓度值。

分光光度法为列车通过测点后即刻开始采样,每个样采集 3min,连续采集 5 个样,取 5 个样中最高浓度值。

4) 机械通风停止时浓度

应在机械通风停止后立刻采样、测试。

15.1.3.4 铁路隧道内 NO_x 真空采样 Saltzman 法

1) 原理

运营隧道中氮氧化物主要以 NO、NO_2 形式存在。真空采样法是用真空采样管采集样气,放置 24h,使 NO 自然氧化成 NO_2。NO_2 在水中形成亚硝酸,亚硝酸与吸收液中的对氨基苯磺酸发生重氮化反应,产物与盐酸萘乙二胺偶合生成玫瑰红色染料,比色定量。

2) 仪器

(1) 单口真空采样管(150mL)。

(2) 具塞比色管(25mL)。

(3) 分光光度计。

(4) 真空泵。

3)试剂

实验全部用去离子水。

(1)吸收液。

①储备液。

50mL 冰醋酸(二级)与 900mL 水混合,加入 5.0g 对氨基苯磺酸(二级),搅拌至全部溶解(必要时可加热),再加入 0.05g 盐酸萘乙二胺(二级),用水稀释至 1000mL,置于棕色瓶中备用。此储备液置于冰箱中可保存一个月。

②使用液。

取 4 份储备液加 1 份水混合。

(2)标准溶液。

准确称取 0.1500g 干燥的亚硝酸钠(二级),用水溶解后移入 1000mL 容量瓶中,用水稀释至刻度,此溶液 1mL 含 0.1mg NO_2^-,贮存在冰箱中可保存一个月。使用时用水稀释成 1mL 含 $5\mu g NO_2^-$ 的标准溶液。

4)试样

将装有 10.00mL 吸收液的真空采样管进气口套上乳胶管,抽成真空,用止水夹夹住,采样时打开止水夹,平衡 5~10s,夹上止水夹,振摇 3~5 次后放置 24h。

5)分析步骤

(1)按表 15-6 配置标准管。

标准管的配置　　　　　　表 15-6

管号	0	1	2	3	4	5
标准溶液(mL)	0	0.20	0.60	1.00	1.40	1.80
水(mL)	2.00	1.80	1.40	1.00	0.60	0.20
吸收液(mL)	8.00	8.00	8.00	8.00	8.00	8.00
NO_2^-(μg)	0	1.0	3.0	5.0	7.0	9.0

①将各管摇匀后放置 15min,于波长 555nm 处,用 1mL 比色皿进行比色,以 NO_2^- 含量对光密度绘制标准曲线或回归曲线。

②将采样后放置 24h 的真空采样管振摇几次,按步骤①的条件进行比色测定,由标准曲线(或回归曲线)上得出吸收液中 NO_2^- 含量。

(2)计算。

①空气中 NO_x 的浓度。

$$NO_x \text{浓度(换算成} NO_2) = \frac{C}{\kappa \cdot V_0} \quad (\text{mg/m}^3)$$

式中:C——样品溶液中 NO_2^- 含量(μg);

V_0——换算成标准状态下的采样体积;

κ——NO_2(气)→NO_2^-(液)的转换系数,在 NO_x 浓度大于或等于 $10mg/m^3$ 时取 0.86,NO_x 浓度小于 $10mg/m^3$ 时取 0.76。

②采样体积(V)的计算:

$$V = (V_{管} - 0.010) \cdot \frac{P - h}{P}$$

式中：$V_{管} - 0.010$——真空采样管加入 10mL 吸收液后的实际容积（L）；

        P——采样时的大气压力（mmHg）；

        h——抽真空后管内的剩余压力（mmHg）。

(3)说明。

①真空采样的容积必须逐一经过校准。

②真空泵的效率不可能达到 100%，因此要用真空表测出真空采样管内的剩余压力，用以校正采样体积。

③采样时，打开止水夹后不要振荡，控制平衡时间为 5~10s，以免产生正偏差。

④本方法的精密度为 2.5%~5.1%，最低检出限为 $0.1\mu g/10mL$。

15.2 隧道内光照度测定

隧道照明是进行隧道内设备维修、提高设备质量、保证运输安全的重要设施。隧道内线路维修质量不好的因素较多，其中隧道照明不良是一个重要的客观因素。由于照明不良，隧道结构的检查及大维修作业的效率十分低，特别是线路维修质量不易保证，严重地影响了行车的安全。因此，按要求设置隧道照明，加强对隧道照明设备的管理、维护，定期检测洞内照明的照度，使照明设备运行正常、光照度符合标准规定，满足洞内作业要求，是铁路安全运输的重要保证。

15.2.1 隧道内照明分类

隧道不同于其他铁路建筑物，包括隧道衬砌结构在内的各种设施均位于黑暗之中，在隧道内的作业人员具体任务不同，所需要的光照度也各不相同，采用一种照明方式不能达到不同的照明标准要求。因此，为满足不同作业的需要，隧道内需设置不同类型的照明。

1)指示照明(即固定照明)

指示照明主要用于巡查人员检查轨道上是否有影响行车的障碍物、钢轨大方向、轨道部件是否齐全，以及指示行人走路及待避之用。

2)检查照明

检查照明用于线路轨距、水平、三角坑、轨道部件损伤的检查及 3m 以内隧道衬砌裂损、渗漏等的检查。

3)作业照明

作业照明在隧道大维修作业时采用，因其工作面大、距离长、程序复杂，需要在大范围内有较均匀的照度，故除有固定照明外，还需临时架设作业照明灯具。

15.2.2 隧道内照明标准

(1)指示照明：按照《铁路照明照度标准》(TB/T 494—1997)的规定，隧道内轨面处平均水平光照度值为5lx,均匀度为0.2(最小照度1lx)。

(2)检查照明:距检查对象1m以内其光照度值应达到200lx,3m以内不小于15lx。

(3)作业照明:所在作业范围内(120~200m),其光照度值在地面上不应小于15lx。

15.2.3 光照度的测量

15.2.3.1 测量对象和测量仪器

隧道内新建照明设施安装后或大修后,应进行光照度测量,在日常运行维护中亦需定期测量,以判定其光照度是否满足照明标准规定的要求,保证隧道内各种作业的正常进行。

隧道内各种类型照明设施的光照可分别进行测试。其中主要是指示照明设施,因它固定安装在隧道内,自然环境条件恶劣,且容易遭受人为破坏,特别需要加强维护管理和定期检测光照度。

对隧道内光照度进行测量,宜采用一级照度计,并应有0.1lx的分辨率。照度计除满足下列技术要求外,其检定应符合《光照度计检定规程》(JJG 245—2005)的规定。

(1)照度计连接线路接触良好,光度头的余弦修正器外表面应清洁无损,不许有斑点等痕迹。

(2)指针式照度计不得有卡针、指针弯曲变形等缺陷;数字式照度计数字显示应清晰,没有断笔画等现象。

(3)照度计的各类误差应符合表15-7的要求。

照度计允许误差值　　　　　　　表15-7

级　别	误 差 种 类			
	示值相对误差	$V(\lambda)$匹配误差	疲劳误差	回零误差
标准	±1.5	3	-0.2	0.1
一级	±4	5	-0.5	0.3
二级	±8	8	-1	0.5

15.2.3.2 测量地段及布点方法

1)测量地段

不应靠近隧道洞口,应选择在隧道内较深处,以避免阳光的影响。测量的地段范围依据照明种类和隧道类型而定。

(1)指示照明:单线隧道为两避车洞间的区域(一般60m);双线隧道为双侧两避车洞间之区域(一般90m)。

(2)检查照明:距灯具3m的范围。

(3)作业照明:两移动灯具间200m的区域。

2)布点方法

对于上述(1)(3)类照明,测量时应将测量地段顺线路方向划分为若干相等长度的区段。对于指示照明,两灯具间可等分为10段(即20m灯间距,分段距离为2m;30m灯间距,分段距离为3m)。对于作业照明,分段距离可为5m。

15.2.3.3 测量条件

光照度测量必须满足以下各项条件:

(1)新安装的气体放电隧道照明灯,应先老化 100h。待灯的光输出基本稳定后,方可进行测量。

(2)测量开始前,应将灯点亮 20～30mim 后,方可进行测量。

(3)宜在额定电压下进行测量。若做不到,在测量时应定时测量电源电压。若与额定电压不符,则应按电压偏差对光通量的影响参照表 15-8 予以相应的修正。

高压钠灯光照度与电源电压的关系　　　　　　表 15-8

电源电压(%U_r)	85	90	95	100	105	110
修正系数	0.58	0.72	0.85	1	1.17	1.32

(4)应排除杂散光射入光接收器,并应防止各类人员对光接收器造成阴影和遮挡。

15.2.3.4 光照度测量方法及计算

1)光照度测量方法

(1)光照度测量的测点高度,对于指示照明和作业照明均为钢轨轨面,对于检查照明则为隧道壁距地面 1m 和 3m 处。

(2)水平光照度测量时,将照度计水平放在测点处的轨面上,读出量值,按测点号逐一记录;垂直光照度测量时,将照度计垂直于地面放在隧道壁上的测点处。

2)光照度计算

(1)平均水平面光照度按下式计算:

$$E_{hav} = \frac{1}{n}\sum E_{hi} \tag{15-1}$$

式中:E_{hav}——平均水平面光照度(lx);

　　n——测点数;

　　E_{hi}——第 i 个测点上的水平光照度(lx)。

(2)光照度均匀度按下式计算:

$$U = \frac{E_{hmin}}{E_{hav}} \tag{15-2}$$

式中:U——光照度均匀度;

　　E_{hmin}——测点最小光照度(lx);

　　E_{hav}——按式(15-1)求出的平均水平面光照度(lx)。

(3)平均垂直面光照度按下式计算:

$$E_{vav} = \frac{1}{n}\sum E_{vi} \tag{15-3}$$

式中:E_{vav}——平均垂直面光照度(lx);

　　n——测点数;

　　E_{vi}——第 i 个测点上的垂直面光照度(lx)。

习题

15-1 隧道废气中主要有害物质有哪些?

15-2 隧道内照明分类有哪些?

15-3 光照度测量需满足什么条件?

本章参考文献

[1] 张忠泽,骆晓斌.桥梁无损检测及检测信息集成分析技术研究综述[J].湖南交通科技,2004,30(3):61-64.

[2] 刘春艳.混凝土桥梁内部缺损无损检测技术及评定标准研究[D].广州:华南理工大学,2014.

[3] 吴佳晔,安雪晖.混凝土无损检测技术的现状和进展[J].四川理工学院学报(自然版),2009,22(4):73-78.

[4] 冷发光,周永祥,王晶.混凝土耐久性及其检验评价方法[M].北京:中国建筑工业出版社,2012.

[5] 中华人民共和国住房和城乡建设部,中华人民共和国国家质量监督检验检疫总局.混凝土结构现场检测技术标准:GB/T 50784—2013[S].北京:中国建筑工业出版社,2013.

[6] 中华人民共和国住房和城乡建设部,国家市场监督管理总局.建筑结构检测技术标准:GB/T 50344—2019[S].北京:中国建筑工业出版社,2020.

[7] 中华人民共和国住房和城乡建设部,中华人民共和国国家质量监督检验检疫总局.普通混凝土长期性能和耐久性能试验方法标准:GB/T 50082—2009[S].北京:中国建筑工业出版社,2010.

第 16 章 铁路隧道检测案例

16.1 隧道衬砌脱空、厚度检测案例

16.1.1 检测方法与步骤

某铁路隧道工点属甘肃省兰州市,植被稀疏,多为荒山和荒坡,交通不便。相关资料显示,隧道为双线隧道,隧道起止桩号为 DK199+700—DK200+394,设计时速为 160km/h,为满足过梁需要,采用时速 250km/h 标准设计,隧道最大埋深约为 60m。全隧为 V 级围岩。设计施工方法为环形开挖预留核心土法。隧道现场检测如图 16-1 所示。

根据要求,本次对该隧道衬砌质量采用冲击回波声频法(IAE 法)进行现场检测,本次测线总长为 694m,同时与地质雷达法检测进行对比验证。

现场检测需首先进行测线、测点的布置,沿测试轴线的方向,以扫描的形式逐点进行激振和接收信号。一般测线布置方式为沿隧道纵向布置 5 条测线,分别为拱顶、左右拱腰及左右边墙,如图 16-2 所示,也可根据实际检测要求适当调整测线。本次检测目的为与地质雷达法检测对

图 16-1 隧道现场检测

比,仅对拱顶测线进行了相关检测分析。隧道现场检测敲击图如图16-3所示。

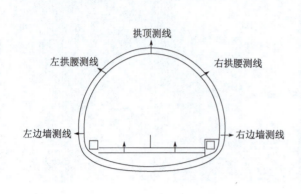

图16-2　隧道测线布置示意图

图16-3　隧道现场检测敲击图

隧道衬砌缺陷检测现场测点间距布置为0.5m,或在采用地质雷达法检测存在疑似缺陷位置可适当减小测点间距,一般为0.2m。激振点与拾声器轴心之间的距离为0.2m左右。

检测前,需要明确数据分析相关的参数,如隧道衬砌设计厚度及强度。

隧道衬砌缺陷正式检测前,应提前做好以下现场准备,方可进行隧道数据采集:

(1)清理障碍,包括施工障碍、交通车辆或机具、材料堆放等障碍。

(2)确定适当的测线高度,且测线应顺直,高度应统一。

(3)测绘人员先期在隧道的边墙上各施工缝位置标记清楚里程桩号,要求标记准确、清晰。

(4)高空作业台架或高空作业车,应安全可靠,适用方便,能抵达衬砌表面。

(5)现场照明、通风、排水应良好。

(6)排除安全隐患,包括未完工的排水检查井、通行车辆等。

隧道衬砌缺陷检测数据采集时,最重要的是需要做好隔音,即保证检测时拾音筒与测试面密贴无倾斜,同时测试波形应具有以下特征:

(1)整体呈现明显的信号衰减趋势,无异常干扰信号混入。

(2)波形中频率成分比较单一,正常波形图如图16-4a)所示。

隧道衬砌缺陷检测时,应时刻注意声频隔音筒与测试面的贴合,若贴合不佳,其测试波形中噪声成分明显,波形紊乱,如图16-4b)所示。

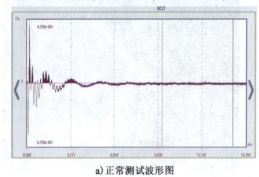

a) 正常测试波形图

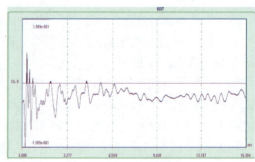

b) 非正常波形图

图16-4　声频测试波形

测试数据以一个浇筑段为一个文件,一般为12m;测试文件命名一般采用测线位置+里程桩号,如:GD-DK200+112—124。其中 GD 指测线位置为拱顶,DK200+112—124 指所测试的浇筑段里程桩号。

数据分析步骤大致如下:

(1)数列变换:将测试波形数列变换显示在一个数据解析页面。

(2)海明窗滤波:对声频数据进行波形信号处理,旨在提取信号中的反射波信号,如图 16-5 所示。

图 16-5　典型的 IAE 法数列变换图

(3)频谱解析:对波形数据进行频谱分析,转换成频谱图,如图 16-6 所示。

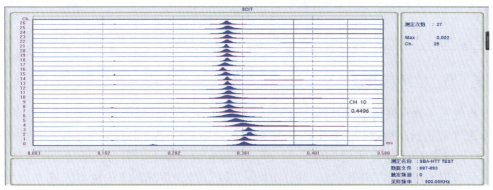

图 16-6　IAE 法频谱图

(4)等值线绘画:对频谱数据进行等值线绘画,以便确定结果位置及进行判定。

经过上述分析步骤处理后,得到最终检测结果图形。图 16-7 所示为典型的 IAE 法检测结果图形。

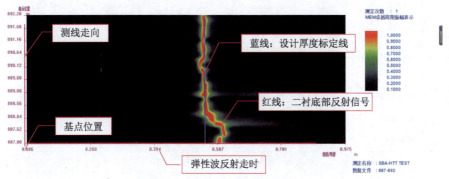

图 16-7　典型的 IAE 法解析等值线画面

其中：
(1)横轴(水平轴)表示弹性波一个来回的时间(单位：ms)。
(2)纵轴(垂直轴)表示检测的测点位置。
(3)蓝色竖线为设计厚度位置。
(4)红色、黄色部分表示能量集中区域。其与激振点平面的距离 H 按下式计算：

$$H = (V_p \cdot T)/2$$

式中：V_p——检测用波速，可通过现场标定取得。

16.1.2 波速标定

冲击回波声频法测试用波速应根据现场混凝土实际厚度进行计算标定。

对于素混结构，可根据需要采用钻孔取芯(二衬)或其他可靠结果进行验证冲击回波声频检测波速。

对于钢混结构，应根据需要采用钻孔取芯(二衬)进行验证冲击回波声频检测波速。

若对于无现场标定条件，可根据《铁路隧道衬砌质量无损检测规程》(TB 10223—2004)中表 16-1，结合设计混凝土强度选择参考波速。

普通混凝土纵波波速与强度等级参照表　　　　　　表 16-1

强度等级	C15	C20	C25	C30	C35
纵波速度 V_p(m/s)	2600～3000	3000～3400	3400～3800	3800～4200	4200～4500

16.1.3 检测结果分析及汇总

本次隧道检测用波速采用经验波速 4.1km/s，并以此进行计算分析。

本次 A 隧道衬砌检测共计 694 延米拱顶测线，经声频检测结果判定在本段二衬结构存在 4 处不密实、8 处脱空、1 处表层剥离、6 处欠厚型缺陷(含欠厚不密实、欠厚空洞、欠厚等)。现场对部分典型区域进行了开孔验证，共计 10 处(其中 3 处为声频判定的密实区域，7 处为声频判定的缺陷区域)，对比结果如表 16-2、表 16-3 所示。

开孔验证结果对比表(拱顶)　　　　　　表 16-2

开孔比较	冲击回波声频法	地质雷达法
完全一致	7 处	3 处
基本一致	2 处	2 处
不一致	1 处	5 处

开孔验证结果汇总表(拱顶)　　　　　　表 16-3

序号	开孔桩号	IAE 法判定结果	地质雷达法结果	钻孔验证结果
1	DK199+909①	欠厚、空洞	密实正常	实际厚度36cm，背后空洞
2	DK199+940.3	密实	密实	内部密实
3	DK199+947.5	超厚、密实	密实	密实
4	DK199+978	密实	不密实	密实

续上表

序号	开孔桩号	IAE法判定结果	地质雷达法结果	钻孔验证结果
5	DK199+992	不密实	脱空	脱空
6	DK200+004②	欠厚	未判定欠厚	实际厚度37cm,欠厚13cm
7	DK200+113	不密实	脱空	厚度正常,且仅存在不密实
8	DK200+148	欠厚6~8cm	脱空,欠厚4~8cm	欠厚7~9cm
9	DK200+171	脱空:深30~36cm	轻微脱空:38~53cm	脱空:深32~34cm
10	DK200+251③	欠厚、不密实	未判定缺陷	实际厚度43cm,存在不密实

注:其中①、②、③位置与地质雷达法对比验证图见16.1.5.2节。

16.1.4 缺陷判定

针对隧道衬砌,可以检测二衬的厚度(疑似强度不足时)、密实情况、脱空等信息作为衬砌质量的判断特征。

冲击回波声频法的衬砌质量判断特征如下:

(1)健全:衬砌板底部反射信号平直,与设计厚度标定线重合;且板底之前无明显反射信号。

(2)欠厚或超厚:衬砌板底部反射信号前移或后移,但变化较为缓慢、连续。

(3)不密实:测试区域板底反射信号延迟、杂乱,且不连续,较分散。

(4)空洞:混凝土底面反射信号明显且厚度骤然变小,同时存在明显的低频延迟信号。

(5)脱空:又可分为浅层脱空(剥离)、中层脱空和深层脱空:

①浅层脱空(剥离):表层位置可能存在底部反射信号,且存在严重的低频信号频谱。

②中层脱空:混凝土底面反射信号明显且位于设计厚度中部,存在低频信号频谱。

③深层脱空:设计厚度之前无明显反射信号,但底部厚度信号变化剧烈。

衬砌本身完好的类型示意如图16-8所示,衬砌的各类缺陷如图16-9所示。

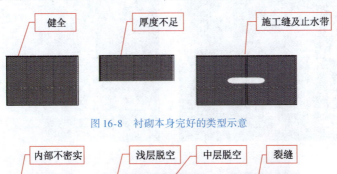

图16-8 衬砌本身完好的类型示意

图16-9 衬砌缺陷的类型示意

16.1.5 缺陷验证

针对隧道衬砌质量的验证,常以钻芯法检测混凝土衬砌厚度;同时取芯后,在孔内可用直尺量取数据,或用内窥镜观察空洞情况。

16.1.5.1 典型冲击回波声频法图像及验证结果

针对本次冲击回波声频法隧道衬砌质量检测,可以归纳出几类典型的图像及验证结果:

1) 衬砌密实且健全

图 16-10 中显示该衬砌底部反射信号与设计厚度基本吻合或略大于设计厚度,约为 59cm,判定该处密实且健全。后进行验证钻孔,实测厚度 58cm,且混凝土密实(图 16-11)。

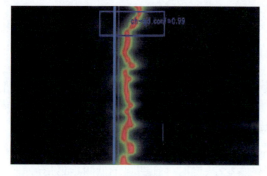

图 16-10 衬砌密实且基本健全典型实例图

图 16-11 衬砌密实且健全验证结果

2) 衬砌不密实

图 16-12 显示该衬砌局部反射信号紊乱,且不连续,判定该处不密实。后在相关位置进行验证钻孔,观察到该处混凝土松散、不密实(图 16-13)。

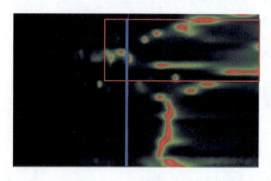

图 16-12 衬砌不密实典型实例图

图 16-13 衬砌不密实验证结果

3) 衬砌欠厚

图 16-14 显示该衬砌底部反射信号早于设计值(45cm)较多,判定该处为欠厚。后在相关位置进行验证钻孔,实测厚度仅 36cm(图 16-15)。

4) 衬砌脱空

图 16-16 显示该衬砌局部存在低频脱空振动信号(方框内),故判定该处脱空。后经验证钻孔,深度 36cm 处开始出现脱空(图 16-17)。

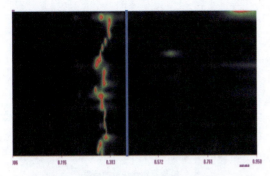
图 16-14 衬砌欠厚典型实例图

图 16-15 衬砌欠厚验证结果

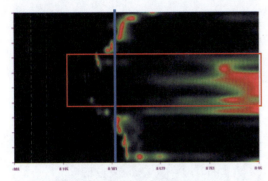
图 16-16 衬砌脱空典型实例图

图 16-17 衬砌脱空验证结果

值得注意的时,上述缺陷在相关地质雷达法检测结果中均未发现。

16.1.5.2 与地质雷达法对比图像及验证结果

当衬砌层中存在密集钢筋网尤其是双层钢筋网时,雷达波信号很难透过钢筋网,从而无法对钢筋网底部结构进行有效检测,而钢筋层对冲击弹性波几乎不造成影响。

以下分别列举采用地质雷达法与冲击回波声频法对比检测该隧道相同测线的图像及验证结果,采用冲击回波声频法检测缺陷明显易识别,而地质雷达图像反映不明显,从而说明地质雷达法应与 IAE 法具有良好的互补性,以下为地质雷达法与冲击回波声频法对比情况:

(1)①位置:IAE 法结果显示二衬底部反射信号鲜明,反射时间小于设计值,且存在明显低频脱空振动信号,判定存在欠厚空洞缺陷,缺陷距表面 33~60cm;而地质雷达法判定该处均正常(图 16-18)。

对①位置进行钻孔验证,钻孔位置为 DK199 + 909 处,实际混凝土厚度 36cm,背后空洞,可见钢筋,同时防水板与二衬间存在约 20cm 空洞(图 16-19)。与采用冲击回波声频法判定情况一致。

(2)②位置:根据 IAE 检测云图,二衬底部反射清晰可见,可判定该段二衬局部存在欠厚。地质雷达图像中,强烈的钢筋反射掩盖了二衬底部的反射,很难判定厚度及内部情况(图 16-20)。

对②位置进行钻孔验证,钻孔位置为 DK200 + 004 处,设计 50cm,实际厚度 37cm,存在明显欠厚(图 16-21),与采用冲击回波声频法判定情况一致。

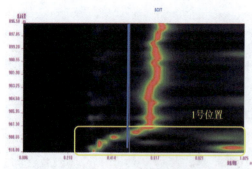
a) 冲击回波声频法检测结果

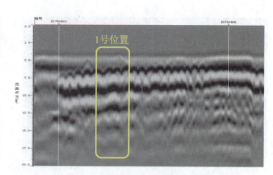
b) 地质雷达法检测结果

图 16-18　①位置检测结果

图 16-19　①位置验证结果（设计厚度为 50cm 实测 36cm）

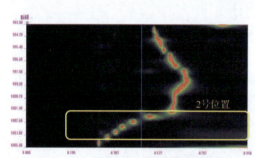
a) 冲击回波声频法检测结果

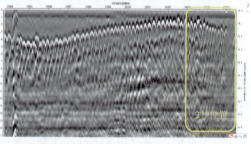
b) 地质雷达法检测结果

图 16-20　②位置检测结果

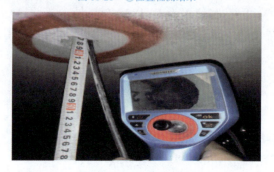

图 16-21　②位置验证结果

(3)③位置:声频结果显示二衬底部反射信号鲜明,反射时间小于设计值,且部分底部反射信号紊乱,故判定二衬存在欠厚,缺陷距表面 32～43cm,且存在不密实;而地质雷达图像受钢筋的影响,对二衬实际厚度反映不明显(图 16-22)。

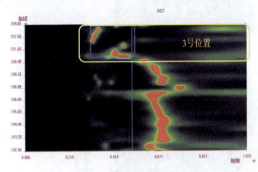
a)冲击回波声频法检测结果

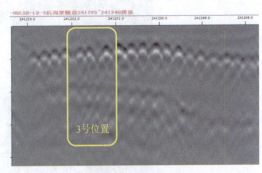
b)地质雷达法检测结果

图 16-22　③位置检测结果

对③位置进行钻孔验证,钻孔位置为 DK200+251 处,实际混凝土厚度 43cm,二衬内混凝土存在不密实(图 16-23)。与采用冲击回波声频法判定情况一致。

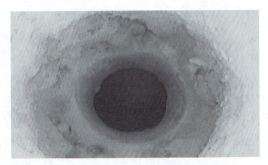

图 16-23　③位置验证结果(设计厚度为 50cm 实测 43cm)

由上述钻孔验证结果可见,在存在钢筋的情况下,地质雷达图像中钢筋几乎对雷达信号造成绝大部分屏蔽,对钢筋层/网下缺陷及厚度缺陷等无法准确判定,造成漏判。因此,冲击回波声频法的优缺点恰好与地质雷达法互补,受钢筋、水分影响小,对脱空及缺陷的检测分辨率高,其针对地质雷达法的一些检测盲区(如双层钢筋网),以及钝感区域(如表层脱空、不密实缺陷等)有良好的补充效果。

16.2　隧道锚杆检测案例

中铁某局承建的隧道位于云南省,全长 1840m。其中 SFma 衬砌类型 5m,SFmb 衬砌类型 10m,SF5a 衬砌类型 130m,SF5b 衬砌类型 95m,SF4a 衬砌类型 420m,SF4c 衬砌类型 950m,SF4d 衬砌类型 50m,SF3b 衬砌类型 180m。根据施工进度,在围岩类别为 SF4c 段进行了锚杆长度及灌浆密实度检测,本次隧道检测系统锚杆和锁脚锚杆共计 14 根。锚杆现场检测如图 16-24 所示。

图 16-24　锚杆现场检测

隧道锚杆正式检测前,应提前做好以下现场准备,方可进行锚杆检测数据采集:

(1)待检锚杆的附近不宜有强振动。

(2)传感器和激振点一般采取端发端收的方式,如果锚杆直径较小或遇到中空锚杆则可采取端发侧收的方式进行。

(3)检测的锚杆应做好里程标记,以防后期数据混乱。

(4)高空作业台架或高空作业车,应安全可靠,使用方便,能抵达被检锚杆端部。

(5)现场照明、通风、排水应良好。

(6)排除安全隐患,包括未完工的排水检查井、通行车辆等。

(7)现场采集时,应根据锚杆的设计长度或现场检测的波形图进行激振锤的选择。

隧道锚杆检测数据采集时测试波形应具有以下特征:

(1)原始数据的起跳点前应有明显的预留区。

(2)原始波形应有一次或多次明显的周期性,正常波形图如图 16-25 所示。

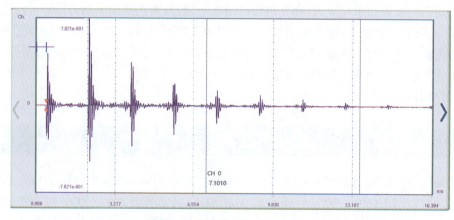

图 16-25　锚杆典型波形图(正常)

锚杆长度现场验证如图 16-26 所示。采用破坏性试验(现场拔出)与弹性波检测结果进行对比验证,共计对比验证 5 根锚杆。对比验证结果如表 16-4 所示。

图 16-26　锚杆长度现场验证

锚杆长度对比验证结果一览表　　　　　表 16-4

序号	检测位置	里　程	设计长度(m)	无损检测长度(m)	现场验证长度(m)	备　注
1	左拱腰	DK82+721	3.0	1.652	1.66	不合格
2	左拱腰	DK82+670	3.0	2.990	3.0	合格
3	左边墙	DK82+726	4.5	4.506	4.5	合格
4	右边墙	DK82+725	4.5	4.501	4.5	合格
5	右边墙	DK82+678	4.5	4.522	4.5	合格

由上述验证结果可见，采用无损检测和锚杆现场拔出验证的结果几乎一致，证明基于冲击弹性波的锚杆无损检测方法能很好地满足锚杆质量的现场检测要求。

16.3　手机声频敲击法检测案例

成自宜城际铁路将省会成都与川南大城市自贡、宜宾联系在一起，也直接将天府新区与宜宾港连在一起，这将进一步加强川南地区与成都的联系，方便沿线群众的往来，促进川南地区、天府新区经济的快速发展。

针对该铁路某隧道竣工验收阶段，成都铁路局工电段人员使用手机声频检测设备，对成自宜城际铁路中铁某局 YH 隧道进行仪器测试及数据采集。手机声频敲击法现场检测如图 16-27 所示。

图 16-27　手机声频敲击法现场检测

1) 检测设备(见表 16-5)。

设备一览表　　　　　　　　　　　　　　　　表 16-5

手　机	外 接 设 备	敲击锤:手锤/长柄锤、钢钎
小米 10、魅族	有线麦克风、蓝牙敲击锤	

2) 手机声频敲击法现场测试情况

手机声频巡检仪为采用手机声频+蓝牙敲击锤(手锤)的组合进行检测,对于隧道二衬的浅层掉块、冷缝、裂缝等缺陷均能有效检出,典型波形图如图 16-28 所示。

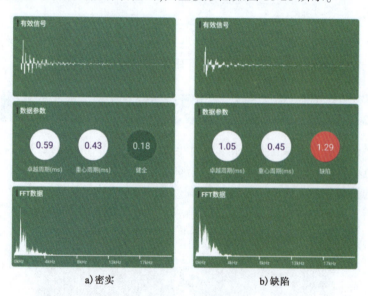

a)密实　　　　　　　　　　b)缺陷

图 16-28　典型波形图

3) 激振方式对比

对比检测结果表明,采用钢钎(实心螺纹钢,长 1.2~1.6m)激振的检测深度优于手锤。现场检测技术人员通过钢钎敲击发现两个二衬空洞,并且验证成功(深度超过 30cm,空洞厚度约 20cm,面积约 1~2m^2),如图 16-29 所示。

同时,钢钎敲击声的声频解析对缺陷也做了明确的判断。明显看出,密实位置的钢钎敲击信号声音较清脆,振动频率单一,而空洞位置信号声音较沉闷,频率偏低,且波形图与密实位置的波形图区别明显。

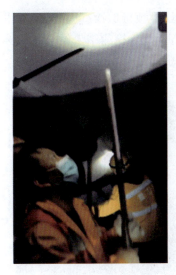 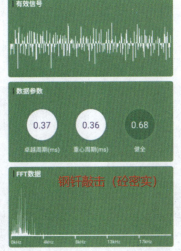 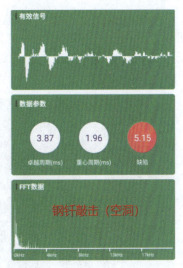

图 16-29　空洞（深 30cm）数据

16.4　冷缝检测案例

（1）2020 年 10 月—2021 年 5 月，为进一步了解玉磨铁路部分隧道的疑似冷缝健全性情况，采用冲击弹性波法进行了现场检测，共检测疑似冷缝 16 处，开孔验证 3 处（表 16-6）。

开孔验证一览表　　　　　　　　　　　　　　表 16-6

序号	隧道名称	工务段问题描述	验证情况	说明
1	某隧道一号斜井	D1KXXX+571—581 右侧拱腰纵向施工冷缝 1 条，长 10m		冷缝处两次浇筑面存在浮浆层
2	某隧道二号斜井	D1KXXX+450—460 右侧边墙斜向施工冷缝 1 条，长 10m		冷缝处两次浇筑面存在裂缝
3	某隧道二号斜井	D1KXXX+185—195 右侧边墙斜向施工冷缝 1 条，长 10m		冷缝处两次浇筑面存在裂缝

（2）成自宜城际铁路中铁某局隧道洞口前期排查中发现一处拱顶疑似冷缝,并采用冲击弹性波法进行了现场检测,发现该处表观存在 U 形混凝土不密实情况,检测结果健全性指标显示低于 0.4,故判定为明显冷缝。利用取芯机进行取芯,发现芯样存在明显斜向贯穿裂缝,如图 16-30 所示。

图 16-30　现场检测及验证情况

第四篇

信息化建设篇

第 17 章 现代信息化技术

　　本章主要内容为工程建设当中信息化技术的应用,从数据库技术、物联网技术、可视化数据展示技术、人工智能技术、数据格式标准化技术这五大方面来对信息化建设进行介绍。工程信息化是指利用计算机、通信、自动控制等信息处理技术对传统土木工程技术手段及施工方式进行改造与提升,促进土木工程技术及施工手段不断完善,使其更加科学、合理。通过实现土木信息的在线与共享,以随时随地互动的方式提供土木信息支持和完整的问题解决方案,从而实现土木的高效率和高效益,根据土木发展的战略目标,基于国内土木行业整体发展水平不高的现状,工程信息化是我国土木工程建设发展的现实需求,也是土木工程未来发展的战略任务。

17.1　数据库技术

　　数据管理系统的基本功能是按照用户的要求,从大量的数据资源中提取有信息价值的数据。针对土木行业数据管理系统,主要是将建筑结构各个环节、各个时期的数据进行统一的存储,并对数据展示、分析等应用提供数据支持,建立建筑结构全生命周期数据档案,实现数据共享。

17.1.1　数据库功能

17.1.1.1　数据存储功能

　　为了方便数据的统一管理,数据集中存储在专用的服务器中,根据数据类型的不同可以采用不同的存储方式,针对检测数据可以采用行式存储直接存在数据库中,如检测时间、检测人员、数据化的检测结果等,对于监测中的文件、报告、图片、视频等无法行化的数据则采用文件的形式进行压缩后存在磁盘中。数据的统一存储,可以有效地解决数据丢失、割裂、冗余等情况,同时降低数据维护管理的人工成本,提升效率。

在数据存储中,核心的组件是数据库技术。目前主流的数据库软件有三种:Oracle、SQL Server、MySQL,它们具有使用方便、可伸缩性好、与相关软件集成程度高等优点。可存储海量的数据,并提供高效的数据查询提取等接口,以方便上层应用的增、删、查、改等操作。

17.1.1.2 数据处理功能

数据管理中的一个重要功能是数据处理。简单的处理如数据统计、分类等可以通过数据库完成,涉及运算判定、审核的数据分析需要服务器的参与,更加复杂的分析如数据挖掘、趋势预判等除服务器外还需要接入更加强大数据处理平台,如机器学习、数据解析模块等。

17.1.2 数据库技术特点

数据库技术特点为:数据的组织性、数据的共享性、数据的独立性等。

17.1.2.1 组织性

数据库中并不是一些散乱无序、没有任何关联的数据,在同一数据库中很多文件之间是有着一定联系的。它们按照某种关系形成一定的组织结构,从整体上看,都具有一定组织结构形式,特别是同属于一个集合中的数据都具有相似的特点。

17.1.2.2 共享性

数据的共享性是数据库技术的重要特点之一,也是建立数据库的重要目的之一。作为共享性的数据库,不仅可以为一个单位内部的各个部门、个体提供数据的共享,而且可以为不同单位、不同地区甚至是不同国家所共享。

17.1.2.3 独立性

数据的独立性主要是指两个方面,即逻辑独立性和物理独立性。逻辑独立性指的是数据库总体逻辑结构发生改变,如数据定义的修改,新的数据项和数据类型变化,数据间的联系变更等,但都不需要对原来的程序进行修改;物理独立性指的是数据的存储结构发生改变,如更换物理存储设备、变更物理存储位置、改变存储方法等,物理结构的变化对数据库的逻辑结构没有影响,也不会引起应用程序的变动。

17.1.3 数据管理主要组成

如图 17-1 所示,数据管理主要由服务器和应用组成。

17.1.3.1 服务器

服务器包含两个方面的内容:一是硬件主机,指完成各类运算、存储的计算机。二是服务器实现各类功能的程序。数据源通过各种渠道发送到服务器后,服务器负责对接收到的数据进行判断处理,对不合规的数据拒绝接收,合规的数据进行整理,根据业务逻辑进行处理,最终将数据存入数据库或者将文件存储到磁盘指定位置。除此之外,服务器还将为其他应用提供数据接口,起到承上启下的作用。

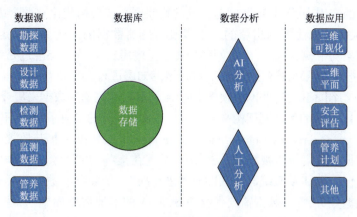

图 17-1　数据管理示意图

17.1.3.2　应用

数据应用范围非常广泛,大致分为数据展示、数据分析。数据展示常见的有数据浏览、查询、下载,比如 Web 端数据表格、图片、文字等。借助 BIM（Building Information Modeling,建筑信息模型）等技术,可采用 3D 展示技术进行数据可视化。

17.2　物联网技术

纵观近代以来崛起的国家无一不是制造业强国,工业水平在极大程度上反映了一个国家的整体实力。在互联网技术快速发展的背景下,世界经济发展已经进入了互联网时代,将互联网技术应用于工业生产的工业物联网技术应运而生,并且在极短的时间内便得到了较广泛的应用,为工业的发展提供了新的方向,在我国制定的《中国制造 2025》国家发展战略中,工业物联网技术也扮演着十分重要的角色。

17.2.1　物联网技术概述

工业物联网技术即应用于工业领域的物联网技术。基于工业物联网技术可以实现在工业生产的过程中融入具有感知、监控能力的传感器和控制器,继而实时采集数据,并进行智能分析、移动通信以实现工业制造水平的提升,提高所制造产品的质量,同时也能提高生产效率,降低资源消耗,实现传统工业制造的智能化转变,实现质的突破。从工业物联网技术的应用现状观察,发现其呈现出了鲜明的安全性、实时性、自动化、嵌入式、互通性、互联性等诸多优点。

17.2.2　物联网的系统架构

典型的物联网系统架构共有 3 个层次。一是感知层,即利用 RFID、传感器、二维码等随时随地获取物体的信息;二是网络层,即通过电信网络与互联网的融合,将物体的信息实时准确地传递出去;三是应用层,即把感知层得到的信息进行处理,实现智能化识别、定位、跟踪、监控和管理等实际应用。

在工业环境的应用中,工业物联网与传统的物联网系统架构相比有两个主要的不同点:一是在感知层中,大多数工业控制指令的下发以及传感器数据的上传需要满足实时性的要求。在传统的物联网架构中,数据需要经由网络层传送至应用层,由应用层经过处理后再进行决策,对于下发的控制指令,需要再次经过网络层传送至感知层进行指令执行过程。由于网络层通常采用的是以太网或者电信网,这些网络缺乏实时传输保障,在高速率数据采集或者进行实时控制的工业应用场合下,传统的物联网架构并不适用。二是在现有的工业系统中,不同的企业有属于自己的一套SCADA(Supervisory Control and Data Acquisition,数据采集与监视控制)系统,在工厂范围内实施数据的采集与监视控制。SCADA系统在某些功能上会与物联网的应用层产生重叠,如何把现有的SCADA系统与物联网技术进行融合,例如哪些数据需要通过网络层传送至应用层进行数据分析;哪些数据需要保存在SCADA的本地数据库中;哪些数据不应送达应用层(它们往往会涉及部分传感器的关键数据或者系统的关键信息,只由工厂内部进行处理)。工业物联网的典型系统架构如图17-2所示,与传统的物联网系统架构相比,该架构中增加了现场管理层。现场管理层的作用类似于一个应用子层,可以在较低层次进行数据的预处理,是实现工业应用中的实时控制、实时报警以及数据的实时记录等功能所不可或缺的层次。

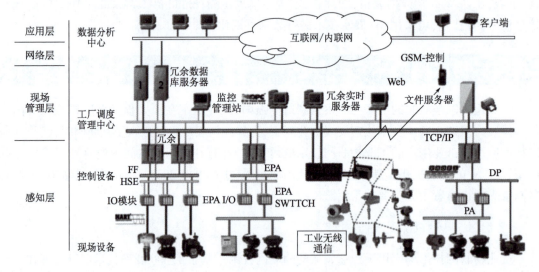

图 17-2　物联网系统架构

17.2.3　物联网的关键技术

工业物联网技术的研究是一个跨学科的工程,它涉及自动化、通信、计算机以及管理科学等领域。工业物联网的广泛应用需要解决众多关键技术问题(图17-3)。

(1)传感器技术。价格低廉、性能良好的传感器是工业物联网应用的基石,工业物联网的发展要求更准确、更智能、更高效以及兼容性更强的传感器技术。智能数据采集技术是传感器技术发展的一个新方向。信息的泛在化对工业传感器和传感装置提出了更高的要求,具体如下:微型化,即元器件的微小型化,要求节约资源与能源;智能化,即具备自校准、自诊断、自学习、自决策、自适应、自组织等人工智能技术;低功耗与能量获取技术,供电方式包括电池、阳光、风、温度、振动等多种。

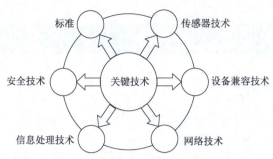

图 17-3　物联网的关键技术

（2）设备兼容技术。大部分情况下，企业会基于现有的工业系统建造工业物联网，如何实现工业物联网中所用的传感器能够与原有设备已应用的传感器相兼容是工业物联网推广所面临的问题之一。传感器的兼容主要指数据格式的兼容与通信协议的兼容，兼容的关键是标准的统一。目前，工业现场总线网络中普遍采用的如 Profibus、Modbus 协议，已经较好地解决了兼容性问题，大多数工业设备生产厂商基于这些协议开发了各类传感器、控制器等。

（3）网络技术。网络是构成工业物联网的核心之一，数据在系统不同的层次之间通过网络进行传输。网络分为有线网络与无线网络。有线网络一般应用于数据处理中心的集群服务器、工厂内部的局域网以及部分现场总线控制网络中，能提供高速率、高带宽的数据传输通道。工业无线传感器网络则是一种新兴的利用无线技术进行传感器组网以及数据传输的技术，无线网络技术的应用可以使得工业传感器的布线成本大大降低，有利于传感器功能的扩展。

（4）信息处理技术。工业信息出现爆炸式增长，工业生产过程中产生的大量数据对于工业物联网来说是一个挑战，如何有效处理、分析、记录这些数据，从中提炼出对工业生产有指导性建议的结果，是工业物联网的核心所在，也是难点所在。

（5）安全技术。工业物联网安全主要涉及数据采集安全、网络传输安全等过程，信息安全对于企业运营起关键作用，例如在冶金、煤炭、石油等行业采集数据需要长时间的连续运行，如何保证在数据采集以及传输过程中信息的准确无误是工业物联网应用于实际生产的前提。

（6）标准。物联网覆盖的技术领域非常广泛，涉及总体架构、感知技术、通信网络技术、应用技术等各个方面。因此，建立统一规范的标准是十分有必要的。目前，与物联网相关的标准化组织较多，图 17-4 是全球主要物联网标准组织的徽标。

图 17-4　全球主要物联网标准组织

17.3 可视化数据展示技术

17.3.1 数据可视化介绍

数据可视化是数据在视觉表现形式上的研究,它被定义为从某种概要形式中提取出来的信息,是一门具有实际应用意义的学科。

数据可视化技术是利用计算机图形学和图像处理方法,将数据转换成图形或图像在屏幕上显示出来,并进行交互处理的理论和方法。计算机图形学、图像处理、计算机辅助设计、计算机视觉以及"人机交互"技术等多个领域都是数据可视化技术所涉及的内容。数据可视化领域的起源可以追溯到20世纪50年代国外早期的计算机图形学。在《计算机之中的可视化》中,基于计算机的可视化技术的重要性论述大幅度促进了数据可视化技术的发展。随着计算机运算能力的提高与生产、生活中数据量的急速增大,科学与工程实践中的计算机建模和模拟运用日益关注对数据的处理。20世纪年代人们逐渐接受了"数据可视化"这一涵盖了科学可视化和信息可视化领域的新术语。数据可视化技术关注的焦点是信息的呈现。它将数据库中的一个数据项作为单个图元元素,大量的数据集构成图元点集,即生成图像;同时将数据的各个属性以多维数据的形式表示,可以从不同的维度来观察数据,以便对数据进行更深入的观察和分析。数据可视化改变了传统的关系数据表观察和分析数据信息的形式,将数据用二维、三维的图像、曲线等形式显示出来,并对数据模式和相互关系进行了可视化分析,以最直观的方式展示了数据和数据间的紧密结构关系。数据可视化技术借助图形化手段,对信息进行清晰的传达,给人们提供一种直觉式、交互式的对数据反应灵敏的环境。国外的数据可视化技术始于20世纪50年代。起初,可视化技术研究多服务于核武器、磁聚变和生命环境科学领域,如今,数据可视化的研究已经在自然科学、工程技术、金融、通信、商业等领域取得了重大进展。我国的可视化技术研究开始于20世纪80年代。开始阶段,数据可视化的研究仅在国家级研究中心、高水平的大学和大公司的研发中心等小范围进行。近年来,数据可视化技术已扩展到工程、军事、医学、经济等各个领域。

17.3.2 隧道检测数据的三维可视化

如图17-5所示,传统检查的结果通常以填写病害调查表、绘制展示图等方式在现场进行记录,检查结果文档提交归档或录入相应的数据管理系统。此种方式主要基于纸质化文档的模式进行,隧道检测结果展示方式的可视化、信息化程度低,导致数据查阅不便,利用效率也较低。

相比于BIM技术应用逐渐成熟的建筑业,铁路行业的BIM技术应用还处于探索、发展阶段,而铁路工程相比于民建工程,体量更大、工艺更复杂、专业性更强,对BIM技术的需求也更加迫切。随着铁路BIM联盟陆续推出《铁路工程信息模型交付标准》《铁路工程信息模型表达标准》《基于信息模型的铁路工程施工图设计文件编制办法》等标准与办法,BIM技术在铁路工程应用中的标准与规范也日臻完善,铁路工程信息模型在建设、传递和使用的过程中更加有据可依。今后的工程设计将逐步过渡到使用信息模型替代传统二维图纸,BIM技术在将来铁路工程中必将占据举足轻重的地位。

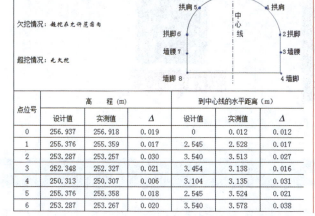

图 17-5 传统的隧道数据展示方式

以隧道为例,将隧道模型建模参数信息和隧道衬砌质量信息数据整合统一并以 BIM 形式进行展示,如图 17-6 所示。

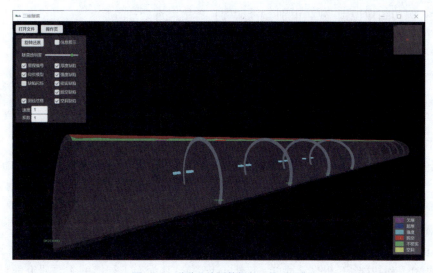

图 17-6 隧道及检测数据的三维可视化

并且,在可视化系统中能够实现一键展示整段隧道检测缺陷统计信息(测线总长、缺陷总数、缺陷类型等);点击隧道结构缺陷位置即可将独立信息(测线位置、缺陷类型、里程起点、里程终点、检测结果等)进行展示。如图 17-7 所示。

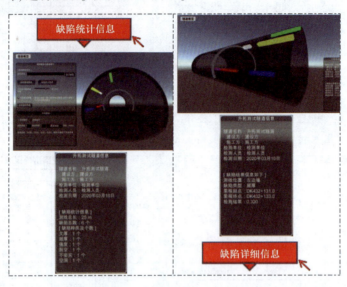

图 17-7　隧道数据的统计展示

17.4　人工智能技术

人工智能是一门专门探究如何让计算机模仿或者实现人类的学习行为,使得计算机拥有获取某个领域的新知识的能力,并在此基础上不断更新已有的知识结构使其本身能不断进化升级性能的学科。人工智能现在已经被广泛应用于 DNA 序列分析、电力系统负荷预测、证券市场分析等。人工智能技术在发展了几十年以后被应用在了很多领域,但是并没有完美地解决很多问题,例如图像识别、视频识别、语音识别、自然语言处理等。

17.4.1　机器学习

机器学习(Machine Learning,ML)是人工智能中一个重要的研究领域,被认为是人工智能的基础。机器学习牵涉的面很广,本章只是对它的一些基本概念和术语作一简要讨论。

1)基本概念

机器学习的核心是"学习",学习的一般定义为:学习是一个有特定目的的知识获取过程,其内在行为是获取知识、积累经验、发现规律;外部表现是改进性能、适应环境、实现系统的自我完善。

2)机器学习

所谓机器学习(Machine Learning,ML),就是要使计算机能模拟人的学习行为,自动地通过学习获取知识和技能,不断改善性能,实现自我完善,其为人工智能的主要研究领域之一。

3) 学习系统

为了使计算机系统具有某种程度的学习能力,使它能通过学习增长知识、改善性能、提高智能水平,需要为它建立相应的学习系统。一个学习系统应具有如下条件和能力:

(1) 具有适当的学习环境。

(2) 具有一定的学习能力。

(3) 能应用学到的知识求解问题。

(4) 能提高系统的性能。

17.4.2 神经元网络

随着人们对大脑的不断认知以及脑科学的不断发展,人们开始幻想在计算机中模拟人脑的思维模型,于是构建了相关的数学模型,这就是最初的神经元网络模型。人工神经元网络主要是模拟人类大脑神经元中信息处理的过程,并且实现相互连接而组成复杂网络以更好地模拟人脑的功能。从数学角度来讲,就是实现复杂的逻辑运算,构建复杂的非线性系统,以实现某些特定的功能。

17.4.2.1 人工神经元

人工神经元网络的基本单元是神经元,多个神经元组合起来就可以构成一个复杂的神经元网络。神经元通常是多输入、多输出的非线性元件,一个神经元的输出要受到输入信号和神经元内部相关因素的影响。建立神经元模型时通常会加上一个额外的输入信号作为偏差(bias),称其为阈值。一个人工神经元网络的神经元模型实际上是描述了一个数学的计算过程,这个过程就是在描述一个网络如何将其输入信号转化为输出信号的完整过程。人工神经元网络本质上体现了网络输入信号和输出信号之间的一种映射关系。一个神经元包含一种特定的激活函数,通过选择不同的模型结构,就可得到功能各异的人工神经元网络和与之相应的输入输出关系式,以满足设计要求,实现期望的计算功能,如图 17-8 所示。

17.4.2.2 单层神经元网络

单层神经元网络是由两个以上(含两个)简单神经元并联组合而成的,包括输入层在内只有两层,神经元具有相同输入矢量 P,且都会产生输出。图 17-9 即为单层神经元网络模型示意图。

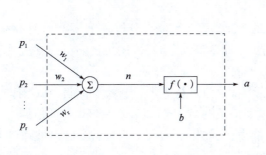

图 17-8 单个神经元示意图

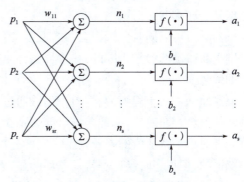

图 17-9 单层神经元网络模型

17.4.2.3 多层神经元网络

多层神经元网络是指将两个以上(含两个)单层神经元网络连接而成的神经元网络,如图17-10所示。多层神经元网络处理问题的能力更加强大,非线性拟合效果也更好。但是,计算效率会稍微降低一点,且每层网络都有权值矩阵 W、偏差矢量 B 和输出矢量 A。

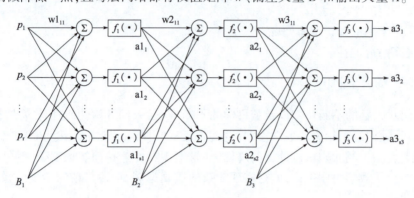

图 17-10　多层神经元网络模型

要想使神经元网络发挥作用,就必须对神经元网络进行训练,而对神经元网络的训练涉及训练样本。对神经元网络进行训练,实际上就是让网络输出和期望输出向量之间的均方根误差达到目标要求,而这个过程就是通过在训练中不断地修正网络的权值和阈值来完成的。

17.4.3　人工智能在桥隧检测中的应用

在桥隧检测中,很多时候检测精度高度依赖于操作人员的判断水平,为检测结果的客观性、一致性等带来不利影响,也增加了操作人员的负担。为此,基于AI(机器学习)的辅助判定手段应运而生,用以提高检测精度并降低作业难度。同样,我们可以应用机器学习领域对检测数据进行处理,包括分类、回归、聚类等,其主要对象有:

(1)分类:内部缺陷(有无、大小)的识别。
(2)回归:数值指标,如厚度、深度、强度、弹性模量等的回归。
(3)聚类:结构损伤程度的划分等。

相比单纯的人工分析,采用机器学习的方法具有以下优点:

1)适合于多参数分析

机器学习可以同时分析出多参数联合变化的规律即多参数联合分析。而人脑只能同时分析判别少数联动的参数。因此,在边界条件复杂、分析参数较多时,采用机器学习的方法具有很大的优势。

检测原理可简单理解为:将检测信号通过若干特征值进行表示,当检测部位存在缺陷时,这些特征值会存在差异,这种差异可能表现在单个特征值上,也可能表现在多个特征值的组合上。人工对单个特征值的差异具备一定的分辨能力,比如传统的人工判别就是针对波速延迟这一特征的,但很多时候这一特征并不明显,人工判定就会比较困难。机器学习就是专门解决这种问题的,AI的智能特性就是体现在学习上,通过学习已有的数据,总结数据变化的规律,从而具备分辨的能力。

2）客观性强，精度（误差）稳定性好

由于基于机器学习的无损检测分析是建立在较多数量的训练集的基础上的，因此，其预测精度相对比较稳定、可靠。

3）精度可不断提高

随着训练（验证）数据的不断积累，预测精度也会不断提高。同时，训练模型还可以传承。利用机器学习来提高检测精度，需要注意的是：

1）学习（训练）数据

人工智能学习数据的好坏直接影响机器判定的准确性，如果在学习的时候数据都存在严重的问题，那么学习的结果也不会好，因此，训练集的质量就决定了模型准确率的上限，后期的所有工作只是在逼近这个上限。

2）特征值和参数

在采用浅层学习方法时，需要自定义特征值（参数）。因此，特征值的选取也至关重要，所选特征值必须能区分开检测好与坏的具体情况。

3）模型的选取和训练

如前所述，机器学习方法众多，各方法特点不同，应根据检测对象选取。针对选取好的方法，采用准备好的学习数据进行训练，得到相应的参数，即建立了检测用的模型。

4）模型的评估

评估模型优劣最直接的办法是用这个模型去做实际的判断，比如对于混凝土内部缺陷识别的人工智能模型，我们将检测数据输入给模型，让它判断混凝土是否有内部缺陷，然后看看有多少比例是正确的，多少比例是错误的，这就是精度和错误率，是最直接的一种评估方式。

需要说明的是，我们能选择作为验证的样本集是有限的，因此，在实际计算的时候选择样本集以及如何计算又会有许多不同的方法。当要解决一个实际问题时，我们要考虑：

（1）如何知道我们所设计的模型是有用的或者较好的？

（2）当模型应用不理想时，我们应该从哪些方面进行改进？

（3）如何针对具体问题选择学习模型？

5）实际应用

在 AI 的实际应用中，主要有边缘计算（Edge Computing）和远程计算（Remote Access Computing System，RAC）模式。其中，边缘计算就是在靠近数据源头的一侧，采用检测人员的计算机或者是监测节点（远程控制节点 RTU）上运行训练好的 AI 模型进行分析。远程访问计算是利用通信线路，远距离提交任务、执行计算并接收计算成果。也就是检测人员将检测数据远程提交到服务器，由服务器系统上的 AI 模型进行分析并返回计算结果。

17.5　数据格式标准化技术

数据的标准化就是对数据分类编码、分层等的统一。数据信息涉及面广，内容复杂，既有各种参数、指标等可量化的信息，又有大量各种现象与特征描述等无法量化的信息。在制定标准时，必须充分考虑两者情况，使其在满足数据收集与整理需要的同时，又能满足计算机录入与输出的要求。为了便于对数据进行管理和快速检索与分析，根据具体情况和用户需求，采取分层的方法存放。空间数据库标准化设计主要涉及子库编码、子库层次结构、数据库地图编码、图层命名规则、图元命名规则、区域分类代码命名规则、属性表命名规则几部分。

在数据传输中,常用的三种数据格式分别为 JSON、XML、YAML。

1)JSON

JSON 是一种轻量级的文本数据交换格式,在语法上与创建 JavaScript 对象的代码相同,由 key/value(键/值)构成,如图 17-11 所示。

JSON 的优点是:

(1)具有自我描述性,易于阅读与编写,也易于机器解析与生成。

(2)使用 JavaScript 语法来描述数据对象,但是 JSON 仍然独立于语言和平台。JSON 解析器和 JSON 库支持许多不同的编程语言。目前非常多的动态(PHP,JSP,. NET)编程语言都支持 JSON。

(3)非常适用于服务器与 JavaScript 交互。

2)XML

XML 是可扩展标记语言,标准通用标记语言的子集,是一种用于标记电子文件使其具有结构性的标记语言,如图 17-12 所示。

```
{
  "dates": {
    "date": [
      {
        "id": "1",
        "name": "JSON",
        "abb": "JavaScript Object Notation"
      },
      {
        "id": "2",
        "name": "XML",
        "abb": "eXtensible Markup Language"
      },
      {
        "id": "3",
        "name": "YAML",
        "abb": "Yet Another Markup Language"
      }
    ]
```

图 17-11　JSON 格式

```
<?xml version="1.0" encoding="UTF-8" ?>
<dates>
    <date>
        <id>1</id>
        <name>JSON</name>
        <abb>JavaScript Object Notation</abb>
    </date>
    <date>
        <id>2</id>
        <name>XML</name>
        <abb>eXtensible Markup Language</abb>
    </date>
    <date>
        <id>3</id>
        <name>YAML</name>
        <abb>Yet Another Markup Language</abb>
    </date>
```

图 17-12　XML 格式

XML 的用途:

(1)读取 XML 文档。

(2)使用 XML DOM 循环遍历文档。

(3)读取值并存储变量。

3)YAML

YAML 格式如图 17-13 所示。YAML 的适用范围:

(1) 由于实现简单,解析成本低,特别适合在脚本语言中使用。
(2) YAML 比较适合做序列化,因为它是宿主语言数据类型直转的。
(3) YAML 也可做配置文件,比如 Ruby on Rails 的配置就是选用的 YAML。

图 17-13　YAML 格式

17-1　常用的数据传输格式有哪些?
17-2　物联网技术的定义是什么?

本章参考文献

[1] 何关培.BIM 总论[M].北京:中国建筑工业出版社,2011.
[2] 许蓁,于洁.BIM 应用·设计[M].上海:同济大学出版社,2016.
[3] 李晓军,田吟雪,唐立,等.山岭隧道结构 BIM 多尺度建模与自适应拼接方法及工程应用[J].中国公路学报,2019,32(2):126-134.
[4] 蒋科.BIM 技术在公路工程设计阶段中的应用技巧[J].公路交通技术,2018,34(2):21-25.
[5] 刘占省,王泽强,张桐睿,等.BIM 技术全寿命周期一体化应用研究[J].施工技术,2013,42(18):91-95.
[6] 马婷婷,吴林,李丽.石鼓山隧道附属洞室 BIM 三维建模设计应用[J].铁路技术创新,2014(5):59-63.
[7] 孙中秋.隧道信息化:基于 Revit 建模的新思路[J].桥梁·BIM 视界,2019(2):34-37.

[8] 张轩.基于Bentley平台的铁路隧道BIM技术应用研究[J].铁道标准设计,2019,63(04):111-116.

[9] 刘海宁,施浩.基于Android平台智能手机实现试验室管理系统[J].硅谷.2012(6):23-24

[10] 王菊娇,艾娇燕,罗冠.基于安卓移动平台的高校电子信息试验室耗材管理系统的设计与研究[J].科技展望,2016(19):17-18.

[11] 赛多利斯科学仪器有限公司.LIMS实验室信息管理系统[J].传感器世界,2007(1):51-51.

[12] 中华人民共和国交通运输部.公路工程技术标准:JTG B01—2014[S].北京:人民交通出版社股份有限公司,2015.

第18章 远程监测

学习指南

本章主要介绍了铁路桥梁、边坡和隧道远程监测系统及架构的相关组成。在学习过程中,需要了解远程监测系统主要构架,了解铁路桥梁健康监测系统以及隧道远程监测系统的设计方法。

伴随我国基础设施建设的飞速发展,桥梁结构在各大公路、铁路中的应用相当广泛,如图18-1所示。从使用年限来看,我国有60%~70%的桥梁是在近20年间修建的,也有30%~40%的桥梁使用年数在20年以上。

图18-1 铁路桥梁

随着铁路交通运输能力的不断提高,许多早期设计施工的桥梁的老化和功能退化呈加速趋势。可以预见,我国必将迎来大范围的桥梁老化现象,如不加以控制,大部分桥梁将提前达到使用寿命。

桥梁的损伤检测问题在20世纪50年代就已被提出，并且以人工检测为特征的桥梁检测标准在美国等一些国家已开始施行，通过定期对桥梁结构进行例检以维持长期的监测。从1993年起，我国铁道部亦相继颁布《铁路桥梁设计规范》和《铁路桥隧养护简明手册（修订版）》等技术标准。这些标准对采用人工方法进行桥梁损伤鉴定和状态评估作了详细规定。桥梁的状态检测方法总体上可分为局部检测和整体检测两大类。

传统的以人工为主的桥梁检测是较为经济可行的方法，但对于大跨度桥梁而言，人工检测主要存在以下不足：首先，人工检测主观性强，往往需要凭借检测人员的经验判断；其次，整体性差，一般只做局部检查；此外，实时性差，仅能反映检测当时桥梁的情况；最后，人工检测时对桥梁正常交通有较大影响。

桥梁的结构损伤如果不能得到及时维护和维修，不仅会影响行车的安全，缩短桥梁的使用寿命，还会发生桥梁的突然破坏或倒塌等惨痛事故。例如1962年，美国Kings钢桥因疲劳而倒塌；2001年11月，四川宜宾南门大桥桥面突然断裂；2007年8月1日，美国明尼苏达（Minnesota）州横跨密西西比（Mississippi）河的I-35W（全长581m、三个主跨、拱式钢桁桥）在使用40年后突然倒塌。这些灾难性的事故不仅造成了重大的人员伤亡和经济损失，而且引起了公众舆论的密切关注，产生了极为恶劣的社会影响。这些事故表明，进一步发展桥梁结构整体健康监测及状态评估的技术，对重要的大跨桥梁结构建立长期自动监测系统等都具有极其重要的意义。

18.1　远程监测系统及架构

远程监测系统（图18-2）有三个重要组成部分：①高性能的采集系统，主要是指传感器及信号的后期处理部分；②监测对象主要为复杂大型结构体，如桥梁、隧道等；③远程监测系统的架构。

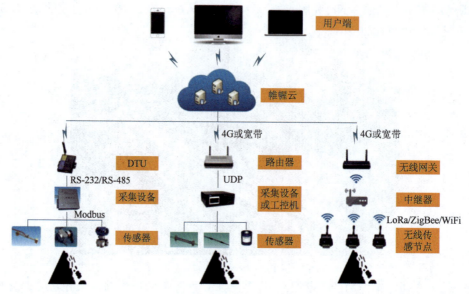

图18-2　远程监测系统示意图

一般来说,传感器总是位于监测系统的最前端,主要用于获取监测信号,其性能将直接影响整个监测系统,对测量精准度起着决定性作用。传感器是指能感受规定的被测物理量,并按照相应规律转换成可输出信号的器件或装置,主要作用是检测信号和信号转换。

根据监测结构特点和监测要求确定监测类别和监测项目,具体参考表18-1选择对应的传感器,并确定主要监测参数。

传感器与监测参数　　　　　　　　　　　　　　　　表 18-1

监测类别	监测项目	所需传感器类型	主要监测参数
荷载	风荷载	超声波式风速计 螺旋桨式风速计 气压表 雨量计	静风、阵风风力玫瑰图 渐变风、阵风速度轮廓图 风力影响范围 风紊流强度等
	温度荷载	铂电阻温度计 热点耦合温度计	结构有效温度场 温度差 大气温度
	铁路荷载	应变片 摄像机	各线路列车转向架荷载 列车荷载谱 桁架应力应变分布
	位移	静力水准	隧道变形

采集系统收集并处理由点式布置的仪器采集到的数据,并将这些数据储存或者传送出去。采集系统由数据采集、数据处理和数据传输三个部分构成,具有适应能力强、抗干扰能力强、可靠性高、便于数据融合处理和可灵活组网等优点。

为了实现数据共享,整个监测系统必须要能够支持网络访问和存取数据。当前具有网络通信支持的应用程序架构主要为:C/S 架构和 B/S 架构。

C/S 架构也称胖客户端程序,即客户端(Client/)服务器(Server)架构(图 18-3),分为客户端和服务器。C/S 架构是一种典型的两层架构,第一层是在客户端系统上结合了表示与业务逻辑,第二层是通过网络结合了数据库服务器。简单来说就是第一层是用户表示层,第二层是数据库层。其客户端包含一个或多个在用户的电脑上运行的程序,而服务器端有两种,一种是数据库服务器端,客户端通过数据库连接访问服务器端的数据;另一种是 Socket 服务器端,服务器端的程序通过 Socket 与客户端的程序通信。

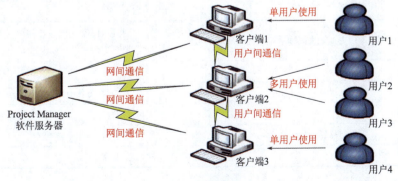

图 18-3　C/S 系统架构

客户端和服务器直接相连,这两个组成部分都承担着重要任务,第一层的客户端并不是只有输入输出、运算等能力,它可以处理一些计算、数据存储等方面的业务逻辑事务;第二层的服务器主要承担事务逻辑的处理,本来任务很重,但是由于客户机可以分担一些逻辑事务,所以减轻了服务器的负担,使得网络流量增多。

B/S 架构也称瘦客户端程序,即浏览器(Browse)/服务器(Server)架构(图 18-4),是随着 Internet 技术的兴起,对 C/S 架构的一种变化或者改进的架构。在这种架构下,用户工作界面是通过 WWW 浏览器来实现的,Web 服务器接收客户端发来的 HTTP 请求。对请求进行分析,如果请求的是静态页面,那么就将所请求的页面发送给客户端。如果请求的是动态页面,那么就首先执行该动态页面,然后将执行结果发送给客户端。极少部分的事物逻辑在前段(Browser)实现,但是主要的事物逻辑在服务器端(Server)实现。这样就大大简化了客户端电脑载荷,减轻了系统维护与升级的成本和工作量,降低了用户的总体成本。

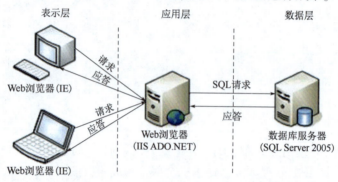

图 18-4　单层 B/S 系统架构

B/S 架构是由 C/S 架构改进而来,可以说是三层 C/S 架构。两种架构各有特色,都是非常重要的网络架构。在响应速度、用户界面、数据安全等方面,C/S 强于 B/S,但是在业务扩展和适用 WWW 条件下,B/S 明显胜过 C/S。可以说,B/S 的强项就是 C/S 的弱项,反之亦然。它们各有优缺点,相互无法取代。两者区别如表 18-2 所示。

C/S 与 B/S 的区别　　　　　　　　　　　表 18-2

角　度	C/S 架　构	B/S 架　构
硬件环境	专用网络	广域网
安全要求	面向相对固定的用户群信息安全的控制能力强	面向不可知的用户群对安全的控制能力相对要弱
程序架构	更加注重流程系统运行速度较少考虑	对安全以及访问速度需要多重考虑,建立在需要更加优化的基础上
软件重用	差	好
系统维护	升级难	开销小、方便升级
处理问题	集中	分散
用户接口	与操作系统关系密切	跨平台,与浏览器相关
信息流	交互性低	交互密集

因此,基于 C/S 体系结构的 B/S 体系势必在未来的工程中发挥重要作用。

18.2 典型桥梁健康监测系统结构及应用

18.2.1 典型桥梁健康监测系统结构

桥梁健康监测系统是集结构监测、系统辨识和结构评估于一体的综合监测系统。为实现桥梁结构的健康监测和状态诊断,并进行损伤预测和评估,桥梁健康监测系统通过采集桥梁在运营状态下的实时信号,进行数据处理分析,对桥梁的安全性和可靠性进行评估。因此,智能桥梁健康监测系统监测应满足以下要求:

1) 精确性

在智能桥梁健康监测系统的数据采集过程中,保证采集数据的精确性是关键要求。精确性包含精密性和正确性两个方面。精密性表示测量结果的分散性;正确性表示测量结果偏离真值的程度。精确性是两者之和,反映测量的综合优良程度。

2) 完整性

在健康监测系统设计中,必须避免信息不足的情况发生,即要保证系统测试的完整性。信息不足一般是由在系统设计中对系统的功能和目的考虑不周所致。系统不能完整提供所需信息,必然会导致系统整体功能的显著下降。

3) 适用性

在健康监测系统设计中,还应防止信息过多的情况发生,也就是要保证系统测试的适用性。这种情况一般是由不断提高的系统水平和不断扩大的测量范围所致,形成一种以高精度和高分辨率采集所有可以得到的信息的趋势,这将导致有用数据夹杂在大量无关数据之中,且这些无关数据的存在,给系统的数据处理和计算机存储带来了沉重的负担,并使系统的硬件投入成本飙升。

根据上述定义,桥梁健康监测系统可以划分为在线测试、实时分析、损伤诊断、状态评估以及维护决策五个阶段。理想的桥梁健康监测系统通过对结构应力、变形等桥梁结构行为的监测,不仅可使桥梁结构在运营期内处于健康运营状态,而且可以降低维修成本,延长使用寿命,因此国内外对桥梁健康监测系统的研究越来越多。智能桥梁健康监测系统是通过监测反映桥梁结构关键性能的技术指标,实现对桥梁病害和损伤的识别,实时反映结构状况的系统;是及时对桥梁结构进行维护、检修,形成合理评估桥梁的承载能力和剩余寿命的评估系统,以便桥梁管理部门及时作出决策。

在此基础上相关单位开发了基于 BIM 的工程质量及健康信息系统——BQIM 系统(Building Quality & Health Information Modeling System, BQIM)如图 18-5 所示。

BQIM 系统架构以实体检测为中心,真实反映实体结构的实际情况;具备 GPS、实时数据传输功能,可定时定位;系统与 CAD 结合,可与设计资料进行对比、校核;可视化程度高;扩展性好,可支持各种设备。数据架构统一信息模型,实现无缝共享。BQIM 系统包括如下模块和功能:

(1) 实体检测模块:对路桥结构实体(包括地基、基础、上部结构、支护结构等)进行无损检测。

（2）结构远程监测模块：针对桥梁、路基、边坡、基坑等，采用 IoT 和 B/S 构架的远程监测体系。

（3）数据库模块：CI-DBS 不仅可以记录不同时期、不同地点的检测信息（包括位置信息、工程信息、原始测试数据、报告等），而且储存、检索方便，有助于职能部门对检测工作的监督和管理。

（4）BIM 模块（内含 GIS 机能）：可查阅、提取、添加检测或监测的数据、报告，也可提取和添加法律法规、标准规范等非结构性文档信息，信息查找和存储方便，并通过可视化直观展现。同时，可支持客户在不同地点，使用移动 IPad 登录 BQIM 服务器，在信息模型中进行虚拟漫游，以及查阅、提取检测数据和报告文档。

（5）辅助决策模块：利用数值仿真以及专业评估，对质量判断、加固决策等进行辅助。施工过程中检测得到的数据为结构服役期间的检测、评估提供参照，方便结构养护且有利于降低结构全寿命期费用，即 LCC（Life Cycle Cost）最小化。

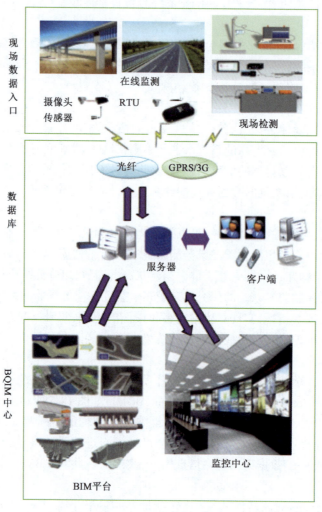

图 18-5　BQIM 系统的构成

18.2.2 桥梁健康监测的应用

国外桥梁监测系统的应用可以追溯到 20 世纪 80 年代,当时英国北爱尔兰的 Foyle 桥安装了长期监测仪器和自动数据采集系统,以校验大桥的设计并测量和研究车辆风和温度荷载对大桥动力响应的影响。随着现代传感技术、计算机与通信技术、信号分析与处理技术及结构分析理论的迅速发展,许多国家都开始在一些新建和既有大型桥梁中建立结构健康监测系统。我国桥梁健康监测系统的研究与应用始于 20 世纪 90 年代,依托我国大规模基础设施建设的背景,桥梁健康监测在我国得到了一定的应用,如图 18-6 ~ 图 18-8 所示。

图 18-6 监测仪器的设置

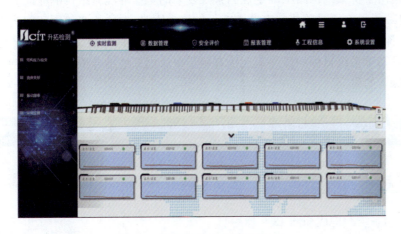

桥隧健康监测

图 18-7 传感器安装及实时监测界面

例如北京某桥梁群搭建的实时监测系统,其主要监测参数为应力应变、变形挠度、震动频率以及环境温、湿度监测,该系统具有以下几个功能:

(1) 实时监测:通过对桥梁自动化在线监测,实时掌握建设及运行的安全状态。

(2) 报表推送:监测结果实时显示发布,定期将监测报表推送给用户。

(3)监测预警:当结构监测数据异常时,系统核实后触发相应报警机制,第一时间告知用户,实现综合预警功能。

(4)历史资料存储:监测数据的存储,为今后同类工程设计、施工提供类比依据。

(5)新技术应用:已知弹性波的理论分析波速与材料的动切线弹性模量之间有明确的联系,同时由于裂缝面遮断,因此,弹性波波速、衰减与裂缝之间也有密切的相关关系。

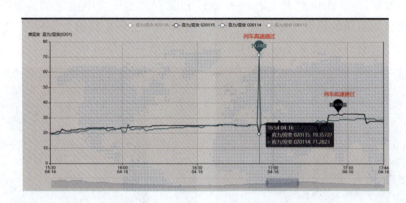

图 18-8　应变传感器实时曲线

该系统应变传感器的信号在有列车经过及无列车经过时具有较为明显的变化,另外在车速不同的情况下也有明显的区分。通过该监测系统的使用情况分析,可以准确通过监测数据判断上桥车辆的大致吨位、上桥时间、行驶状况。该监测系统发挥出良好的安全监测作用,能够有效保障桥梁安全。

需要指出,上述这些研究进展在桥梁健康监测领域尚属基础性的探索,距离系统的完美尚有较大差距。这主要是由于桥梁结构的不确定性因素及复杂的工作环境对结构响应的灵敏性造成了不利的影响,导致了目前桥梁整体状态监测方面的许多困难,对桥梁在使用年限内工作特性的变化缺乏全面、深入的研究,难以建立客观统一的桥梁状态评估标准,所以整个结构健康监测技术的成功开发乃至系统目标的最终实现仍有赖于今后更好地结合桥梁的自身特性及其工作环境开展更为深入的研究。

18.3　典型边坡监测系统及其应用

18.3.1　典型边坡监测系统

目前,典型边坡监测系统的构成如图 18-9 所示:

从监测对象来看,大致可分为两类:

1)以边坡表面位移为主(图 18-10)

在边坡主断面顶端稳定处设置固定点,在固定点处安装一个地表变形监测站,之后每隔一段距离安装一个地表变形监测站,直至边坡底部。同一断面上地表变形监测站的传感器,从上至下首尾相连,通过各监测站的位移数据在第一时间反映该断面的实时变形情况。

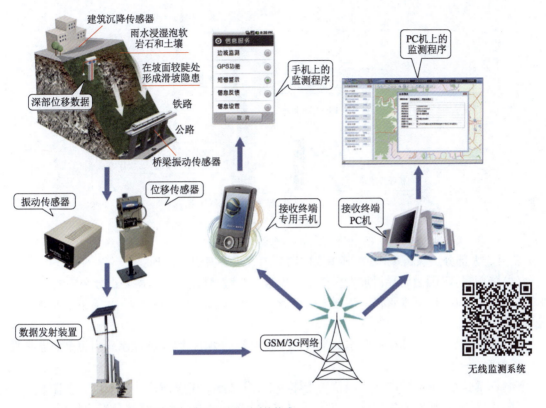

图 18-9 典型边坡监测系统构成

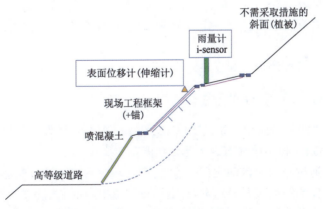

图 18-10 边坡表面位移监测概念

2) 以边坡深部倾斜为主 (图 18-11)

两种监测方法的比较如表 18-3 所示。

两种监测方法的比较 表 18-3

方　法	优　　点	缺　点
表面位移	成本低,构筑简单	反映面积小
深部倾斜	反映面积大	成本高,构筑复杂

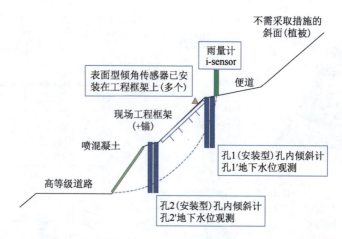

图 18-11　边坡深部倾斜监测概念

就目前大部分边坡类型来说,其主要的监测内容主要有以下几项:

(1)降雨量:降雨是诱导滑坡发生的主要因素,因此对降雨量的监测是十分必要的。

(2)地下水位:地下水水位对于滑坡滑体影响极大,因此,在边坡监测中,地下水基本上是最重要的一环。

(3)孔隙水压力:滑体中孔隙水对滑坡产生较重要的影响,因此孔隙水压力也是日常监测的一项内容。

(4)深部位移:滑坡的滑体一般位于土体深部,需要施工相应钻孔进行深部位移监测。

(5)土压力:在深部发生位移后,滑坡土体产生变形,对未产生位移部分形成作用力,监测土压力可提前判断滑坡。

(6)地表位移:在深部位移达到一定程度后,边坡表面会发生位移,可使用地表位移作为监测内容。

(7)视频监测:视频监测可直观反映地表情况。

18.3.2　边坡监测系统的应用

四川某边坡搭建的实时监测系统(图 18-12、图 18-13),主要监测参数为降雨量、地下水、深部位移以及地表位移,该系统具有以下几个功能:

(1)实时监测:通过对边坡自动化在线监测,实时掌握系统运行的安全状态。

(2)报表推送:监测结果实时显示发布,定期将监测报表推送给用户。

(3)监测预警:当监测数据异常时,系统核实后触发相应报警机制,第一时间通过短信、邮件等方式告知用户,实现综合预警功能。

(4)历史资料存储:监测数据的存储及调阅功能。

根据监测数据和观察信息及其他信息,对边坡的安全稳定性及防护工程效果进行评价,并及时提出治理建议。按季度提交监测、观察和评价成果。当出现异常情况时,及时提供资料、评价结论和处置建议。

目前边坡安全评估研究不断有新的成果出现,安全评估方法不断发展,因此在系统设计时应留有更新的接口,能够将新的评估技术及时用于边坡的健康与安全监测系统。

图 18-12　测斜管安装　　　　　图 18-13　孔内测斜仪安装

18.4　隧道监测系统及其应用

18.4.1　隧道主要监测内容及系统架构

运营期隧道主要监测内容为变形自动监测,分为拱部下沉测量、边墙水平位移测量和仰拱变形测量。

隧道变形自动监测系统一般采用三级架构模式(图 18-14),包括现场监测设备、采集单元、中心系统和监控终端。

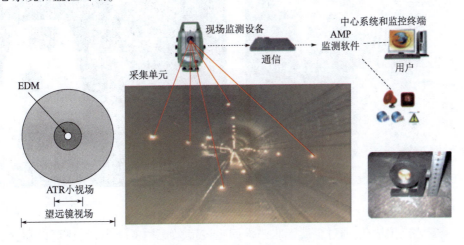

图 18-14　隧道变形自动监测系统架构图

整个系统是无人值守的自动化变形监测系统,项目主要由四部分组成:
(1)观测传感器:TM50监测机器人自动全站仪。
(2)变形点:监测点棱镜。
(3)通信及供电:现场供电及数据传输系统。
(4)监测机房:配置全自动监测系统。
隧道变形自动监测系统的采样频率可根据需求进行调节。

18.4.2　隧道变形自动化监测系统的应用

图 18-15 为贵州某隧道横断面测点布置图,其中左边墙脚设测点 1,右边墙脚设测点 6,左线轨道板设测点 2 和测点 3,右线轨道板设测点 4 和测点 5。测点 1 和测点 6 安装在侧沟盖板顶面以上 0.5m 处(可根据测量视觉调整安装高度)。原设计图将测点 3 和测点 4 设置在中心水沟两侧充填层顶面,但由于该位置位于整治施工作业区,故将测点位置移到轨道板上。

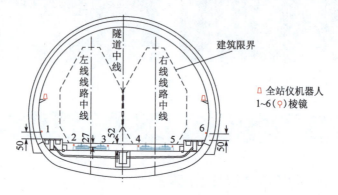

图 18-15　某隧道横断面测点布置图

全站仪安装在被测区域隧道边墙上,通过支架进行固定,如图 18-16 所示,安装原则是保证全站仪自身稳定性,不得影响行车安全。

图 18-16　全站仪安装现场

在棱镜安装点位钻孔,通过金属膨胀锚栓固定棱镜,如图 18-17 所示,还可以在膨胀锚栓外侧抹上植筋胶以保证棱镜稳定。安装原则是保证安装点位牢固,不影响行车安全。

图 18-17 棱镜安装示意图

18-1　C/S 与 B/S 架构的主要区别是什么？
18-2　桥梁健康监测系统应满足哪些要求？
18-3　边坡监测的主要内容有哪些？
18-4　隧道监测的主要内容有哪些？

本章参考文献

铁道部运输局基础部. 铁路隧道检测技术手册[M]. 北京：中国铁道出版社, 2007.

第五篇

试验篇

第 19 章 演 示 试 验

演示试验一：中小跨径桥梁健康监测系统

1）试验目的
(1) 使学生掌握桥梁健康监测系统的评估原则。
(2) 使学生了解桥梁健康监测系统的构成。
(3) 使学生了解桥梁健康检测系统的操作，理解各个检测指标的意义。

2）试验设备及装置
(1) 中小跨径桥梁模型。
(2) 桥梁健康监测系统(BSS-RMS-M)。
(3) 梁体弹性模量测试系统：混凝土多功能无损测试仪(SCE-MATS)。

3）试验准备
(1) 根据测试要求及相关资料，设计传感器安装位置。
(2) 正确连接仪器设备。
(3) 调试仪器设备，确定运行正常。
(4) 打开计算机准备试验。

4）试验原理
对于被动型监测系统，通过连续测试桥梁在役过程中由于交通等荷载产生的各种物理量，从而推断桥梁的健康状态。主要监测项目见表19-1。

被动型监测系统主要监测项目　　　　　　　表 19-1

对象	传感器种类	测试参数	监测对象及作用
桥梁	加速度计	动挠度	梁的承载力（不含自重）、是否超载
		振动模态、频率	梁的刚性状况、损伤状况
	倾角计	静挠度	梁的承载力（含自重）
		横向稳定性	桥板的翻转
	温度传感器	混凝土内温度	对温度效应进行补偿、修正
桥墩	加速度计	振动模态、频率	桥墩的约束状况（基础冲刷等）
交通	数字摄像机	视频	桥梁的整体状态、交通状态

5）试验步骤

被动型监测系统的试验步骤如下：

(1) 打开系统软件。

(2) 建立桥梁资料，包含桥梁名称、结构、传感器的布置等。

(3) 选定桥梁，进行预警系统的参数设定（参数来自快速无损检测）。

(4) 进入监测系统界面，用模型工程车模拟不同荷载驶过桥面时的情况，并记录振动特性。

(5) 进入评估系统界面，将记录的数据进行下列评估，并得出评估结论：

①与设计资料的桥梁刚度对比（主要是梁的动、静扰度等）。

②与设计资料的相应允许值对比（主要是梁的动挠度、自振频率等）。

③与监测数据变化历史对比。

演示试验二：模型孔道压浆密实度检测（人工智能）

1）试验目的

(1) 掌握孔道压浆密实度检测的原理及方法。

(2) 掌握人工智能的基本方法及利用人工智能分析孔道压浆密实度数据的方法。

2）试验设备及装置

(1) 冲击弹性波无损检测仪（PE）。

(2) 孔道压浆密实度模型。

(3) 计算机（电脑，需联网）。

3）试验准备

(1) 根据需要选择有代表性的测区，并对测点清楚记录、明确编号。

(2) 根据测试要求确定测试频率、测试数量。

(3) 根据测试需要连接好仪器设备。

(4)调试仪器设备,确认运转正常。
(5)打开设备准备测试。

4)试验原理

机器学习可从不同的角度,根据不同的方式进行分类。最常用的是按系统的学习能力分类,即机器学习可分为有监督的学习与无监督的学习,两者的主要区别是前者在学习时需要教师的示教或训练,而后者是用评价标准来代替人的监督工作。

(1)机器学习在无损检测中的应用。

在无损检测中,许多时候检测精度高度依赖于操作人员的判断水平,为检测结果的客观性、一致性等带来不利影响,也增加了操作人员的负担。为此,基于AI(机器学习)的辅助判定手段应运而生,以提高检测精度和降低作业难度。同时,我们可以应用机器学习领域对检测数据进行处理,包括分类、回归及聚类等,其主要对象有:

①分类:内部缺陷(有无、大小)的识别。

②回归:数值指标,如厚度、深度、强度、弹性模量等的回归。

③聚类:结构损伤程度的划分等。

(2)机器学习的优点。

①适用于多参数分析。

机器学习可以同时分析出多参数联合变化的规律,即多参数联合分析。而人脑只能同时分析判别少数联动的参数。因此,在边界条件复杂、分析参数较多时,基于机器学习的方法具有很大的优势。

②客观性强,精度(误差)稳定性好。

由于基于机器学习的无损检测分析是建立在较多数量的训练集的基础上的,因此,其预测精度相对比较稳定、可靠。

③精度可不断提高。

随着训练(验证)数据的不断积累,预测精度也会不断提高。同时,训练模型还可以传承。

5)试验步骤

采用机器学习对混凝土块中有无管道时的信号特征进行训练和识别。

针对教学用孔道灌浆密实度模型,采用S31SC进行检测,在注浆密实区域与不密实区域分别采集数据,保存至同一个文件中(需要在弹出的excel文件中设置坐标等信息)。

点击仪器主机上的"上传数据"按钮,主机会将检测数据发送至服务器,服务器通过计算,会将结果返回至仪器主机。

将返回的检测结果与实际的检测模型进行对比。

第 20 章 操 作 试 验

操作试验一:锚杆长度检测

1)试验目的

(1)使学生了解基于冲击弹性波检测锚杆长度的基本原理。

(2)使学生掌握锚杆无损检测仪的基本使用方法。

2)试验设备及装置

(1)锚杆无损检测仪(BE)。

(2)锚杆混凝土模型。

3)试验准备

(1)锚杆混凝土模型准备,锚杆无损检测仪(BE)准备。

(2)根据测试要求及相关资料,准备好激振锤。

(3)使用锚杆无损检测仪,打开软件准备测试。

4)试验原理

利用冲击锤,在锚杆的端面进行激振,通过激振锚杆截面后,产生的冲击弹性波在锚杆内部进行传播,当冲击弹性波到达锚杆与混凝土临界面时,由于机械阻抗差异而发生反射。(一般用 z 来表示材料的机械阻抗,$z = \rho CA$,其中 A 是断面截面积,ρ 是材料密度,C 是弹性波波速)。

5)试验步骤

(1)硬件连接。

锚杆无损检测仪(BE)的硬件连接,需要根据不同的测试方法而采用不同的连接方式。最主要的区别在于测试通道以及传感器的选择。以下为硬件连接主要步骤:

①传感器与射频线缆连接。
②射频线缆与主机连接。
③打开仪器电源开关开始测试。

注意：传感器在安装和卸下时须多加注意，有可能因为热粘胶造成烧伤，或由于拆卸工具造成意想不到的人身伤害。

（2）测试流程。

锚杆波速测试和长度测试流程基本相同，见图 20-1。

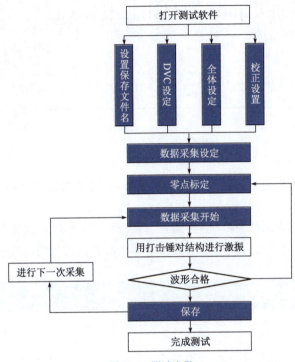

图 20-1　测试流程

（3）数据处理。

数据处理步骤如下：

①启动解析软件。

②打开需要解析的测试数据。**注意**：此时打开的文件格式为 *.BIN。

软件会自动读取需要解析的数据，并且展开解析参数设定。

③检测内容参数设置。

检测内容：选择长度检测。

计算方法：根据预测长度选择。

预计长度：根据预测或设计长度输入。

P 波波速：现场标定。

能量修正系数：规范中规定作相应的试验得出，一般可介于 0.3~0.5 之间。

④数据解析。

对于每一次测试数据，需要通过【单次解析】来完成。特别要注意的是，该步骤只是解析当前组数据,用户需要结合前一波形、后一波形来完成所有数据的解析,测试波形如图20-2所示。

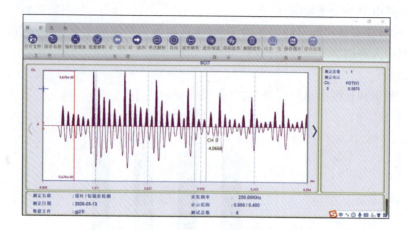

图20-2　测试波形

⑤数据解析结果一览。

完成所有数据的解析之后,可以通过【解析结果一览】查看数据处理结果。

⑥保存解析结果

完成解析后即可保存图片,保存解析结果,以方便以后查看。结果文件以＊.RST格式输出,以文本形式保存。用户可以使用任意的文本编辑器对其进行访问或者编辑。

操作试验二:模型脱空检测(手机)

1)试验目的

(1)使学生了解基于智能手机检测混凝土浅层脱空的基本原理。

(2)使学生掌握手机声频检测仪(KAS)的基本使用方法。

2)试验设备及装置

(1)手机声频检测仪(KAS)。

(2)混凝土脱空模型。

3)试验准备

(1)根据测试要求及相关资料,准备好激振锤。

(2)打开软件准备测试,确保软硬件能正常运行。

4)试验原理

该检测方法主要是采用打声方式获取信号,通过仪器对信号特性分析辨别出缺陷。不同的结构系统,拥有不同的振动模态,通过拾取一个振源激励后的振动特性,进而分析出结构物的物理特性(图20-3)。当振源施加激励后,结构物会反馈出不同的振动模态。通过对不同结构物的模态(包含振动卓越频率、持续时间、能量强弱)进行相应的建模、分析,进而得出不同结构物的状态(缺陷、剥离、松动等)。

5）检测流程

手机声频测试流程如图 20-4 所示。

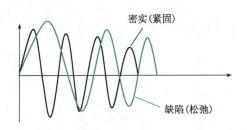

图 20-3　密实（紧固）/缺陷（松弛）

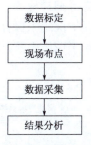

图 20-4　手机声频检测流程图

操作试验三：模型钢筋分布及保护层检测

1）试验目的

(1) 使学生了解基于电磁感应法测试钢筋分布的基本原理。

(2) 使学生了解基于电磁感应法测试钢筋保护层厚度的基本原理。

(3) 使学生掌握钢筋扫描仪的基本使用方法。

2）试验设备及装置

(1) 钢筋扫描仪（DE）。

(2) 钢筋保护层厚度及分布检测混凝土模型。

(3) 钢筋保护层厚度及分布检测尼龙模型。

3）试验准备

(1) 从机箱内取出仪器，在厚度测试和位置测试时，连接好探头和主机，开机准备。

(2) 在钢筋扫描时要将主机连上探头和扫描小车，开机准备。

(3) 当开机画面中显示电量不足或电压小于 7.0V 时，需及时充电。

4）试验原理

钢筋扫描仪由主机系统、信号发射系统、信号采集系统、探头、人机接口等五大部分组成，如图 20-5 所示。信号发射系统在主机系统的控制下，产生一定频率的激励信号激励探头，探头感应被测钢筋，输出的信号经信号采集系统转换为数字信号，送入主机系统进行处理，判定钢筋的位置和保护层厚度以及钢筋的直径。

5）试验步骤

(1) 功能选择界面。

在启动界面按任意键，进入功能选择界面，如图 20-6 所示，有检测保护层厚度的【厚度测试】、检测钢筋直径的【直径测试】、检测网状或多根并排钢筋保护层厚度的【钢筋扫描】、【数据传输】、【数据查看】和【数据删除】功能，通过 ↑、↓ 键，选择相应功能，然后按"确定"键进入相应功能界面。

(2) 钢筋位置及保护层厚度测试。

①在测试模型上铺一张足够覆盖待测物表面的白纸，现场做钢筋分布图以及测试信息。

②选择【厚度测试】功能。
③将探头拿到空气中进行标定,远离金属(至少距离金属0.5m)。
④在被测物表面进行扫描检测。
⑤将测试得到的保护层结果保存,或者记录在现场记录表上。
⑥将钢筋分布图作于白纸上。
⑦结果提交。

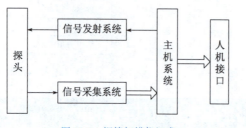

图 20-5　钢筋扫描仪组成　　　　图 20-6　功能选择界面

(3)关机。
按①键即可实现关机操作。

操作试验四:模型裂缝识别及裂缝深度检测(手机)

1)试验目的
(1)使学生了解基于智能手机识别裂缝宽度及裂缝深度检测的基本原理。
(2)使学生掌握手机声频检测仪(KAS)的基本使用方法。

2)试验设备及装置
(1)手机声频检测仪(KAS)。
(2)混凝土开口裂缝模型。

3)试验准备
(1)根据测试要求及相关资料,准备好激振锤。
(2)准备好试验需要的10mm、20mm、30mm 或者其他尺寸的标尺。
(3)打开软件准备测试,确保软硬件能正常运行。

4)试验原理
(1)裂缝宽度识别。
仪器对高清摄像头记录下的图片,先进行专业处理(图像二值化、模糊、除噪等),再用算法勾勒轮廓、选取,进而识别出对象裂缝。
(2)相位反转法检测裂缝深度。
相位反转法是根据衍射角与裂缝深度的几何关系,来对裂缝深度进行快速测试[即判断采集波形的初始相位,若初始相位发生反转,则裂缝深度 $L_1 < H < L_2 (L_1 < L_2)$]。因此可以通过判断初始波形的相位反转情况,判断裂缝的深度。
该方法只需移动冲击锤或换能器,确定首波相位反转临界点,就可确定混凝土的裂缝深度。与其他混凝土裂缝深度检测方法相比,具有无须通过公式计算、简单直观的特点,有一定的实用价值。

5) 试验步骤

(1) 裂缝宽度试验。

①裂缝宽度测试流程,如图20-7所示。

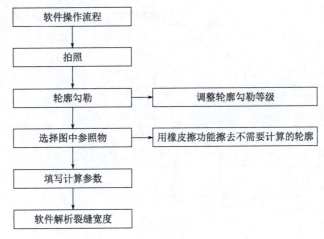

图 20-7　裂缝宽度测试流程图

②操作步骤。

a. 打开 App,点击"裂缝检测(勾勒/宽度/拼接)"进入裂缝宽度测试模块。

b. 点击进入拍照界面,将标识物与裂缝放置于同一平面内并拍摄。

c. 拍摄完毕后顶部裂缝轮廓勾勒按键将被激活为可点击。

d. 滑动进度条修改图像滤波等级,直至参照物的四个角全部显示出来。

e. 当轮廓勾勒完成后,在图像上点击参照物所在的位置,软件将通过内置算法将图像校正。

f. 图像校正完毕后启用橡皮擦功能,随机用手指在屏幕上擦除不需要计算的轮廓。

g. 点击按键弹出计算参数。

(2) 裂缝深度测试

①裂缝深度测试流程,如图20-8所示。

②操作步骤。

a. 打开软件,创建文件。

b. 数据采集。

注意:采集时需要连接外置传感器,否则无法采集。

c. 参数设置。

d. 开始数据采集。

参数设置完毕后,开始数据采集,观察每次采集波形的第一个起伏的方向,不断移动测点位置,当波形数据首波相位反转时,软件会自动计算出裂缝深度。

e. 报告生成。

最后可在二级菜单列表生成当前工程的报表文档。

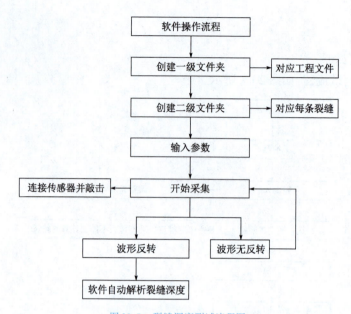

图 20-8　裂缝深度测试流程图

附 录

各章习题答案

第2章 混凝土性能检测

2-1 答:弹性模量是指材料在外力作用下产生单位弹性变形所需要的应力。它是反映材料抵抗弹性变形能力的指标,相当于普通弹簧中的刚度。混凝土的弹性模量决定了结构的变形特性,而且与强度、耐久性均有非常密切的关系。

2-2 答:弹性模量的测试方法主要有静力受压法、共振法、超声波法和冲击弹性波法。

2-3 答:测试试件要保持干湿状态不变;试件不得有明显缺损;水泥混凝土的受压弹性模量一般取1/3轴心抗压强度对应的弹性模量。

2-4 答:共振仪一般以共振法进行测定,其原理是使试件在一个可调频率的周期性外力作用下产生受迫振动,如果外力的频率等于试件的基振频率,就会产生共振,试件的振幅达到最大。测得试件的基振频率后再由质量及几何尺寸等因素计算得出动弹性模量值。

2-5 答:结构弹性模量的测试,主要是测试混凝土结构的弹性波波速。再根据波速与动弹性模量 E_d 的关系,可以推算出 E_d。

2-6 答:优点是测试效率好、精度高,壁厚未知时也可以测试,而且测试范围大,可测试混凝土内部弹性模量。缺点是不同结构需要不同的测试方法。

2-7 答:钻芯法、回弹法、超声回弹综合法、冲击弹性波法等。

2-8 答:强度种类分为抗压、抗弯(抗折)、抗拉、抗扭、抗劈裂等。其中以抗压强度、抗拉强度、抗弯强度为工程上最常用的强度。

2-9 答:优点是检测效率高,测试便捷,简单。缺点是需要修正,不能测试内部强度。

2-10 答:利用混凝土抗压强度与表面硬度之间的关系,通过一定动能的钢杆件弹击混凝土表面,并测得杆件回弹的距离(回弹值),利用回弹值和表面硬度间的相关关系来推算混凝土的抗压强度。

2-11 答:冲击弹性波法检测混凝土抗压强度的基本原理也是依据其传播速度与混凝土动弹性模量及抗压强度之间的相关关系,通过测强曲线来推定混凝土抗压强度。

2-12 答:测试简便、快捷,为无损测试方法,可测试内部强度。

2-13 答:混凝土电阻率检测,应根据钢筋锈蚀电位测试结果表明钢筋可能锈蚀活化的区域进行测量。可采用四电极阻抗测量法测定,即使混凝土表面等间距接触四支电极,两外侧电极为电流电极,两内侧电极为电压电极,通过检测电压电极间混凝土阻抗获得混凝土电阻率 ρ。

2-14 答:混凝土中氯离子含量评定标准见下表。

氯离子含量 （占水泥含量的百分比）	诱发钢筋锈蚀的可能性	评 定 标 度
<0.15	很小	1
[0.15,0.40)	不确定	2
[0.40,0.70)	有可能诱发钢筋锈蚀	3
[0.70,1.00)	会诱发钢筋锈蚀	4
≥1.00	钢筋锈蚀活化	5

第4章 混凝土结构尺寸及缺陷检测

4-1 **答**：超声法在测试混凝土裂缝深度时的影响因素：

（1）接触面/充填物的影响，受裂缝的接触面（紧密程度或压力情况）、充填物（水、灰尘）以及钢筋的影响，超声波会提前通过，测试的传播时间会变短。

（2）接收信号能量的影响，若混凝土结构物中的裂缝比较深，那么在裂缝端衍射的超声波能量会降低，衍射的信号变得很弱，这对接收波初始时刻的判断不利。极端的例子是，若混凝土结构物中的裂缝是贯通的，那么几乎不会有衍射波通过。

（3）初始波成分（类型）不明的影响，当没有裂缝或裂缝比较浅时，接收波的初始成分主要是表面波和 SV 波。而当裂缝比较深时，信号又很微弱，这给初始信号的判断带来困难。

面波法在测试混凝土裂缝深度时的影响因素：

（1）裂缝面的压力：对裂缝深度检测的影响很大。当裂缝面上作用的压应力超过 50kPa 时，各种方法均难以检测裂缝深度。

（2）测试对象的位置和形状："面波法"对测试对象的位置和形状要求较高，一般要求平坦，具有一定的厚度并与边界有一定的距离。

（3）外界温度：温度对测试结果的影响体现在裂缝面所受的压力上。一般来说，温度低时裂缝容易张开，因此在测试裂缝深度时，通常选取气温较低的季节或时间段进行。

4-2 **答**：冷缝就是在施工过程中由于某种原因使前浇筑混凝土在已经初凝后，后浇筑混凝土继续浇筑，使前后混凝土连接处出现一个软弱的结合面。

4-3 **答**：为了更加准确、全面地检测结构的脱空的方法：

1）IE 法（冲击回波法）/EWR 法（弹性波雷达）

与测试结构厚度相似，沿测试对象表面连续激发弹性波信号，信号在遇到脱空面时会产生反射。通过抽取该反射信号并进行相应的处理，即可识别脱空的有无及深度位置。由于该方法与探地雷达相似，借用雷达的名字也可称为弹性波雷达（Elastic Wave Radar，EWR）。

2）振动法（包括打声法）

目前，对于隧道衬砌混凝土缺陷检测用得较多的是振动法，其主要关注测试信号的频率特性（音调）、衰减特性（持续时间）、振幅特性（音强）等的变化。其原理在于：

当锤击混凝土结构表面时，会在表面诱发振动。该振动还会压缩/拉伸空气形成声波。因此，一方面可以用传感器直接拾取结构表面的振动信号（在此称为"诱导振动法"），另一方面可以利用工业拾音器（麦克风）拾取声波信号（在此称为"打声法"或"声振法"）。

3) 雷达法

雷达法测厚的基本原理与冲击弹性波测厚方法相同,利用雷达波速与反射时间的乘积推算结构的厚度 H。其中,检测前应对结构混凝土的电磁波速做现场标定。

第6章 概述

6-1 答:对铁路桥梁进行相应检测,其主要目的和意义主要体现在:

(1) 检测现有桥梁的实际承载能力,为桥梁的使用和维修加固提供必要的依据。

(2) 建立和积累必要的技术资料,建立桥梁养护数据库。

(3) 检测桥梁结构质量,确定工程可靠度,推动和发展旧桥评定及新结构计算理论。

(4) 通过检测,还可了解桥梁的实际受力状态,判断结构的安全承载能力和使用条件。

6-2 答:桥梁基础是指桥梁在地面以下的组成部分。其作用是将上部结构所承受的各种作用荷载传递到地基上。基础也分为刚性基础、扩展基础、箱形基础、筏板基础、桩基础等。

6-3 答:铁路桥梁检测分为经常性检测、定期检测和特殊检测三种。

(1) 经常性检测是由工务段检测人员或桥梁工区养护人员进行巡视检测。目的是确保桥梁使用功能正常,使桥梁结构能得到及时的养护和处治,对一些重大问题作出报告。该项检测的特点是检测人员有机会在各种天气情况下对桥梁进行检测。

(2) 定期检测是对桥梁结构质量状况进行定期跟踪的全面检测。通常是依靠富有经验的专职桥梁检查工程师,以目视观察为主,辅以必要的工具、常规测量仪器、照相机和其他器材等,实地判断病害原因,作出质量状况评价,提出需要加固的范围及方法,或提出限制运行的建议。对需要进一步查明原因或继续观察的缺损部件,提出特殊检测或下次检测的时间要求。

(3) 特殊检测是因特殊原因,由专家依据一定的物理、化学无破损检验手段等对桥梁进行的全面察看、强度检测和缺陷检测,找出病害原因、程度和范围,分析病害所造成的后果及潜在危险。

第7章 下部结构专项检测

7-1 答:(1) 适应性强:可适用于各种复杂的地质条件,适用于不同的施工场地,承托各种类型的上部构筑物,承受不同的荷载类型。

(2) 具有良好的荷载传递性,可控制构筑物沉降。

(3) 承载能力大。

(4) 抗震性能好。

(5) 施工机械化程度高。

(6) 应用较广泛,但属于隐蔽工程,施工质量控制、检测比较困难。

7-2 答:按成桩方法分为预制桩、灌注桩。

7-3 答:泥浆作为钻探的冲洗液,除起护壁作用外,还具有携带岩土、冷却钻头、堵漏等功能,因此泥浆性能直接影响钻进效率和生产安全。

7-4 答:新设基桩(桩头露出)桩身完整性检测方法有低应变法、声波透射法和钻探取芯法三种。

7-5 答:相对于新建基桩,在役基桩由于上部结构(包括纵、横梁和面板)的干扰,激振后形成应力波的大量反射,严重干扰有效信号的判读,明显的三维效应也使一维波动理论误差增大。

第8章 上部结构专项检测

8-1 答:流动度、泌水率、膨胀率、抗压强度、抗折强度、弹性模量。

8-2 答:定性检测:全场波速法、全场衰减法、传递函数法;

定位检测:冲击回波等效波速法。

8-3 答:反拉法、等效质量法。

8-4 答:当检测区域中存在软弱区域或缺陷时,弹性波信号在混凝土中传播时会产生绕射,传播时间变长,通过计算机层析扫描技术反算测试区域内的波速会降低。

第9章 桥梁荷载试验检测

9-1 答:(1)检验桥梁结构设计理论;(2)评判桥梁结构实际的承载能力;(3)检测桥梁的设计和施工质量。

9-2 答:静载试验加载主要分为第一加载循环、第二加载循环、验证加载循环。

9-3 答:(1)实测静活载挠度值合格评定标准:$f_{实测} \leqslant 1.05(f_{设计}/\omega)$($\omega$ 为等效荷载加载挠度修正系数);(2)在 $K=1.20$ 加载等级下持荷 20min,若梁体底面未出现新的裂缝或侧面(包括倒角、圆弧过渡段)的初始状态裂缝未出现延伸的情况,评定预应力梁抗裂合格;(3)对于全预应力、混凝土简支箱梁,只有当梁体的竖向刚度以及梁体的抗裂性全部合格,则可以认为该梁静载弯曲抗裂试验合格。

9-4 答:(1)自振频率测试;(2)动力系数测试;(3)振动加速度测试;(4)振幅测试。

第11章 概述

11-1 答:隧道喷锚衬砌施工过程中常见的主要质量问题有:

(1)支护锚杆长度及灌浆密实度不足。

(2)喷射混凝土的厚度不足。

(3)衬砌中钢筋网缺失。

(4)钢架数量不足。

11-2 答:根据检查工作的任务不同,隧道检查工作可分为初次检查、定期检查和专项检查。定期检查又分为日常检查(经常检查)、春季检查及秋季检查、周期性检查、临时检查(不定期检查)、详细检查(个别检查)。

11-3 答:在施工过程中的隧道存在不同程度的质量问题和病害,常见的施工期质量问题主要分为隧道洞身开挖质量问题、喷锚衬砌施工质量问题、隧道衬砌质量问题及隧道环境问题。

第12章 隧道开挖质量检测

12-1 答:隧道钻爆法开挖时,主要采用的开挖方法有全断面法、台阶法、分部法开挖等。

12-2 答:隧道超前地质预报常采用地质调查法、超前钻探法、物探法和超前导坑预报法。

12-3 答:激光断面仪采用极坐标法。以某物理方向(例如水平方向)为起始方向,按一定间距(角度与距离)依次测定仪器旋转中心与实际开挖轮廓线的交点之间的矢径(距离)及该矢径与起始方向之间的夹角,将这些矢径端点依次相连即可得到实际开挖轮廓线。通过洞内的施工控制导线可以获得断面仪的定点定向数据,在计算软件的帮助下可自动完成实际开挖轮廓线与设计开挖轮廓线的空间三维匹配,并可输出各个测点与相应设计开挖轮廓线之间的超欠挖值(距离、面积)。如果沿隧道轴线按一定间隔测量多个检测断面,还可以得出实际开挖方量、超挖方量、欠挖方量。

12-4 答:(1)将隧道激光断面仪置于所需检测断面的测量点上,安装并调整好仪器,使仪器水平且垂直归零后光点在测量点上。

(2)利用该检测点的法向点或者相邻检测点(在直线段均为中线测点的情况下),确定断面仪主机方向,保证所检测的断面在垂直隧道轴线的断面内,且统一按特定旋转顺序检测。

(3)退出仪器手动调试界面进入主界面,选择"测量断面"。

(4)在"测试断面"中选择"等角自动测量",输入所测量断面的桩号并设置好所量测断面的起始和终止测量角度及所需量测的点数等参数,最后选择"测量"。

(5)仪器自动开始检测,检测时注意观察掌上电脑上所显示的检测断面曲线,如发现异常测点,及时现场观察,以便确定是否为障碍物遮挡引起。

(6)测量结束,在提示栏中显示检测完的信息时即可退出,数据自动保存在掌上电脑中(部分新型断面仪,在测量结束后需要把新测的断面保存在已有或者新建的断面组文件内),然后进行下一个断面检测。检测断面数据带回室内进行处理,以减少在隧道内检测的时间,减少对施工的影响。

第13章 隧道喷锚衬砌施工质量检测

13-1 答:隧道开挖后,清除表面残渣;然后初喷混凝土,钻孔打入锚杆并进行注浆;铺设钢筋网片,安装钢架;最后再喷射混凝土,把所有的支护包裹进去,形成了联合支护。

13-2 答:锚杆质量检测内容有长度及注浆饱满度,检测方法主要是冲击弹性波法,锚杆类型、规格、长度应符合设计要求,每循环检验不少于3根;锚杆数量应符合设计要求,施工单位、监理单位每循环全数检查;各类锚杆的胶结、锚固质量应采用冲击弹性波法检测,并符合设计要求,全长胶结锚杆的锚固长度不应小于设计长度的95%。每循环按设计数量的10%检验,且不少于2根。

13-3 答:喷射混凝土的强度、厚度和平整度。

第14章 隧道衬砌质量检测

14-1 答:隧道衬砌混凝土质量的检测指标有混凝土强度、混凝土衬砌厚度、混凝土密实度、混凝土衬砌外观、混凝土衬砌背后空洞。

14-2 答:隧道衬砌的漏水状态有喷射、涌流、滴漏、浸渗四类。

14-3 答:防水系统的质量检测主要包含环(竖)向排水盲管安装检查和纵向排水盲管检查。

14-4 答:根据探测对象和目的不同、探测深度和分辨率要求综合选择。

(1)对于探测深度≤1.3m 的混凝土结构(如隧道衬砌结构、路基路面密实性)宜采用 400～600MHz 天线;900MHz 天线探测深度<0.5m;900MHz 加强型天线探测深度<1.1m;1.5GHz 天线探测深度<0.25m,宜作为辅助探测。

(2)对于探测深度为 1.3～15m 的混凝土结构(如仰拱深度、厚度等)或存在较大不良地质(空洞、溶洞、采空区等)时宜采用 100MHz 和 200MHz 天线。

第 15 章 隧道环境检测

15-1 答:隧道废气中主要有害物质有 NO、NO_2、CO、CO_2、SO_2、O_3 等。

15-2 答:隧道内照明分类及作用如下:

(1)指示照明(即固定照明)。

指示照明主要用于巡查人员检查轨道上是否有影响行车的障碍物、钢轨大方向、轨道部件是否齐全以及指示行人走路及待避之用。

(2)检查照明。

检查照明用于线路轨距、水平、三角坑、轨道部件损伤的检查及 3m 以内隧道衬砌裂损、渗漏等的检查。

(3)作业照明。

作业照明在隧道大维修作业时采用,因其工作面大、距离长、程序复杂,需要在大范围内有较均匀的照度,故除有固定照明外,还需临时架设作业照明灯具。

15-3 答:光照度测量必须遵守以下各项规定:

(1)新安装的气体放电隧道照明灯,应先老化 100h。待灯的光输出基本稳定后,方可进行测量。

(2)测量开始前,应将灯点燃 20～30min 后,方可进行测量。

(3)宜在额定电压下进行测量。若做不到,在测量时应定时测量电源电压。

(4)应排除杂散光射入光接收器,并应防止各类人员对光接收器造成阴影和遮挡。

第 17 章 现代信息化技术

17-1 答:JSON、XML、YAML。

17-2 答:物联网技术起源于传媒领域,是信息科技产业的第三次革命。物联网是指通过信息传感设备,按约定的协议,将任何物体与网络相连接,物体通过信息传播媒介进行信息交换和通信,以实现智能化识别、定位、跟踪、监管等功能。

第 18 章 远程监测

18-1 答:B/S 架构是由 C/S 架构改进而来,可以说是三层 C/S 架构。两种架构各有特色,都是非常重要的网络架构。在响应速度、用户界面、数据安全等方面,C/S 强于 B/S,但是在业务扩展和适用万维网条件下,B/S 明显胜过 C/S。可以说,B/S 的强项就是 C/S 的弱项,反之亦然。它们各有优缺点,相互无法取代。

18-2 答:(1)精确性。在智能桥梁健康监测系统的数据采集过程中,保证采集数据的精确性是关键要求。精确性包含精密性和正确性两个方面。精密性表示测量结果的分散性;正确性表示测量结果偏离真值的程度。精确性是两者之和,反映测量的综合优良程度。(2)完整性。在健康监测系统设计中,必须避免信息不足的情况发生,即要保证系统测试的完整性。信息不足一般是由在系统设计中对系统的功能和目的考虑不周所致。系统不能完整提供所需信息,必然会导致系统整体功能的显著下降。(3)适用性。在健康监测系统设计中,还应防止信息过多的情况发生,也就是要保证系统测试的适用性。这种情况一般是由不断提高的系统水平和不断扩大的测量范围所致,形成一种以高精度和高分辨率采集所有可以得到的信息的趋势,这将导致有用数据夹杂在大量无关数据之中,且这些无关数据的存在,给系统的数据处理和计算机存储带来了沉重的负担,并使系统的硬件投入成本飙升。

18-3 **答**:就目前大部分边坡类型来说,其主要的监测内容主要有以下几项:(1)降雨量:降雨是诱导滑坡发生的主要因素,因此对降雨量的监测是十分必要的。

(2)地下水位:地下水水位对于滑坡滑体影响极大,因此,在边坡监测中,地下水基本上是最重要的一环。

(3)孔隙水压力:滑体中孔隙水对滑坡产生较重要的影响,因此孔隙水压力也是日常监测的一项内容。

(4)深部位移:滑坡的滑体一般位于土体深部,需要施工相应钻孔进行深部位移监测。

(5)土压力:在深部发生位移后,滑坡土体产生变形,对未产生位移部分形成作用力,监测土压力可提前判断滑坡。

(6)地表位移:在深部位移达到一定程度后,边坡表面会发生位移,可使用地表位移作为监测内容。

(7)视频监测:视频监测可直观反映地表情况。

18-4 **答**:运营期隧道主要监测内容为变形自动监测,分为拱部下沉测量、边墙水平位移测量和仰拱变形测量。